"十四五"应用型本科院校系列教材/数学

Mathematics on Economics Ⅲ: Probability and Statistics

经济数学（三）
概率统计

主编 刘 辉 侯嫚丹 于 丽 徐慧超

哈尔滨工业大学出版社
HARBIN INSTITUTE OF TECHNOLOGY PRESS

内 容 简 介

本书依据教育部高等教育司审定的高等学校财经管理类专业核心课程"经济数学基础"教学大纲编写,在编写过程中不仅借鉴了国内外优秀教材,还结合了编者多年的教学实践成果与教学经验。本书以"夯实基础、厚植根基"的理念为引领,本着"必需、够用"的原则,力求"学以致用、知行并进"。

本书共分 9 章,第 1 章概率论的基本概念,主要内容是随机事件与样本空间;概率的定义;条件概率;独立性与伯努利概型。第 2 章随机变量及其分布,主要内容是随机变量与分布函数;离散型、连续型随机变量;随机变量的函数的分布。第 3 章二维随机变量及其分布,主要内容是二维随机变量;二维离散型、连续型随机变量;二维随机变量的独立性;二维随机变量的函数的分布。第 4 章随机变量的数字特征,主要内容是数学期望和方差以及协方差与相关系数。第 5 章大数定律与中心极限定理,主要内容是切比雪夫不等式;大数定律;中心极限定理。第 6 章样本分布,主要内容是统计量和抽样分布。第 7 章参数估计,主要内容是点估计及其评价标准;区间估计。第 8 章假设检验,主要内容是假设检验的基本概念;单个正态总体 $N(\mu,\sigma^2)$ 均值 μ 的假设检验;单个正态总体 $N(\mu,\sigma^2)$ 方差 σ^2 的假设检验。第 9 章回归分析简介,主要内容是一元线性回归方程;一元线性回归效果的显著性检验与预测。每章最后都有与之对应的经济应用实例、知识结构思维导图及利用所学知识解决实际问题的建模直通车。

本书可作为应用型本科院校经管类专业"概率论与数理统计"课程的教材,也可作为相关专业学生和从事经济管理工作人员学习概率论与数理统计的参考书。

图书在版编目(CIP)数据

经济数学. 三,概率统计/刘辉等主编. —哈尔滨:哈尔滨工业大学出版社,2024.1(2025.1 重印)
ISBN 978-7-5767-1080-9

Ⅰ.①经… Ⅱ.①刘… Ⅲ.①经济数学 ②概率统计
Ⅳ.①F224.0 ②O211

中国国家版本馆 CIP 数据核字(2023)第 197449 号

策划编辑	杜 燕
责任编辑	李长波
出版发行	哈尔滨工业大学出版社
社　　址	哈尔滨市南岗区复华四道街 10 号 邮编 150006
传　　真	0451-86414749
网　　址	http://hitpress.hit.edu.cn
印　　刷	哈尔滨久利印刷有限公司
开　　本	787 mm×1 092 mm 1/16 印张 15.75 字数 393 千字
版　　次	2024 年 1 月第 1 版　2025 年 1 月第 2 次印刷
书　　号	ISBN 978-7-5767-1080-9
定　　价	43.80 元

(如因印装质量问题影响阅读,我社负责调换)

《"十四五"应用型本科院校系列教材》编委会

主　任　修朋月　竺培国
副主任　王玉文　吕其诚　线恒录　李敬来
委　员（按姓氏笔画排序）
　　　　　丁福庆　于长福　马志民　王庄严　王建华
　　　　　王德章　刘金祺　刘宝华　刘通学　刘福荣
　　　　　关晓冬　李云波　杨玉顺　吴知丰　张幸刚
　　　　　陈江波　杜　燕　林　艳　林文华　周方圆
　　　　　姜思政　庹　莉　韩毓洁　蔡柏岩　臧玉英
　　　　　霍　琳

序

哈尔滨工业大学出版社策划的《"十四五"应用型本科院校系列教材》即将付梓,诚可贺也。

该系列教材卷帙浩繁,凡百余种,涉及众多学科门类,定位准确,内容新颖,体系完整,实用性强,突出实践能力培养。不仅便于教师教学和学生学习,而且满足就业市场对应用型人才的迫切需求。

应用型本科院校的人才培养目标是面对现代社会生产、建设、管理、服务等一线岗位,培养能直接从事实际工作、解决具体问题、维持工作有效运行的高等应用型人才。应用型本科与研究型本科和高职高专院校在人才培养上有着明显的区别,其培养的人才特征是:①就业导向与社会需求高度吻合;②扎实的理论基础和过硬的实践能力紧密结合;③具备良好的人文素质和科学技术素质;④富于面对职业应用的创新精神。因此,应用型本科院校只有着力培养"进入角色快、业务水平高、动手能力强、综合素质好"的人才,才能在激烈的就业市场竞争中站稳脚跟。

目前国内应用型本科院校所采用的教材往往只是对理论性较强的本科院校教材的简单删减,针对性、应用性不够突出,因材施教的目的难以达到。因此亟须既有一定的理论深度又注重实践能力培养的系列教材,以满足应用型本科院校教学目标、培养方向和办学特色的需要。

哈尔滨工业大学出版社出版的《"十四五"应用型本科院校系列教材》,在选题设计思路上认真贯彻教育部关于培养适应地方、区域经济和社会发展需要的"本科应用型高级专门人才"精神,根据前黑龙江省委书记吉炳轩同志提出的关于加强应用型本科院校建设的意见,在应用型本科试点院校成功经验总结的基础上,特邀请黑龙江省9所知名的应用型本科院校的专家、学者联合编写。

本系列教材突出与办学定位、教学目标的一致性和适应性,既严格遵照学科体系的知识构成和教材编写的一般规律,又针对应用型本科人才培养目标及与之相适应的教学特点,精心设计写作体例,科学安排知识内容,围绕应用讲授理论,做到"基础知识够用、实践技能实用、专业理论管用"。同时注意适当融入新理论、新技术、新工艺、新成果,并且制作了与本书配套的 PPT 多媒体教学课件,形成立体化教材,供教师参考使用。

《"十四五"应用型本科院校系列教材》的编辑出版,是适应"科教兴国"战略对复合型、应用型人才的需求,是推动相对滞后的应用型本科院校教材建设的一种有益尝试,在应用型创新人才培养方面是一件具有开创意义的工作,为应用型人才的培养提供了及时、可靠、坚实的保证。

希望本系列教材在使用过程中,通过编者、作者和读者的共同努力,厚积薄发、推陈出新、细上加细、精益求精,不断丰富、不断完善、不断创新,力争成为同类教材中的精品。

前　言

　　数学是自然科学的基本语言,是人类知识结构中的重要一环,人们可以应用数学模型探索物质运动机理。中外大量的教育实践充分显示,优秀的高等数学教育是对人的理性思维品格和思辨能力的培养,是对人的聪明智慧的启发,是对人的潜能与创造力的开发。

　　进入 21 世纪,我国高等教育实现了从精英教育到大众化教育的跨越式发展,教育规模的迅速扩大使高等数学课程在教与学两方面都产生了新的问题,现代社会对人才数学素质的要求也越来越高。

　　基于以上考虑,我们编写了《经济数学(三):概率统计》,编写过程主要突出以下几点:

　　(1) 以《经济管理类本科数学基础课程教学基本要求》为指导。编写中认真贯彻了教育部《经济管理类本科数学基础课程教学基本要求》,注重讲清用数学知识解决实际问题的基本思想和方法,培养学生的逻辑能力、应用能力和创新思维能力。

　　(2) 注重学法指导。章前列出学习目标和要求,让学生明确学习目标,帮助学生把握学习重点,提高学习的自觉性;章后列出章节内容的思维导图,帮助学生理顺本章的知识结构及层次关系。

　　(3) 优化内容结构。全书以课程教学大纲为根本,结合经管类专业的专业需求,合理安排章节内容,本着"够用、能用、好用"的原则,对相关内容进行整合,加强了知识间的联系。

　　(4) 弱化定理公式的推导证明。强调概念的直观表述,缩减复杂的理论推导,运用直观的几何形式和实际背景介绍帮助学生对概念及定理等理论问题加以理解。

　　(5) 注重精讲细练。尽量压缩理论叙述,精选例题和习题(部分为考研真题),保留经典的、学生必须掌握的题目,去掉计算烦琐、难度较大的题目,适当增加习题篇幅,为突出教师的主导作用和学生的主体地位、增加师生互动提供资源保证。

　　(6) 加强数学知识的实际应用。选编一些与经济密切相关的例题与习题,用于课堂教学和学生课后练习。每章专门编写了一节"经济应用实例",丰富了教学内容,可培养学生运用数学知识解决实际问题的能力。

　　(7) 注重数学文化的熏陶。增加了延伸阅读,教材中穿插了许多数学小故事、相关的数学史和数学家的阅读材料,增加了教材的可读性和趣味性,同时也可培养学生坚韧不拔、刻苦钻研的科学精神,让学生形成科学的历史观,激发强烈的民族自豪感。

　　(8) 充分利用科学技术方法。每章配有的二维码主要链接利用相关理论解决生活问题的数学建模方法与指导。学生通过扫描二维码,能够了解数学知识在生活中更广泛的应用,了解数学建模的具体思路与方法,积极参加学科竞赛。

　　本书共分 9 章,第 1 章概率论的基本概念,主要内容是随机事件与样本空间;概率的定义;条件概率;独立性与伯努利概型。第 2 章随机变量及其分布,主要内容是随机变量与分布函数;离散型、连续型随机变量;随机变量的函数的分布。第 3 章二维随机变量及其分布,主要内容是二维随机变量;二维离散型、连续型随机变量;二维随机变量的独立性;二维随机变量的函数的分布。第4章随机变量的数字特征,主要内容是数学期望和方差以及协方差与相关系数。第5章大数定律与中心极限定理,主要内容是切比雪夫不等式;大数定律;中心极限定理。第6章样本分布,主要内容是统计量和抽样分布。第7章参数估计,主要内容是点估计及其评价标准、区间估计。第8章假设检验,主要内容是假设检验的基本概念;单个正态总体 $N(\mu,\sigma^2)$ 均值 μ 的假设检验;单个正态总体 $N(\mu,\sigma^2)$ 方差 σ^2 的假设检验。第9章回归分析简介,主要内容是一元线性回归方程;一元线性回归效果的显著性检验与预测。每章最后都有与之对应的经济应用实例、知识结构思维导图及利用所学知识解决实际问题的建模直通车。

教材是实现人才培养目标的重要载体,教材编写直接关系到教学质量,对人才培养的质量起到举足轻重的作用。以教材为载体、以教师为主导、以学生为主体是高等数学教学应遵循的教学规律。近年来,各种教育理念,诸如微课堂、慕课、翻转课堂、线上线下混合教学模式等,无一不在颠覆传统的教学模式,不断带来全新的教学体验,也接受教学实践的检验。本书的编者都是应用型本科院校的一线数学教师,他们在长期的教学实践中积累了丰富的教学经验。在本书编写过程中,紧密结合经济管理专业特点,把数学知识在经济管理中的应用融合到教学中,更符合应用型本科人才培养目标。

本书由刘辉、侯嫚丹、于丽、徐慧超任主编。其中第1章、第6章和第7章由徐慧超编写,第2章、第5章和第8章由于丽编写,第3章、第4章和第9章由刘辉编写,侯嫚丹负责全书整理及校对,参考答案每人负责各自的章节,全书由刘辉统稿。

由于编者水平有限,疏漏和不足之处在所难免,敬请读者不吝赐教,使之日臻完善。

编 者
2023年12月10日于哈尔滨

目 录

第1章 概率论的基本概念 ... 1
- 1.1 随机事件与样本空间 ... 2
- 习题1.1 ... 7
- 1.2 概率的定义 ... 8
- 习题1.2 ... 14
- 1.3 条件概率 ... 15
- 习题1.3 ... 20
- 1.4 独立性与伯努利概型 ... 22
- 习题1.4 ... 24
- 1.5 经济应用实例:抽签问题、借贷问题及树形图 ... 25
- 知识结构思维导图 ... 29
- 延伸阅读:概率论的起源 ... 30
- 建模直通车:贝叶斯公式在医疗诊断上的应用 ... 30
- 第1章总复习题 ... 31

第2章 随机变量及其分布 ... 34
- 2.1 随机变量与分布函数 ... 34
- 习题2.1 ... 36
- 2.2 离散型随机变量及其分布 ... 37
- 习题2.2 ... 43
- 2.3 连续型随机变量及其概率密度 ... 44
- 习题2.3 ... 53
- 2.4 随机变量的函数的分布 ... 54
- 习题2.4 ... 56
- 2.5 经济应用实例:期权定价计算方法之 Black-Scholes 公式 ... 56
- 知识结构思维导图 ... 58
- 建模直通车:正态分布在生活中的应用 ... 59
- 第2章总复习题 ... 59

第3章 二维随机变量及其分布 ... 62
- 3.1 二维随机变量 ... 62
- 习题3.1 ... 64

  3.2 二维离散型随机变量 ………………………………………………………… 64
   习题 3.2 ……………………………………………………………………… 68
  3.3 二维连续型随机变量 ………………………………………………………… 69
   习题 3.3 ……………………………………………………………………… 72
  3.4 二维随机变量的独立性 ……………………………………………………… 73
   习题 3.4 ……………………………………………………………………… 75
  3.5 二维随机变量的函数的分布 ………………………………………………… 76
   习题 3.5 ……………………………………………………………………… 79
  3.6 经济应用实例:这样找庄家公平吗? ………………………………………… 80
   知识结构思维导图 …………………………………………………………… 81
   延伸阅读:蒙特卡洛方法——浦丰试验 …………………………………… 82
   建模直通车:连续型随机变量的函数的分布在物理学中的应用 ………… 83
   第 3 章总复习题 ……………………………………………………………… 83

第 4 章 随机变量的数字特征 ………………………………………………………… 87
  4.1 数学期望 ……………………………………………………………………… 88
   习题 4.1 ……………………………………………………………………… 95
  4.2 方差 …………………………………………………………………………… 97
   习题 4.2 …………………………………………………………………… 102
  4.3 协方差与相关系数 ………………………………………………………… 104
   习题 4.3 …………………………………………………………………… 109
  4.4 经济应用实例:减少验血的工作量与马克维茨均值-方差投资组合方法 …… 110
   知识结构思维导图 ………………………………………………………… 113
   延伸阅读:典故"杯酒释兵权"的解读 …………………………………… 114
   建模直通车:数学期望在生活中的应用 ………………………………… 115
   第 4 章总复习题 …………………………………………………………… 115

第 5 章 大数定律与中心极限定理 …………………………………………………… 119
  5.1 切比雪夫不等式 …………………………………………………………… 119
   习题 5.1 …………………………………………………………………… 121
  5.2 大数定律 …………………………………………………………………… 121
   习题 5.2 …………………………………………………………………… 124
  5.3 中心极限定理 ……………………………………………………………… 124
   习题 5.3 …………………………………………………………………… 127
  5.4 经济应用实例:如何有效安排人力与股票瞬时价格的分布 …………… 128
   知识结构思维导图 ………………………………………………………… 130
   延伸阅读:中心极限定理的创立与发展 ………………………………… 131
   建模直通车:中心极限定理在生活中的应用 …………………………… 132

第 5 章总复习题 ………………………………………………………… 132

第 6 章　样本分布 …………………………………………………………… 134
6.1　统计量 ……………………………………………………………… 134
　　习题 6.1 …………………………………………………………………… 136
6.2　抽样分布 …………………………………………………………… 137
　　习题 6.2 …………………………………………………………………… 140
　　知识结构思维导图 ………………………………………………………… 142
　　延伸阅读：数理统计的起源 ……………………………………………… 142
　　第 6 章总复习题 ………………………………………………………… 143

第 7 章　参数估计 …………………………………………………………… 146
7.1　点估计 ……………………………………………………………… 146
　　习题 7.1 …………………………………………………………………… 151
7.2　点估计的评价标准 ………………………………………………… 153
　　习题 7.2 …………………………………………………………………… 155
7.3　区间估计 …………………………………………………………… 156
　　习题 7.3 …………………………………………………………………… 161
7.4　经济应用实例：捕鱼问题与样本容量的确定 …………………… 162
　　知识结构思维导图 ………………………………………………………… 164
　　延伸阅读：最小二乘法的起源 …………………………………………… 164
　　建模直通车：t 分布在渔业中的应用 …………………………………… 165
　　第 7 章总复习题 ………………………………………………………… 166

第 8 章　假设检验 …………………………………………………………… 169
8.1　假设检验的基本概念 ……………………………………………… 169
　　习题 8.1 …………………………………………………………………… 173
8.2　单个正态总体 $N(\mu,\sigma^2)$ 均值 μ 的假设检验 ……………………… 174
　　习题 8.2 …………………………………………………………………… 180
8.3　单个正态总体 $N(\mu,\sigma^2)$ 方差 σ^2 的假设检验 ……………………… 181
　　习题 8.3 …………………………………………………………………… 183
8.4　经济应用实例：食品检验与百合饮料的市场推广 ……………… 184
　　知识结构思维导图 ………………………………………………………… 187
　　延伸阅读：疾病，因家族遗传 …………………………………………… 187
　　建模直通车：假设检验在农业上的应用 ………………………………… 188
　　第 8 章总复习题 ………………………………………………………… 189

第 9 章　回归分析简介 ……………………………………………………… 191
9.1　一元线性回归方程 ………………………………………………… 191
　　习题 9.1 …………………………………………………………………… 194

9.2　一元线性回归效果的显著性检验与预测 ……………………………… 194
　　习题9.2 ……………………………………………………………………… 197
　　9.3　经济应用实例:时间序列预测问题 …………………………………… 198
　　知识结构思维导图 …………………………………………………………… 200
　　建模直通车:回归分析在农业上的应用 …………………………………… 200
　　第9章总复习题 ……………………………………………………………… 201
附录　常用统计数值表 …………………………………………………………… 202
参考答案 …………………………………………………………………………… 219
参考文献 …………………………………………………………………………… 239

第1章
Chapter 1

概率论的基本概念

学习目标和要求

(1) 了解随机试验、随机事件及样本空间的概念,简单了解 n 重伯努利试验.

(2) 理解随机事件间的关系和运算准则,掌握概率的性质,并会利用相关公式计算随机事件的概率.

(3) 掌握古典概型的特点,会利用古典概型的思想及方法计算概率.

(4) 理解条件概率、乘法公式、全概率公式及贝叶斯公式,掌握利用这些公式解决实际问题的方法.

(5) 理解随机事件的独立性,注意区分随机事件的独立性和随机事件的互斥关系.

在日常生活中,人们观察到的现象大体上可以分为两类:一类是可以准确预计结果的,即在某种特定的条件下,某种现象必然发生,这类现象称为**确定现象**.例如,太阳东升西落;物体抛向高处必然落下;在1个标准大气压下,纯水在0℃以下就开始结冰;磁铁同极相互排斥,异极相互吸引等.另一类现象与确定现象正好相反,它们不能准确地预计结果,即每次观察的结果都可能不相同,这类现象称为**随机现象**.例如,抛一枚质地均匀的硬币,其结果可能是正面向上,也可能是反面向上;在相同条件下,测试10只灯泡,观察其正常工作的个数,结果有可能为 $0,1,\cdots,10$;在经济方面,保险业务的增长、银行利率的变化也是不能准确预计的.但是,通过大量观察、试验和深入分析,随机现象的结果虽然不确定,但也存在着某种规律.例如,重复地抛一枚质地均匀的硬币,其正面向上和反面向上的次数之比接近 $1:1$;通过精确分析,也能发现经济现象中的某种规律性的东西,从而指导生产生活.正如恩格斯所说,在表面是偶然性起作用的地方,这种偶然性始终是受内部隐蔽着的规律支配的,而问题在于发现这些规律.

这种随机现象中呈现出的规律性,称为**随机现象的统计规律**.概率论与数理统计就是研究随机现象统计规律的一门学科.

1.1 随机事件与样本空间

1.1.1 随机试验

试验是一个广泛的术语,在自然界和人类社会中,把对某一现象的一次观察称为**一次试验**.例如:

(1)抛一枚硬币,观察其是正面向上,还是反面向上;
(2)掷一颗骰子,观察其出现的点数;
(3)单位时间内,观察某个服务器接收到的请求次数;
(4)观察某校大一新生的身高情况.

上述试验有着共同的特点.首先是其观察的结果不确定,但却可以知道试验所有可能的结果.例如,掷一颗骰子,它的结果不确定,但只可能是 1~6 点中的一个;测量一部分大一新生的身高,测量值也不确定,但却在一定的范围内变化.其次是这些现象在一定条件下都可以重复地观察.综上所述,这些例子有以下特点:

(1)试验在相同的条件下可以重复进行;
(2)试验的所有可能结果都明确,但不唯一;
(3)试验前不能预计哪一个结果会出现.

在概率论与数理统计中,把具有以上特点的试验称为**随机试验**,通常用字母 E 表示.

1.1.2 随机事件及其相关概念

随机试验 E 的所有可能结果是明确的,对于 E 中的每一个可能的基本结果(不可分割)称为**基本事件**,一般用 $\{e\}$ 表示.基本事件对应的元素称为**样本点**,一般用 e 表示.E 中所有样本点的集合称为**样本空间**,用 Ω 表示.样本点与样本空间的关系,可以表示为 $\Omega = \{e_1, e_2, \cdots\}$.

下面写出引例中的基本事件和样本空间:

(1)抛一枚硬币,出现的结果可能有两种,令 e_1 表示"正面向上",e_2 表示"反面向上",则 $\{e_1\}, \{e_2\}$ 为基本事件,$\Omega = \{e_1, e_2\}$ 为样本空间.

(2)掷一颗骰子,出现的点数可能有 6 种,分别是 $1, 2, \cdots, 6$,可以令 $e_i = i(i = 1, 2, \cdots, 6)$,则 $\{e_i\}$ 为基本事件,$\Omega = \{e_1, e_2, \cdots, e_6\} = \{1, 2, \cdots, 6\}$ 为样本空间.

(3)单位时间内,服务器接收到的请求次数可能为 $0, 1, 2, \cdots$,可以令 $e_i = i(i = 0, 1, 2, \cdots)$,则 $\{e_i\}$ 为基本事件,$\Omega = \{e_0, e_1, e_2, \cdots\} = \{0, 1, 2, \cdots\}$ 为样本空间.

(4)观察某校大一新生的身高情况,以 m 为单位.从新生中挑选一名同学,以 h 表示其身高,则可以把在一定范围内的任意实数视为基本事件,样本空间可以用 $\Omega = \{h \mid 0.5 < h < 2.5\}$ 表示.

在上述例子中,(1)、(2)的样本空间由有限个样本点组成;(3)、(4)的样本空间由无限个样本点组成,且(3)中的样本点个数可列无穷多个,(4)中的样本点个数为不可列无穷多个.

在随机试验 E 中,把由一些样本点构成的集合称为**随机事件**,简称**事件**,用 $A,B,C,\cdots$ 表示. 这些集合中的样本点往往带有某些共同的特征. 例如,对于掷骰子的试验,可以把"出现偶数点"的情况定义为一个随机事件. 定义事件 A 表示"出现偶数点",则记 $A=\{2,4,6\}$,可以看出事件 A 是由 3 个样本点组成. 也可以定义事件 B 表示"出现 2 点",则记 $B=\{2\}$. 从以上事件 A,B 的定义可以看出,定义一个事件,可以用文字描述的方式,也可以写成样本点的集合的形式.

随机事件作为样本点的集合,当是所有样本点构成的集合时,它就是样本空间;当是一个样本点构成的集合时,就是基本事件. 所以,从集合的观点来看,基本事件是随机事件的子集,随机事件又是样本空间的子集.

当随机试验 E 的结果是 A 中的样本点时,称为**事件 A 发生**. 例如,掷骰子的试验,事件 A 表示"出现偶数点",那么当试验结果出现 2 点时,事件 A 发生,当试验结果出现 3 点时,事件 A 就没有发生.

每次试验中一定发生的事件,称为**必然事件**,用 Ω 表示. 试验中一定不发生的事件,称为**不可能事件**,用 $\varnothing$ 表示. 由于样本空间是所有样本点的集合,因此每次试验的结果必然出现在样本空间中,如果把样本空间看作事件,就是必然事件,从符号的表示上也可以看出这一点. 需要指出的是,必然事件与不可能事件是每次试验之前就可以准确预计的,其结果不具有随机性,但是为了讨论问题方便,也可以将它们看作是随机事件.

1.1.3 事件间的关系及运算

随机事件是一个由样本点组成的集合,因而事件间的关系可以和集合间的关系进行类比. 此外,还可以用图的形式来表示事件间的关系,用一个矩形来代表样本空间,用若干个圆来代表随机事件,以圆之间的关系类比事件间的关系,这类图形称为**文氏(Venn)图**.

1. 事件间的关系及运算

(1) 包含关系. 对于同一个随机试验 E 中的两个随机事件 A,B,事件 A 发生必然导致事件 B 发生,则称**事件 A 包含于事件 B**,记为 $A \subset B$. 事件间包含的含义是属于 A 的样本点同时也属于 B,即事件 A 是事件 B 的子集,如图 1.1 所示.

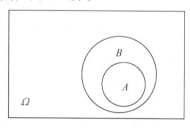

图 1.1

显然,对于任意的事件 A,有 $\varnothing \subset A \subset \Omega$.

特殊地,还可以给出事件相等的概念. 若 $A \subset B$ 且 $B \subset A$,则 $A=B$,即事件 A 和事件 B 中含有相同的样本点.

(2) 和事件(事件的和). 事件 A,B 至少有一个发生(A 发生或者 B 发生)所构成的事件,称为**事件 A 与 B 的和事件**,记为 $A+B$ 或 $A \cup B$,如图 1.2 所示. 和事件的含义是属于 A 的样本点

或属于 B 的样本点构成了 $A+B$ 的样本点,即事件 A 与 B 的和事件为 A 与 B 的并集,即 $A+B=\{e\mid e\in A \text{ 或 } e\in B\}$.

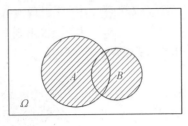

图 1.2

显然,$A\subset A+B,B\subset A+B$.

类似地,可以定义 n 个事件的和事件. 事件 $A_1,A_2,\cdots,A_n$ 中至少有一个发生所构成的事件称为它们的**和事件**,记为 $A_1+A_2+\cdots+A_n=\sum_{i=1}^{n}A_i$. 当 $n\to\infty$ 时,此式为**可列个事件的和事件**.

(3) 积事件(事件的积). 事件 A,B 同时发生所构成的事件,称为**事件 A 与 B 的积事件**,记为 AB 或 $A\cap B$,如图 1.3 所示. 积事件的含义是属于 A 的样本点且属于 B 的样本点构成了 AB 的样本点,即事件 A 与 B 的积事件为 A 与 B 的交集,即 $AB=\{e\mid e\in A \text{ 且 } e\in B\}$.

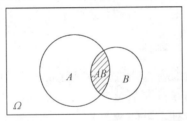

图 1.3

显然,$AB\subset A,AB\subset B$.

类似地,可以定义 n 个事件的**积事件**. 事件 $A_1,A_2,\cdots,A_n$ 同时发生所构成的事件为它们的积事件,记为 $A_1A_2\cdots A_n=\prod_{i=1}^{n}A_i$. 当 $n\to\infty$ 时,此式为**可列个事件的积事件**.

(4) 互斥事件. 事件 A,B 不能同时发生,即 $AB=\varnothing$,称**事件 A 与事件 B 互斥或互不相容**,如图 1.4 所示. 事件 A,B 互斥的含义是 A 与 B 没有公共的样本点.

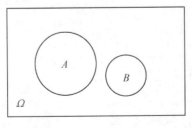

图 1.4

显然,基本事件是两两互斥的.

(5) 互逆事件. 事件 A,B 必有且只有一个发生,即 $AB=\varnothing$,且 $A+B=\Omega$,称**事件 A 与事件**

B **互为逆事件**或**对立事件**. 事件 A,B 互逆的含义是事件 A 与 B 没有公共的样本点,而且 A 与 B 的样本点构成了样本空间.

不属于 A 的样本点的集合,构成了事件 A 的**逆事件**,记为 $\bar{A}$,如图 1.5 所示.

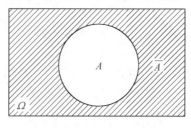

图 1.5

显然,$\bar{A}$ 与 A 互为逆事件.

一般地,$\bar{\Omega} = \varnothing$,$\bar{\varnothing} = \Omega$,若 $A \subset B$,则 $\bar{A} \supset \bar{B}$.

(6) 差事件(事件的差). 事件 A 发生但是事件 B 不发生所构成的事件称为 A 与 B 的**差事件**,记为 $A - B$,如图 1.6 所示. 差事件的含义是属于 A 的样本点但不属于 B 的样本点构成了 $A - B$ 的样本点. 用集合表示为 $A - B = \{e \mid e \in A \text{ 且 } e \notin B\}$.

从图 1.6 中可以看出一个简单的关系式:$A - B = A - AB = A\bar{B}$.

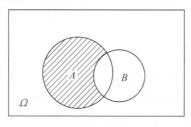

图 1.6

(7) 完备事件组. 对于事件 $A_1, A_2, \cdots, A_n$,若 $A_i A_j = \varnothing (i \neq j)$ 且 $\sum_{i=1}^{n} A_i = \Omega$,称 $A_1, A_2, \cdots, A_n$ 为一个**完备事件组**. 完备事件组的含义是 $A_1, A_2, \cdots, A_n$ 两两互斥,且它们的和事件为必然事件.

【例 1.1】 同时掷两颗骰子,观察它们的点数之和. 定义事件 A 表示"点数和为 2 的倍数",B 表示"点数和为 3 的倍数",C 表示"点数和最大",D 表示"点数和最小". 请表示事件:(1) $A + C$;(2) AB;(3) CD;(4) $A - B$;(5) $\bar{A}$.

解 根据题意,可以写出事件 A,B,C,D.
$A = \{2,4,6,8,10,12\}$,$B = \{3,6,9,12\}$,$C = \{12\}$,$D = \{2\}$,由定义有:
(1) $A + C = \{2,4,6,8,10,12\}$;
(2) $AB = \{6,12\}$;
(3) $CD = \varnothing$;
(4) $A - B = \{2,4,8,10\}$;
(5) $\bar{A} = \{3,5,7,9,11\}$.

2. 事件间的运算律

（1）交换律
$$A + B = B + A, AB = BA$$

（2）结合律
$$(A + B) + C = A + (B + C), (AB)C = A(BC)$$

（3）分配律
$$(A + B)C = AC + BC, AB + C = (A + C)(B + C)$$

（4）对偶律
$$\overline{A + B} = \overline{A}\,\overline{B}, \overline{AB} = \overline{A} + \overline{B}$$

对偶律可以推广到有限个事件的情形
$$\overline{\sum_{i=1}^{n} A_i} = \prod_{i=1}^{n} \overline{A_i}, \overline{\prod_{i=1}^{n} A_i} = \sum_{i=1}^{n} \overline{A_i}$$

【例 1.2】 A, B, C 为 3 个随机事件，用 A, B, C 的运算关系表示下列各事件.

(1) A, C 发生，但 B 不发生；

(2) A, B, C 至少有一个发生；

(3) A, B, C 至少有两个发生；

(4) A, B, C 至多有一个发生；

(5) A, B, C 至多有两个发生；

(6) A, B, C 恰好有两个发生.

解 此题考察对事件间关系的理解，对此加以分析.

(1)"A, C 发生，但 B 不发生"是 A 与 $\overline{B}$ 与 C 的积事件，可表示为 $A\overline{B}C$.

(2)"A, B, C 至少有一个发生"就是 A 发生或 B 发生或 C 发生，可表示为 $A + B + C$.

(3)"A, B, C 至少有两个发生"可理解为 AB 发生或 BC 发生或 AC 发生或 ABC 发生，可表示为 $AB + BC + AC + ABC$.

实际上，$AB + BC + AC$ 已经包含了 ABC 发生的情况，所以(3)也可以简单地表示为 $AB + BC + AC$.

(4)"A, B, C 至多有一个发生"意思是只有一个事件发生或者都没有发生，可表示为 $A\overline{B}\,\overline{C} + \overline{A}B\overline{C} + \overline{A}\,\overline{B}C + \overline{A}\,\overline{B}\,\overline{C}$.

事件 A, B, C 发生包含了 4 种情况："都没有发生""恰有一个发生""恰有两个发生""恰有三个发生". 此问中包含了前两种情况，可以用后两种情况的逆事件表示，而后两种情况可概括为 A, B, C 至少有两个发生，故"A, B, C 至多有一个发生"还可以表示为 $\overline{AB + BC + AC}$.

(5)"A, B, C 至多有两个发生"包含了 3 种情况："都没有发生""恰有一个发生""恰有两个发生"，所以可以用第四种情况"恰有三个发生"的逆事件来表示，即 $\overline{ABC}$.

"至多有两个发生"还可以理解为"至少有一个不发生"，表示为 $\overline{A} + \overline{B} + \overline{C}$.

(6)"A, B, C 恰好有两个发生"说明当其中有两个发生时，另一个一定不发生，表示为 $AB\overline{C} + A\overline{B}C + \overline{A}BC$.

习题 1.1

1. 写出下列随机试验的样本空间：
(1) 抛一枚硬币3次，观察硬币的正反面；
(2) 掷3颗骰子，观察每颗骰子的点数；
(3) 在某十字路口，1 h 通过的车辆数；
(4) 某城市一天的用电量；
(5) 记录一个小班一次数学考试的平均分数（以百分制记分）；
(6) 生产产品直到得到10件正品，记录生产产品的总件数；
(7) 对某工厂出厂的产品进行检查，合格的盖章"正品"，不合格的盖章"次品"，如连续查出2件次品就停止检查，或检查4件产品就停止检查，记录检查的结果．

2. 袋中有10个球，分别编有号码1至10，从中任意取一个球，设事件 A 表示"取到球的号码是偶数"，B 表示"取到球的号码小于5"．
(1) 写出事件 A, B 中的样本点；
(2) 写出事件 $A+B, AB, A-B, B\bar{A}$ 中的样本点．

3. 指明以下事件 A, B 的关系：
(1) 检查2件产品，记事件 A 表示"至少有一件是不合格品"，B 表示"两次检查的结果不同"；
(2) 设 T 表示轴承的寿命，记事件 $A=\{T>5\,000\,\text{h}\}, B=\{T>8\,000\,\text{h}\}$．

4. 用事件 A, B, C 的运算关系表示下列事件：
(1) A 发生，B 与 C 不发生；
(2) A, B 都发生，而 C 不发生；
(3) A, B, C 中至少有一个发生；
(4) A, B, C 都发生；
(5) A, B, C 都不发生；
(6) A, B, C 中不多于一个发生；
(7) A, B, C 中不多于两个发生．

5. 已知下列事件：① 在标准大气压下，水加热到80 ℃ 时会沸腾；② $a, b \in \mathbf{R}$，则 $ab=ba$；③ 一枚硬币连抛两次，两次都出现正面向上．其中是不可能事件的为（　　）．
A. ②　　　　　B. ①　　　　　C. ①②　　　　　D. ③

6. 从含有10件正品、2件次品的12件产品中，任意抽取3件，则（　　）为必然事件．
A. 3件都是正品　　B. 3件都是次品　　C. 至少有1件次品　　D. 至少有1件正品

7. 在 $1, 2, 3, \cdots, 10$ 这10个数字中，任取3个数字，那么"这3个数字的和大于6"这一事件是（　　）．
A. 必然事件　　B. 不可能事件　　C. 随机事件　　D. 以上选项均不正确

8. 在某学校学生中任选一名学生，设事件 A 表示"选出的学生是男生"，B 表示"选出的学生是三年级学生"，C 表示"选出的学生是篮球运动员"，则 ABC 的含义是（　　）．
A. 选出的学生是三年级男生

B. 选出的学生是三年级男子篮球运动员

C. 选出的学生是男子篮球运动员

D. 选出的学生是三年级篮球运动员

9. 用随机事件 A,B,C 的关系表示 A,B 至少有一个发生而 C 不发生(　　).

A. $A\bar{C}+B\bar{C}$　　　　　　　　B. $AB\bar{C}$

C. $AB\bar{C}+A\bar{B}C+\bar{A}BC$　　　　D. $A+B+\bar{C}$

10. 以 A 表示事件"甲种产品畅销,乙种产品滞销",则其对立事件 $\bar{A}$ 为(　　).

A. 甲种产品滞销,乙种产品畅销

B. 甲、乙两种产品均畅销

C. 甲种产品滞销

D. 甲种产品滞销或乙种产品畅销

1.2　概率的定义

对于一个随机事件,它在一次试验中可能发生,也可能不发生,试验前不能预计结果. 在概率论中,不仅关心事件的发生与否,还关心事件发生可能性的大小. 概率正是用来刻画随机事件发生可能性大小的度量.

在现实生活中,经常接触到"彩票中奖率""药物有效率""射击命中率"等带有"率"字的词语. 这些"率"反映的恰恰是可能性的大小. 概率是随机事件 A 发生可能性大小的度量,度量值就是事件 A 的概率,记为 $P(A)$.

本节将介绍概率的两种定义方式以及概率公理化定义.

1.2.1　频率与概率

一般来说,单凭一次随机试验是不容易估计随机事件发生的可能性大小的. 但如果多次重复地进行试验,事件的发生就会呈现出一定的统计规律. 为此,引入频率的概念,它描述的是多次试验中事件发生的频繁程度. 所以,经过多次重复试验,如果频率趋于稳定,那么就可以用频率来度量随机事件发生可能性的大小,即用频率来逼近概率.

定义 1.1　在相同条件下,重复进行 n 次试验,如果事件 A 发生了 k 次,则称 k 为事件 A 发生的频数,$\dfrac{k}{n}$ 为事件 A 发生的频率,记为

$$f_n(A)=\dfrac{k}{n} \tag{1.1}$$

通常情况下,经过多次试验,频率可以反映出随机事件发生的固有属性,也就是说,频率会呈现出一定的统计规律. 例如,一些数学家对抛硬币的试验进行过统计. 表 1.1 为抛硬币试验的统计结果.

表 1.1

试验者	抛硬币的次数	正面向上的频数	正面向上的频率
德·摩根*	2 048	1 061	0.518 1
浦丰**	4 040	2 048	0.506 9
皮尔逊***	12 000	6 019	0.501 6
皮尔逊	24 000	12 012	0.500 5

由以上数据可以看到,事件 A 表示"正面向上",虽然随着抛硬币次数的不同发生的频率 $f_n(A)$ 不同,但都接近于 0.5 这个数值,而且随着随机试验次数的增多,越来越接近 0.5. 所以,可以认为数值 0.5 反映了事件 A 发生可能性的大小.

定义 1.2 在相同条件下,重复进行大量试验,如果事件 A 发生的频率 $f_n(A) = \dfrac{k}{n}$ 稳定在某个定值 p 附近,则把定值 p 作为事件 A 发生的概率,记为 $P(A) = p$.

上述定义称为**概率的统计定义**,因为它基于大量重复试验. 统计定义在理论上是有缺陷的,一般来说,统计概率值只会越来越接近概率,但究竟 n 取多大才能有效地定义概率无法确定. 在概率的计算上,不可能对每一个事件进行大量的试验. 所以下面给出一种概率模型,从理论分析上求得概率.

* **数学家小传**

德·摩根(1806—1871),英国数学家,主要在分析学、代数学、数学史及逻辑学等方面做出了重要贡献. 在代数学方面,他认为:"代数学实际上是一系列'运算',这种'运算'能在任何符号(不一定是数字)的集合上,根据一定的公式来进行." 德·摩根对数学史也十分精通,曾为牛顿及哈雷作传,并制作了 17 世纪科学家的通讯录索引. 此外,他在算术、代数、三角等方面也撰写了不少教材,主要著作有《微积分学》(1842)及《形式逻辑》(1847)等. 他也是最早试图解决四色问题的人,并对解决四色问题做了一些推进.

** **数学家小传**

浦丰(1707—1788),18 世纪法国自然哲学家、数学家. 生于孟巴尔城一个律师家庭,原名乔治·路易·勒克来克,因继承关系,改姓德·浦丰. 浦丰从小受教会教育,爱好自然科学.1739 年起担任皇家花园(植物园)主任. 他用毕生精力经营皇家花园,并用 40 年时间写成 36 卷巨册的《自然史》. 浦丰是人文主义思想的继承者和宣传者.

*** **数学家小传**

皮尔逊(1857—1936),英国数学家,生物统计学家,数理统计学的创立者,自由思想者,对生物统计学、气象学、社会达尔文主义理论和优生学做出了重大贡献. 他不断运用统计方法对生物学、遗传学、优生学做出新的贡献. 同时,他在先辈们基于赌博机遇的概率论研究的基础上,导入了许多新的概念,把生物统计方法提炼成为一般处理统计资料的通用方法,发展了统计方法论,把概率论与统计学两者熔为一炉. 他被公认是旧派理学派和描述统计学派的代表人物,并被誉为现代统计科学的创立者.

1.2.2 概率的古典概型定义

古典概型是概率论历史上最早且最常用的概率模型. 它无须大量的试验,而是对试验进行理论分析,进而得到事件发生的概率.

在 1.1 节中,引入了"抛硬币""掷骰子"的试验,可以看出它们具有如下特点:

(1) 样本空间中含有有限个基本事件,称为**有限性**;

(2) 样本空间中每个基本事件出现的可能性相同,称为**等可能性**.

具有以上两个特点的试验模型,称为**古典概型**,也称为**等可能概型**.

定义 1.3 随机试验为古典概型,若样本空间中含有 n 个基本事件,随机事件 A 中含有 k 个基本事件,则随机事件 A 发生的概率为

$$P(A) = \frac{A \text{ 中所含基本事件数}}{\Omega \text{ 中所含基本事件总数}} = \frac{k}{n} \tag{1.2}$$

从定义中可以看出,计算此类事件的概率,首先要明确概率模型为古典概型;其次还要确定 Ω 中的基本事件总数和 A 中的基本事件数.

【例 1.3】 盒中有 6 个红球和 4 个白球. 现以下列方式从中取球:方式 I,**有放回抽样**(即一次取出一个球,观察其颜色后放回盒中,再取第二个球). 方式 II,**无放回抽样**(即一次取一个球不放回盒中,再从余下的球中取第二个球). 求(1) 取到两个红球的概率;(2) 取到两个不同颜色的球的概率.

解 设事件 A 表示"取到两个红球", B 表示"取到两个不同颜色的球".

对于方式 I,从 10 个球中有放回地抽取两个球,Ω 中所含的基本事件总数为 10^2,A 中所含的基本事件数为 6^2,B 中所含的基本事件数为 $6 \times 4 + 4 \times 6$,所以

$$P(A) = \frac{6^2}{10^2} = \frac{9}{25}, P(B) = \frac{6 \times 4 + 4 \times 6}{10^2} = \frac{12}{25}$$

对于方式 II,从 10 个球中无放回地抽取两个球,Ω 中所含的基本事件总数为 $C_{10}^1 C_9^1$,A 中所含的基本事件数为 $C_6^1 C_5^1$,B 中所含的基本事件数为 $2C_6^1 C_4^1$,所以

$$P(A) = \frac{C_6^1 C_5^1}{C_{10}^1 C_9^1} = \frac{1}{3}, P(B) = \frac{2C_6^1 C_4^1}{C_{10}^1 C_9^1} = \frac{8}{15}$$

【例 1.4】(分房间问题) 有 N 个房间分给 n 个人($N \geq n$),每个人进入 N 个房间的概率都相同且每个房间的人数没有限制. 求(1) 指定 n 个房间各有 1 人的概率;(2) 每个房间不超过 1 人的概率;(3) 某指定房间恰好有 k($k \leq n$) 人的概率.

解 设事件 A 表示"指定 n 个房间各有 1 人",B 表示"每个房间不超过 1 人",C 表示"某指定房间恰好有 k 人".

根据题意,将 N 个房间分给 n 个人,共有 N^n 种分法,即 Ω 中所含的基本事件总数为 N^n.

(1) "指定 n 个房间各有 1 人",其中"指定"两个字说明房间不用挑选,n 个房间各有 1 人就相当于对 n 个人做了一个全排列,共有 $n!$ 种分法,即 A 中所含的基本事件数为 $n!$,所以

$$P(A) = \frac{n!}{N^n}$$

(2) "每个房间不超过 1 人"与 A 的区别仅在于房间没有指定,所以应该首先选定房间,然

后每个房间再安排 1 人,其分法有 $C_N^n n!$ 种,即 B 中所含的基本事件数为 $C_N^n n!$,所以

$$P(B) = \frac{C_N^n n!}{N^n}$$

(3)"某指定房间恰好有 k 人",先从 n 个人中选出 k 人安排进入指定房间,再把其余 $n-k$ 个人安排进入余下的 $N-1$ 个房间,共有 $C_n^k (N-1)^{n-k}$ 种分法,即事件 C 中所含的基本事件数为 $C_n^k (N-1)^{n-k}$,所以

$$P(C) = \frac{C_n^k (N-1)^{n-k}}{N^n}$$

【例 1.5】 一批 20 个产品中有 4 个次品,从这批产品中任取 5 个. 求其中恰有 2 个次品的概率.

解 设事件 A 表示"产品中任取 5 个,其中恰有 2 个次品".

从一批 20 个产品中任取 5 个,共有 C_{20}^5 种取法,所以 Ω 中所含的基本事件总数为 C_{20}^5,任取的 5 个产品中有 2 个次品,则余下的 3 个为正品,共有 $C_{16}^3 C_4^2$ 种取法,即 A 中所含的基本事件数为 $C_{16}^3 C_4^2$. 所以

$$P(A) = \frac{C_{16}^3 C_4^2}{C_{20}^5} = \frac{70}{323}$$

此问题的一般情况为,在一批 N 个产品中有 M 个次品,从这批产品中任取 $n(n \leq N)$ 个,求其中恰有 $m(m \leq M)$ 个次品的概率.

和例 1.5 类似,可以得到所求的概率为 $\frac{C_{N-M}^{n-m} C_M^m}{C_N^n}$,即**超几何概型**的概率公式.

【例 1.6】(生日问题) 在一个 30 人的班级里,求至少有两人生日相同的概率.

解 设事件 A 表示"30 人中至少有两人生日相同",假设每人的生日在一年 365 天中任意一天的概率是等可能的,所以在 30 人的班级里,Ω 中所含的基本事件总数为 365^{30}. 如果 30 人的生日各不相同,则第 1 个人有 365 种可能,第 2 个人应该有 364 种可能,依此类推,第 30 个人有 $(365-30+1)$ 种可能,则

$$P(A) = \frac{365^{30} - 365 \times 364 \times \cdots \times (365-30+1)}{365^{30}} \approx 0.706$$

当班级人数为 50 人时,至少有两个人生日相同的概率为 0.970;当人数为 100 人时,这个数增大到了 0.999 999 7. 可见,在一个人数较多的班级里,至少有两个人生日相同的情况几乎一定会发生.

从以上各例可以看出,利用古典概型求事件的概率,首先要确定试验的样本空间 Ω 中的基本事件总数. 一般来说,当一个试验被确定下来,样本空间也就随之确定了. 其次,要确定所求事件中的基本事件数. 通常情况下,所求的事件往往是对试验有某种特别的"限定",根据这种"限定"来确定所求事件中的基本事件数.

古典概型的样本空间中含有有限个等可能的结果,当试验结果为无限多个时,不能按照古典概型来计算概率. 下面考虑一个当样本空间中含有无限个等可能的结果时,如何计算概率的问题.

【例 1.7】(约会问题) 两个人相约在某天的 5 ~ 6 时在某地会面,先到者等候另一人

20 min 后离开. 假设两人各自随机地在 5～6 时之间任意时刻到达,求两人能会面的概率.

解 以 5 时为原点建立坐标系,可以令 X,Y 分别表示"两个人到达约会地点的时刻",则所有可能结果可以表示为平面上的正方形区域 Ω,如图 1.7 所示.

两人各自随机地在 5～6 时之间任意时刻到达,可以理解为 (X,Y) 落在区域任意一点都是等可能的. 若两人能够会面,则 $|X-Y| \leq 20$,即 (X,Y) 落在图 1.7 中阴影部分的区域 A 内. 令 S_Ω 表示区域 Ω 的面积,S_A 表示区域 A 的面积,设事件 A 表示"两人能够会面",则

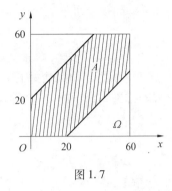

图 1.7

$$P(A) = \frac{S_A}{S_\Omega} = \frac{60^2 - 40^2}{60^2} = \frac{5}{9}$$

本例中,用事件对应的面积与样本空间对应面积之比来计算事件发生的概率,这种概率模型称为**几何概型**.

1.2.3 概率公理化体系

前面已经介绍了用频率计算概率和用古典概型计算概率两种求概率的方法,即频率计算概率是基于大量的重复试验,进而用频率逼近概率. 利用古典概型计算概率建立在一种特定的试验模型基础上,通过经验和理论分析求得概率. 就理论方面来说,它们与数学的严谨定义相比,存在一定的局限性. 1933 年,苏联科学家柯尔莫哥洛夫*在总结前人成果的基础上,首次提出了概率公理化体系,完善了概率的理论体系,使概率论的发展进入了一个新的时代.

定义 1.4 对于样本空间 Ω 中的一个随机事件 A,赋予一个实数 $P(A)$. 若 $P(A)$ 称为事件 A 的概率,须满足如下三条公理:

(1) 非负性:对于任意 $A \subset \Omega$,有 $P(A) \geq 0$;

(2) 规范性:$P(\Omega) = 1$;

(3) 可列可加性:若可列个事件 $A_1, A_2, \cdots, A_n, \cdots$ 两两互斥,则有

$$P(A_1 + A_2 + \cdots + A_n + \cdots) = P(A_1) + P(A_2) + \cdots + P(A_n) + \cdots = \sum_{i=1}^{\infty} P(A_i)$$

不难验证,概率的统计定义和古典概型定义都满足以上三条公理. 概率公理化定义的含义是不管什么随机现象,只有满足定义中的三条公理,才能求它的概率.

---

* **数学家小传**

柯尔莫哥洛夫(1903—1987),20 世纪苏联最杰出的数学家,也是 20 世纪世界上为数极少的几个最有影响力的数学家之一. 他的研究几乎遍及数学的所有领域,做出了许多开创性的贡献. 由于他的卓越成就,他在国内外享有极高的声誉.

下面给出由概率公理化定义得出的一些性质:
(1) $P(\varnothing) = 0$.
显然,不可能事件的概率为 0.
(2) 若有限个事件 $A_1, A_2, \cdots, A_n$ 两两互斥,则
$$P(A_1 + A_2 + \cdots + A_n) = P(A_1) + P(A_2) + \cdots + P(A_n) = \sum_{i=1}^{n} P(A_i)$$
这个性质称为**有限可加性**,为可列可加性公理的特例.
一般地,若事件 A 与 B 互斥,则
$$P(A + B) = P(A) + P(B)$$
(3) 对于事件 A,有
$$P(\bar{A}) = 1 - P(A)$$
证明 显然 $A\bar{A} = \varnothing$,且 $A + \bar{A} = \Omega$,由有限可加性有
$$P(\Omega) = P(A + \bar{A}) = P(A) + P(\bar{A})$$
即
$$P(A) + P(\bar{A}) = 1, P(\bar{A}) = 1 - P(A)$$
(4) 对于事件 A, B,若 $B \subset A$,则
$$P(A - B) = P(A) - P(B)$$
证明 因为 $B \subset A$,所以有 $A = B + (A - B)$,且 $B(A - B) = \varnothing$,由有限可加性有
$$P(A) = P(B) + P(A - B)$$
即
$$P(A - B) = P(A) - P(B)$$
对于一般事件 A, B,有
$$P(A - B) = P(A - AB) = P(A) - P(AB)$$
(5) 对于任意事件 A, B,有
$$P(A + B) = P(A) + P(B) - P(AB)$$
证明 因为
$$A + B = (A - AB) + B, (A - AB)B = \varnothing$$
由可列可加性有
$$P(A + B) = P(A - AB) + P(B) = P(A) + P(B) - P(AB)$$
一般地,对于三个事件和事件的概率,有
$$P(A + B + C) = P(A) + P(B) + P(C) - P(AB) - P(AC) - P(BC) + P(ABC)$$
由数学归纳法,可以得到多个事件和事件的概率,即
$$P\left(\sum_{i=1}^{n} A_i\right) = \sum_{i=1}^{n} P(A_i) - \sum_{1 \leq i < j \leq n} P(A_i A_j) + \sum_{1 \leq i < j < k \leq n} P(A_i A_j A_k) - \cdots + (-1)^{n-1} P(A_1 A_2 \cdots A_n)$$

【例 1.8】 对于事件 A, B,有 $A \subset B, P(A) = 0.6, P(B) = 0.8$. 求 (1) $P(\bar{A})$;(2) $P(AB)$;(3) $P(\bar{A}B)$;(4) $P(A + B)$;(5) $P(A - B)$.

解 由概率的性质有:
(1) $P(\bar{A}) = 1 - P(A) = 1 - 0.6 = 0.4$;

(2) 因为 $A \subset B$,所以 $P(AB) = P(A) = 0.6$;

(3) 因为 $A \subset B$,所以 $P(\bar{A}B) = P(B - A) = P(B) - P(A) = 0.8 - 0.6 = 0.2$;

(4) 因为 $A \subset B$,所以 $P(A + B) = P(B) = 0.8$;

(5) $P(A - B) = P(A - AB) = P(A) - P(AB) = P(A) - P(A) = 0$.

【例 1.9】 事件 A, B,满足 $P(A) = 0.5, P(B) = 0.7, P(A + B) = 0.8$. 求 (1) $P(A - B)$; (2) $P(B - A)$.

解 由 $P(A + B) = P(A) + P(B) - P(AB)$,得 $P(AB) = 0.4$.

(1) $P(A - B) = P(A - AB) = P(A) - P(AB) = 0.5 - 0.4 = 0.1$;

(2) $P(B - A) = P(B - AB) = P(B) - P(AB) = 0.7 - 0.4 = 0.3$.

习题 1.2

1. 我国古代数学名著《数书九章》有"米谷粒分"题:粮仓开仓收粮,有人送来米 1 534 石. 验得米内夹谷,抽样取米一把,数得 254 粒内夹谷 28 粒,则这批米内夹谷约为_____石.(精确到整数)

2. "圣宋元宝"是中国古代钱币之一,宋徽宗赵佶建中靖国元年(公元 101 年)始铸,是仁宗"皇宋通宝"之后又一种不以年号命名的非年号钱,种类主要有小平和折二两种. 现有小平钱 2 枚,折二钱 3 枚,从中随机抽取 2 枚,则 2 枚为不同种类的概率为_____.

3. 算盘是我国古代一项伟大的发明,是一种重要的计算工具. 下图是一把算盘的初始状态,自右向左,分别表示个位、十位、百位、千位……,上面一粒珠子(简称上珠)代表 5,下面一粒珠子(简称下珠)代表 1,五粒下珠的大小等于同组一粒上珠的大小. 例如,个位拨动一粒上珠、十位拨动一粒下珠至梁上,表示数字 15. 现将算盘的个位、十位、百位、千位分别随机拨动一粒珠子至梁上,设事件 A 为"表示的四位数含 2 个数字 5",则 $P(A) = ($ _____$)$.

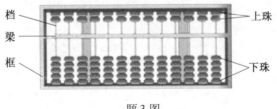

题 3 图

A. $\dfrac{1}{4}$ B. $\dfrac{3}{4}$ C. $\dfrac{3}{8}$ D. $\dfrac{5}{8}$

4. 有 20 个零件,其中 16 个一等品,4 个二等品,若从这些零件中任取 3 个,那么至少有 1 个是一等品的概率是( ).

A. $\dfrac{C_{16}^{1} C_{4}^{2}}{C_{20}^{3}}$ B. $\dfrac{C_{16}^{2} C_{4}^{1}}{C_{20}^{3}}$ C. $\dfrac{C_{16}^{2} C_{4}^{1} + C_{16}^{3}}{C_{20}^{3}}$ D. $1 - \dfrac{C_{4}^{3}}{C_{20}^{3}}$

5. 把 10 本书任意摆放在书架上,求其中指定的 3 本书放在一起的概率.

6. 10 把钥匙中有 3 把可以打开门锁,今任取 2 把,求能打开门的概率.

7. 设一批产品中有 40 个合品,10 个不合格品,现从中无放回地抽取两次,每次取一个,求下列事件的概率:(1) 没有合格品;(2) 恰有一个合格品.

8. 甲袋中有 5 个白球、3 个黑球,乙袋中有 4 个白球、6 个黑球,现从两袋中各任取一球,求取到的两个球颜色相同的概率.

9. 将 9 个小麦的新品种平均分配到 3 个基地中去,在这 9 个品种中有 3 个是常规品种,6 个是杂交品种. 求(1)每个基地各分到一个常规品种的概率;(2)3 个常规品种分配到同一基地的概率.

10. 将 3 个球随机放入 4 个杯子中,求杯子中球的最大个数分别为 1,2,3 的概率.

11. 将 12 个球随机放入 3 个盒子中,求第一个盒子中恰有 3 个球的概率.

12. 对于事件 $A, B, P(A) = 0.5, P(A - B) = 0.2$,求 $P(\overline{AB})$.

13. 对于事件 $A, B, C, P(A) = P(B) = P(C) = \frac{1}{4}, P(AB) = P(BC) = 0, P(AC) = \frac{1}{8}$,求 $P(A + B + C)$.

14. 设 $P(A) = P(B) = 0.5$,证明:$P(AB) = P(\overline{A}\overline{B})$.

15. 设事件 A, B 及 $A + B$ 的概率分别为 p, q, r,求 $P(AB), P(\overline{A}\overline{B})$.

16. 某门课程只有通过口试和笔试才能合格. 某学生通过口试的概率为 80%,通过笔试的概率为 65%,至少通过其中一个的概率为 85%. 求这名学生能够合格的概率.

17. 计算机室共有 10 台机器,其中有 1 台是坏的,现有 4 名同学同时上机,他们依次随机选择一台机器,求 4 名同学都选到好机器的概率.

1.3 条件概率

1.3.1 条件概率的定义

在实际问题中,有时候不只要考虑单纯一个事件发生的概率,还要考虑在另一个事件已经发生的条件下该事件发生的概率.

定义 1.5 对于随机事件 A, B,且 $P(B) \neq 0$,称在事件 B 发生的条件下,事件 A 也发生的概率为 A 的条件概率,记为 $P(A \mid B)$.

下面看一个简单的例子.

【例 1.10】 现有 10 张彩票,其中 2 张是中奖彩票. 甲、乙二人先后依次随机抽取一张. 求(1)甲中奖的概率;(2)甲、乙二人都中奖的概率;(3)在甲中奖的情况下,乙也中奖的概率.

解 该试验模型为古典概型,设 B 表示"甲中奖",A 表示"乙中奖",由题意得

$$P(B) = \frac{C_2^1}{C_{10}^1} = \frac{1}{5}, P(AB) = \frac{C_2^1 C_1^1}{C_{10}^1 C_9^1} = \frac{1}{45}, P(A \mid B) = \frac{C_1^1}{C_9^1} = \frac{1}{9}$$

可以看出,(3)所求为条件概率,即在 B 发生的条件下,A 发生的概率. 从以上求得的概率值可以看出

$$P(A \mid B) = \frac{P(AB)}{P(B)}$$

上式在一般条件下也成立. 由此可以得到条件概率的计算公式.

定理 1.1 对于随机事件 A, B,且 $P(B) \neq 0$,在事件 B 发生的条件下,事件 A 也发生的概

率为

$$P(A \mid B) = \frac{P(AB)}{P(B)} \quad (1.3)$$

不难证明,条件概率满足概率公理化体系中的三条公理.

类似地,对于 $P(A) \neq 0$,有

$$P(B \mid A) = \frac{P(AB)}{P(A)}$$

从条件概率的定义可以看出,若事件 B 已经发生,样本空间中 $\bar{B}$ 的部分就不用考虑了,需要关心的只是事件 B 中 A 的部分的比例. 如图 1.8 所示,只需要考虑样本空间的左半边部分中 AB 占 B 的比例.

实际上,条件概率可以理解为,当事件 B 发生,样本空间已经发生变化,由 Ω 缩减成了现在的 B,这时只需考虑 AB 部分与 B 部分之比即可.

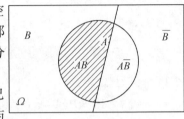

图 1.8

【例 1.11】 某电子元件厂有职工 180 人,其中男职工 100 人,女职工 80 人,男、女职工中非熟练的工人分别有 20 人和 5 人. 现在从该厂任选一名职工. 求(1) 该职工为非熟练工人的概率. (2) 若已知被选出的是女职工,她是非熟练工人的概率.

解 设事件 A 表示"从该厂任选一名职工,为非熟练工人",B 表示"从该厂任选一名职工,为女工".

(1) 由古典概型有

$$P(A) = \frac{20 + 5}{180} = \frac{5}{36}$$

(2) 由题意有

$$P(B) = \frac{80}{180} = \frac{4}{9}, P(AB) = \frac{5}{180} = \frac{1}{36}$$

$$P(A \mid B) = \frac{P(AB)}{P(B)} = \frac{1}{16}$$

另外,在(2)中,若已知被选出的是女职工,那么只需考虑女职工的人数,即 80 人,样本空间已经由 180 缩减成了 80. 女职工中非熟练的工人有 5 人,所以可以直接求得

$$P(A \mid B) = \frac{5}{80} = \frac{1}{16}$$

【例 1.12】 人寿保险公司常常需要知道活到某一个年龄段的人在下一年仍然存活的概率. 根据统计资料可知,某城市的人由出生活到 50 岁的概率为 0.907 18,活到 51 岁的概率为 0.901 35. 求该城市现在已经 50 岁的人,能够活到 51 岁的概率.

解 设事件 A 表示"该城市的某人活到 51 岁",B 表示"该城市的某人活到 50 岁".

因为 $A \subset B$,所以 $P(AB) = P(A) = 0.901\ 35$,根据题意,已经 50 岁的人,能够活到 51 岁的概率是

$$P(A \mid B) = \frac{P(AB)}{P(B)} = \frac{P(A)}{P(B)} = \frac{0.901\ 35}{0.907\ 18} \approx 0.993\ 57$$

也可以理解为该城市中 100 000 个 50 岁的人中有 99 357 个人能活到 51 岁.

1.3.2 概率的乘法公式

在有些问题中,$P(A\mid B)$ 较易求得,反而 $P(AB)$ 不易求,由此引入概率乘法公式.

定理 1.2 对于随机事件 A,B,有
$$P(AB) = P(A)P(B\mid A), P(A) \neq 0$$
或
$$P(AB) = P(B)P(A\mid B), P(B) \neq 0 \tag{1.4}$$

则式(1.4)称为概率的乘法公式. 显然,该公式由条件概率定义很容易得到.

由数学归纳法,当 $P(A_1A_2\cdots A_n) \neq 0$ 时可以得到 n 个事件积事件概率的求法,即
$$P(A_1A_2\cdots A_n) = P(A_1)P(A_2\mid A_1)P(A_3\mid A_1A_2)\cdots P(A_n\mid A_1A_2\cdots A_{n-1})$$

【例 1.13】 设盒中有 m 个红球,n 个白球. 每次从盒中取一个球,观察颜色后放回,再放入一个与所取颜色相同的球. 若在盒中连取三次,求第一次、第二次取到红球,第三次取到白球的概率.

解 设事件 A 表示"第一次取到红球",B 表示"第二次取到红球",C 表示"第三次取到白球",根据题意有
$$P(A) = \frac{m}{m+n}, P(B\mid A) = \frac{m+1}{m+n+1}, P(C\mid AB) = \frac{n}{m+n+2}$$

由概率的乘法公式有
$$P(ABC) = P(A)P(B\mid A)P(C\mid AB) = \frac{mn(m+1)}{(m+n)(m+n+1)(m+n+2)}$$

1.3.3 全概率公式

在求解例 1.10 条件概率时,对于甲、乙二人先后抽奖是否公平,乙中奖的概率会不会低于甲呢?

设事件 B 表示"甲中奖",A 表示"乙中奖",求事件 A 发生的概率. 显然乙中奖与否与甲存在着联系,这里可以分为两种情况:

(1) 甲中奖时,乙中奖,即 B 发生时,A 也发生,此时概率为
$$P(AB) = P(B)P(A\mid B) = \frac{2}{10} \times \frac{1}{9} = \frac{1}{45}$$

(2) 甲没有中奖时,乙中奖,即 B 不发生时,A 发生,此时概率为
$$P(A\bar{B}) = P(\bar{B})P(A\mid \bar{B}) = \frac{8}{10} \times \frac{2}{9} = \frac{8}{45}$$

因此
$$P(A) = P(AB) + P(A\bar{B}) = \frac{1}{45} + \frac{8}{45} = \frac{1}{5}$$

可以看出,先后抽奖是公平的.

从本例可知,事件 A 发生与事件 $B,\bar{B}$ 有关. A 被分成了两部分,即 AB 部分和 $A\bar{B}$ 部分. 且 B 与 $\bar{B}$ 互斥,B 与 $\bar{B}$ 的和为样本空间. 这种形式推广到一般情形即为全概率公式.

定理1.3 事件$B_1,B_2,\cdots,B_n$为一个完备事件组,若$P(B_i) \neq 0, i=1,2,\cdots,n$,对于任意事件$A \subset \Omega$,有

$$P(A) = \sum_{i=1}^{n} P(B_i)P(A|B_i) \tag{1.5}$$

证明 $A = A\Omega = A(\sum_{i=1}^{n} B_i) = \sum_{i=1}^{n}(AB_i)$,显然$(AB_i)(AB_j) = A(B_iB_j) = \emptyset (i \neq j)$,由有限可加性有

$$P(A) = P(\sum_{i=1}^{n}(AB_i)) = P(AB_1) + P(AB_2) + \cdots + P(AB_n) =$$
$$P(B_1)P(A|B_1) + P(B_2)P(A|B_2) + \cdots + P(B_n)P(A|B_n) =$$
$$\sum_{i=1}^{n} P(B_i)P(A|B_i)$$

可以用图形来解释全概率公式,如图1.9所示. 显然B_1, B_2,B_3,B_4为一个完备事件组,事件A与事件B_1,B_2,B_3,B_4有关. 这里可以把区域A理解成事件A的概率,A被分成了四个区域,即AB_1,AB_2,AB_3和AB_4. 所以

$$P(A) = P(AB_1) + P(AB_2) + P(AB_3) + P(AB_4)$$

由概率的乘法公式,即可以得到全概率公式.

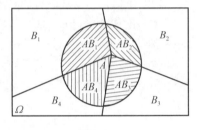

图1.9

在很多情况下,引起事件A发生的原因只有两个,可以用事件B与$\bar{B}$表示. 此时,全概率公式可以表示为

$$P(A) = P(B)P(A|B) + P(\bar{B})P(A|\bar{B})$$

【例1.14】 设一批产品来自甲、乙、丙三厂,三个厂家产量的比例分别是45%,35%,20%,甲、乙、丙三厂的次品率分别为4%,2%,5%. 现在从所有产品中任取一件,求取到次品的概率.

解 设事件A表示"从所有产品中任取一件,取到的是次品",B_1表示"取到甲厂产品";B_2表示"取到乙厂产品",B_3表示"取到丙厂产品",由题意有

$$P(B_1) = 0.45, P(B_2) = 0.35, P(B_3) = 0.2$$
$$P(A|B_1) = 0.04, P(A|B_2) = 0.02, P(A|B_3) = 0.05$$

由全概率公式,得

$$P(A) = \sum_{i=1}^{3} P(B_i)P(A|B_i) = 0.45 \times 0.04 + 0.35 \times 0.02 + 0.2 \times 0.05 = 0.035$$

【例1.15】 假设在某时期内影响股票价格变化的因素只有银行存款利率的变化. 经分析,该时期内利率下调的概率为60%,利率不变的概率为40%. 根据经验,在利率下调时,某股票上涨的概率为80%;在利率不变时,这一股票上涨的概率为40%. 求这一股票上涨的概率.

解 设事件A表示"这一股票上涨",B表示"银行利率下调",$\bar{B}$表示"银行利率保持不变". 由题意有

$$P(B) = 0.6, P(\bar{B}) = 0.4, P(A|B) = 0.8, P(A|\bar{B}) = 0.4$$

由全概率公式有

$$P(A) = P(B)P(A\mid B) + P(\bar{B})P(A\mid \bar{B}) = 0.6 \times 0.8 + 0.4 \times 0.4 = 0.64$$

全概率公式描述的是由一些已知的原因来探求某种结果(这个结果一般为所求事件的概率)的问题,当求解某一结果的概率时,应该首先明确引起这个结果的所有原因,再找出每一个原因发生可能性的大小以及各个原因对结果发生的"贡献"大小.

1.3.4 贝叶斯*公式

全概率公式是在 $B_1, B_2, \cdots, B_n$ 这些原因下探究 A 这个结果. 现在要解决的问题是,已知 A 这个结果,如何知道引起结果的原因. 为此引入贝叶斯公式.

定理 1.4 事件 $B_1, B_2, \cdots, B_n$ 为完备事件组,且 $P(A) \neq 0, P(B_i) \neq 0 \ (i=1,2,\cdots,n)$,则

$$P(B_i \mid A) = \frac{P(B_i)P(A\mid B_i)}{\sum_{j=1}^{n} P(B_j)P(A\mid B_j)}, i = 1, 2, \cdots, n \tag{1.6}$$

证明 由概率乘法公式和全概率公式有

$$P(AB_i) = P(B_i)P(A\mid B_i)$$

$$P(A) = \sum_{j=1}^{n} P(B_j)P(A\mid B_j)$$

所以

$$P(B_i \mid A) = \frac{P(AB_i)}{P(A)} = \frac{P(B_i)P(A\mid B_i)}{\sum_{j=1}^{n} P(B_j)P(A\mid B_j)}, i = 1, 2, \cdots, n$$

贝叶斯公式常用于"追本溯源"的问题,即已知出现了某种结果,追溯产生结果的各个原因.

【例 1.16】 血液检测是现今检验某种病毒的一种流行方法,由于测量误差,对于确实患有该病的病人有 95% 的可能性测定为阳性(认为其患病),对于没有患病的人,有 1% 的可能性测定为阳性. 现已知在人群中患该病的概率为 0.000 1,问如果某人检测结果为阳性,那么他真患病的概率是多少?

解 设事件 B 表示"患有该种病",A 表示"检测呈阳性". 根据题意有

$$P(B) = 0.000\ 1, P(\bar{B}) = 0.999\ 9, P(A\mid B) = 0.95, P(A\mid \bar{B}) = 0.01$$

由贝叶斯公式有

---

* **数学家小传**

贝叶斯(1702—1761),英国数学家. 贝叶斯在数学方面主要研究概率论. 他首先将归纳推理法用于概率论基础理论,并创立了贝叶斯统计理论,对于统计决策函数、统计推断、统计的估算等做出了贡献. 他死后,理查德·普莱斯于1763年将他的著作《机会问题的解法》寄给了英国皇家学会,对于现代概率论和数理统计产生了重要的影响. 贝叶斯的另一著作《机会的学说概论》发表于1758年. 贝叶斯所采用的许多术语被沿用至今.

$$P(B|A) = \frac{P(B)P(A|B)}{P(B)P(A|B)+P(\bar{B})P(A|\bar{B})} =$$

$$\frac{0.0001 \times 0.95}{0.0001 \times 0.95 + 0.9999 \times 0.01} \approx 0.0094$$

这表明在检测呈阳性的人中只有不到 1% 的人患病,这个结果可能很令人吃惊,似乎检测的结果不可靠. 但只要仔细分析一下就可以理解了,因为此种病的发病率很低,一般 10 000 人只有 1 人,对这 10 000 人进行检测,除患病的呈阳性,另外还有大约健康的人(10 000 − 1) × 0.01 ≈ 100 也呈阳性,在总共 101 个检测呈阳性的人中只有一个人患病,那么这个结果不足 1%.

习题 1.3

1. 盒子里有 6 个球,其中有 3 个白球和 3 个红球,每次从中抽出 1 个球,抽出的球不再放回,则在第 1 次抽到白球的条件下,第 2 次抽到红球的概率为 _____.

2. 已知 $0 < P(A) < 1$,且 $P(B|A) = P(B)$. 若 $P(\bar{A}) = 0.6, P(B|\bar{A}) = 0.3$,则 $P(A+B) =$ _____.

3. (2022 年数学三) 设 A,B,C 为 3 个随机事件,A 与 B 互不相容,A 与 C 互不相容,B 与 C 相互独立,且 $P(A) = P(B) = P(C) = \frac{1}{3}$,则 $P(B+C|A+B+C) =$ _____.

4. 一道单项选择题有 4 个答案,要求学生将正确答案选择出来,某考生知道正确答案的概率为 $\frac{1}{5}$,在乱猜时,4 个答案都有机会被他选择,若他答对了,则他确实知道正确答案的概率是 _____.

5. 小智和计算机连续下两盘棋,已知小智第一盘获胜的概率是 0.5,小智连续两盘都获胜的概率是 0.4,那么小智在第一盘获胜的条件下,第二盘也获胜的概率是( ).

A. 0.4　　　　B. 0.8　　　　C. 0.2　　　　D. 0.5

6. 已知 $P(A) = \frac{1}{4}, P(B|A) = \frac{1}{3}, P(A|B) = \frac{1}{2}$,求 $P(A+B)$.

7. 对于事件 $A,B,P(A) = P(B) = \frac{1}{3}, P(A|B) = \frac{1}{6}$,求 $P(\bar{A}|\bar{B})$.

8. 一批零件共 100 个,其中次品有 10 个,每次从中任取一个零件,取出的零件不再放回,求第三次才取到正品的概率.

9. 袋中 5 个红球、3 个黑球、2 个白球,现有放回地取 3 次,每次取 1 球,求第 3 次才取到白球的概率.

10. 一家大型工厂的雇员中,有 70% 具有本科文凭,有 8% 是管理人员,有 7% 既是管理人员又具有本科文凭,求:

(1) 已知一名雇员具有本科文凭,那么他是管理人员的概率.

(2) 已知一名雇员没有本科文凭,那么他是管理人员的概率.

11. 某人有一笔资金,他投入基金的概率为0.58,购买股票的概率为0.28,两项都投资的概率为0.19,求：

（1）已知他已经投入基金,再购买股票的概率.

（2）已知他购买股票,再投入基金的概率.

12. 一盒三极管中有6只合格品,4只不合格品,从中无放回地逐只取出,求第二次取到合格品的概率.

13. 钥匙掉了,假设掉在宿舍里、掉在教室里、掉在路上的概率分别是0.4,0.3,0.3,而掉在上述三个地方被找到的概率分别是0.8,0.3,0.1,求钥匙被找到的概率.

14. 某高校新生中,本地考生占30%,外地考生占70%,已知本地考生中以英语为第一外语的占80%,外地考生中以英语为第一外语的占95%. 现从该校新生中任选一名,求该生以英语为第一外语的概率.

15. 甲袋中有9个白球、1个黑球；乙袋中有6个白球、3个黑球. 现从甲袋中任取2个放入乙袋中,再从乙袋中任取一球,求取到的球恰好为白球的概率.

16. 现有一批电视机共100台,假定这批电视机中次品的数目不超过3台,且有如下表的概率.

16 题表

次品数	0	1	2	3
概率	0.2	0.3	0.4	0.1

现从电视机中任取10台进行检验,若发现其中有次品,则认为该批产品不合格,求这批电视机通过检验的概率.

17. 对数学考试结果分析发现,对数学有兴趣的同学如果努力,有90%的概率考试得优,不努力有50%的概率得优. 对数学没兴趣的同学如果努力,有60%的概率得优,不努力有10%的概率得优. 已知某班对数学有兴趣的同学占50%,有兴趣中努力的占60%,无兴趣中努力的占50%,求该班考试成绩的优秀率.

18. 两台机床加工同样的零件,第一台出现不合格品的概率为0.03,第二台出现不合格品的概率为0.06,加工的零件放在一起,且已知第一台加工的零件数是第二台的2倍,求：(1) 任取一件为合格品的概率；(2) 已知取出的是不合格品,求它是由第二台机床生产的概率.

19. 为防止意外事故,在矿井内同时安装A,B两套报警系统,每套单独使用时,其有效的概率分别为0.92和0.93,在A失灵的情况下,B有效的概率为0.85,求：

（1）发生事故时,这两套报警系统至少有一个有效的概率；

（2）在B失灵的情况下,A有效的概率.

20. 某种病毒感染了某村附近25%的猪群,当猪确实被感染时,诊断正确的概率为84%,当猪未被感染时,诊断正确的概率为80%,现一只猪的诊断结果是已经被感染,则它确实被感染的概率是多少？

1.4 独立性与伯努利*概型

1.4.1 事件的独立性

通过前面的学习可知,条件概率 $P(A|B)$ 的含义是事件 B 发生的条件下,A 发生的概率. 一般来说,它与事件 A 发生的概率是不同的,即 $P(A|B) \neq P(A)$,这是因为事件 B 的发生已经影响到了 A 的发生. 倘若事件 B 发生与否对 A 没有影响,则有 $P(A|B) = P(A)$,又 $P(A|B) = \dfrac{P(AB)}{P(B)}$,可以得到

$$P(AB) = P(A)P(B) \tag{1.7}$$

定义 1.6 对于事件 A,B,若 $P(AB) = P(A)P(B)$ 成立,则称事件 A 与 B 相互独立.

这里值得注意的是,事件 A 与 B 相互独立的含义绝不是 A 与 B 互斥,A,B 相互独立是指 A 与 B 互不影响;而 A 与 B 互斥是事件 A 发生,B 就不会发生,二者是相互影响的.

定理 1.5 事件 A 与 B 相互独立的充分必要条件是

$$P(A) = P(A|B), P(B) \neq 0$$

或

$$P(B) = P(B|A), P(A) \neq 0$$

定理 1.6 对于事件 A,B,若事件 A 与 B 相互独立,则 A 与 $\bar{B}$,$\bar{A}$ 与 B,$\bar{A}$ 与 $\bar{B}$ 也相互独立.

证明

$$P(A\bar{B}) = P(A) - P(AB) = P(A) - P(A)P(B) = P(A)[1 - P(B)] = P(A)P(\bar{B})$$

即事件 A 与 $\bar{B}$ 相互独立.

仅证第一个,其他类似.

实际上,可以证明 A 与 B 相互独立和 A 与 $\bar{B}$,$\bar{A}$ 与 B,$\bar{A}$ 与 $\bar{B}$ 相互独立是等价的.

【例 1.17】 甲、乙同时独立地向一敌机射击,已知甲击中的概率为 0.6,乙击中的概率为 0.5,求敌机被击中的概率.

解 设事件 A 表示"甲击中敌机",B 表示"乙击中敌机". 敌机被击中,即"甲、乙至少有一人击中敌机",则"敌机被击中"可表示为 $A + B$,有

$$P(A + B) = P(A) + P(B) - P(AB)$$

又事件 A 与 B 相互独立,有 $P(AB) = P(A)P(B)$,所以

---

* **数学家小传**

伯努利(1654—1705),生于巴塞尔,毕业于巴塞尔大学,1671 年 17 岁时获艺术硕士学位. 这里的艺术指"自由艺术",包括算术、几何学、天文学、音乐、文法、修辞、雄辩术共七大门类. 遵照父亲的愿望,他于 1676 年 22 岁时又取得了神学硕士学位. 然而,他也违背父亲的意愿,自学了数学和天文学. 1676 年,他到日内瓦做家庭教师. 从 1677 年起,他开始在那里写内容丰富的《沉思录》. 伯努利对数学最重大的贡献是在概率论研究方面,他从 1685 年起发表关于赌博游戏中输赢次数问题的论文,后来写成巨著《猜度术》,这本书在他逝世后 8 年,即 1713 年才得以出版.

$$P(A+B) = P(A) + P(B) - P(A)P(B) = 0.6 + 0.5 - 0.6 \times 0.5 = 0.8$$

【例 1.18】 有甲、乙两批种子,发芽率分别为 0.8 和 0.9,现在从这两批种子中各任取一粒,求(1)两粒种子都发芽的概率;(2)恰好有一粒种子发芽的概率;(3)至少有一粒种子发芽的概率.

解 设事件 A 表示"从甲中任取一粒种子发芽",B 表示"从乙中任取一粒种子发芽". 显然事件 A,B 是相互独立的,则:

(1) $P(AB) = P(A)P(B) = 0.8 \times 0.9 = 0.72$;

(2) $P(\bar{A}B) + P(A\bar{B}) = P(\bar{A})P(B) + P(A)P(\bar{B}) = 0.2 \times 0.9 + 0.8 \times 0.1 = 0.26$;

(3) $P(A+B) = P(A) + P(B) - P(A)P(B) = 0.8 + 0.9 - 0.72 = 0.98$.

事件的独立性也可以推广到有限多个事件的情况.

定义 1.7 对于事件 $A_1, A_2, \cdots, A_n$,如果对于任何正整数 $m(2 \leqslant m \leqslant n)$ 以及 $1 \leqslant i_1 < i_2 < \cdots < i_m \leqslant n$,都有

$$P(A_{i_1}A_{i_2}\cdots A_{i_m}) = P(A_{i_1})P(A_{i_2})\cdots P(A_{i_m})$$

则称事件 $A_1, A_2, \cdots, A_n$ 相互独立.

从定义 1.7 可以看出,n 个事件中任意 $2,3,\cdots,n$ 个事件的积事件的概率等于各事件概率之积,则 n 个事件是相互独立的.

例如,对于三个事件 A,B,C,当

$$P(AB) = P(A)P(B), P(AC) = P(A)P(C)$$
$$P(BC) = P(B)P(C), P(ABC) = P(A)P(B)P(C)$$

都成立时,称事件 A,B,C 相互独立.

这里值得注意的是,事件间两两相互独立和事件间相互独立是有区别的. 也就是说,由 $P(AB) = P(A)P(B), P(AC) = P(A)P(C), P(BC) = P(B)P(C)$ 不能得出事件 A,B,C 相互独立的结论.

显然,若事件 $A_1, A_2, \cdots, A_n$ 相互独立,则其中任意 $k(2 \leqslant k \leqslant n)$ 个事件也是相互独立的.

一般来说,在实际问题中,很少用定义去判断事件间的相互独立性. 相反,都是用经验事实来说明事件间的相互独立性,进而利用事件相互独立的性质求得多个事件积事件的概率. 一般模式为:审题或利用事实经验 → 判断事件间相互独立 → 利用性质,求得

$$P(A_1A_2) = P(A_1)P(A_2), \cdots, P(A_1A_2\cdots A_n) = P(A_1)P(A_2)\cdots P(A_n)$$

1.4.2 伯努利概型

在相同条件下,重复做 n 次试验,如果每次试验互不影响,则称 n 次试验是**相互独立的试验**. 如果每次试验结果只有两个,则 n 次独立试验称为 n **重伯努利试验**,简称**伯努利试验**或**伯努利概型**.

在现实中,只有两个结果的试验有很多. 例如,抛一枚硬币,正面向上或者反面向上;购买一张彩票,观察其中奖与否;射手打靶,命中或者没有命中. 一些有多个结果的试验,通过简单的归类,也可以看成只有两个结果. 比如,掷一颗骰子,出现偶数点或者奇数点;观察服务器在单位时间内接收到请求的次数,是大于 500 次还是小于等于 500 次等.

对于只有两个结果的试验,可以简单地定义事件 A 与 $\bar{A}$,为计算提供方便.

【例1.19】 一名射击运动员对同一靶盘进行射击,命中的概率为0.8,假设每次射击间互不影响,求三次射击中恰有两次命中的概率.

解 三次射击可以看成是进行了三次独立的试验,而且每次试验的结果只有命中或没有命中,恰好符合伯努利概型的定义.

设事件 A_i 表示"第 i 次射击命中"($i=1,2,3$),则 $P(A_i)=0.8$, $P(\bar{A}_i)=0.2$. 由题意, A_1,A_2,A_3 相互独立,则"三次中恰有两次命中"可表示为

$$P(A_1A_2\bar{A}_3+A_1\bar{A}_2A_3+\bar{A}_1A_2A_3)=C_3^2\times 0.8^2\times 0.2^1=0.384$$

一般地,有如下定理.

定理1.7 在一次试验中,事件 A 发生的概率为 $p(0<p<1)$,则在 n 重伯努利概型中,事件 A 恰好发生 $k(k\leqslant n)$ 次的概率为

$$P_n(k)=C_n^k p^k(1-p)^{n-k}=C_n^k p^k q^{n-k}, k=0,1,2,\cdots,n; q=1-p$$

【例1.20】 某水站有5台抽水泵,已知每台抽水泵发生故障的概率均为0.1. 求(1)5台抽水泵中恰有3台发生故障的概率;(2)至少有1台正常工作的概率.

解 这可以看成是一个伯努利概型问题,根据题意有 $n=5, p=0.1, q=0.9$.

设事件 A 表示"5台抽水泵中恰有3台发生故障", B 表示"至少有1台正常工作",则

(1) $P(A)=P_5(3)=C_5^3\times 0.1^3\times 0.9^2=0.0081$;

(2) $P(B)=1-P(\bar{B})=1-P_5(5)=1-C_5^5\times 0.1^5\times 0.9^0=0.99999$.

可见,至少有1台正常工作的概率是非常大的.

习题1.4

1. 某居民小区有两个相互独立的安全防范系统 A 和 B,系统 A 和系统 B 在任意时刻发生故障的概率分别为 $\dfrac{1}{7}$ 和 p,若在任意时刻恰有一个系统不发生故障的概率为 $\dfrac{13}{56}$,则 $p=$ _____.

2. 进入2021年以来,国家提倡大学生毕业后自主创业,根据已知的调查可知,大学生创业成功与失败的概率分别为 a,b,且 $a=2b$,则某高校4名大学生毕业后自主创业,其中至少有2名大学生创业成功的概率为 _____.

3. 已知 $P(A+B)=\dfrac{25}{32}, P(\bar{A})=\dfrac{7}{8}, P(B)=\dfrac{3}{4}$,则事件 A 与 B 的关系是( ).

   A. A 与 B 互斥不对立　B. A 与 B 对立　C. A 与 B 相互独立　D. A 与 B 既互斥又独立

4. 有6个相同的球,分别标有数字1,2,3,4,5,6,从中有放回地随机取两次,每次取1个球,甲表示事件"第一次取出的球的数字是1",乙表示事件"第二次取出的球的数字是2",丙表示事件"两次取出的球的数字之和是8",丁表示事件"两次取出的球的数字之和是7",则( ).

   A. 甲与丙相互独立　　　　　　　B. 甲与丁相互独立
   C. 乙与丙相互独立　　　　　　　D. 丙与丁相互独立

5. 设两个相互独立的事件 A 和 B 都不发生的概率为 $\dfrac{1}{9}$, A 发生 B 不发生的概率与 B 发生 A

不发生的概率相同,则事件 A 发生的概率 $P(A)=(\quad)$.

A. $\dfrac{2}{3}$ B. $\dfrac{1}{3}$ C. $\dfrac{1}{9}$ D. $\dfrac{1}{18}$

6. 设两个相互独立的事件 A 和 B 同时不发生的概率是 p,A 发生 B 不发生与 A 不发生 B 发生的概率相同,则事件 A 发生的概率为( ).

A. $2p$ B. $\dfrac{p}{2}$ C. $1-\sqrt{p}$ D. $1-\sqrt{2p}$

7. 口袋中有大小和质地相同的 4 个红球和 2 个白球,则下列结论不正确的是( ).

A. 从中任取 3 个球,恰有一个白球的概率是 $\dfrac{3}{5}$

B. 从中有放回地取球 6 次,每次任取 1 个球,恰好有两个白球的概率为 $\dfrac{80}{243}$

C. 从中不放回地取球 2 次,每次任取 1 个球,若第一次已取到了红球,则第二次再次取到红球的概率为 $\dfrac{2}{5}$

D. 从中有放回地取球 3 次,每次任取 1 个球,则至少有一次取到红球的概率为 $\dfrac{26}{27}$

8. 某同学随机掷一颗骰子 4 次,则该同学得到 1 点或 5 点的次数超过 2 次的概率为( ).

A. $\dfrac{1}{9}$ B. $\dfrac{7}{27}$ C. $\dfrac{8}{27}$ D. $\dfrac{8}{29}$

9. 有甲、乙两个盒子,甲盒子中装有 2 个小球,乙盒子中装有 4 个小球,每次随机取一个盒子并从中取一个球,求甲盒子中的球被取完时,乙盒子中恰剩下 2 个球的概率.

10. 甲、乙、丙独立回答一个问题,答对的概率分别为 0.6,0.5,0.7,求(1) 恰一个人答对的概率;(2) 恰有一个人没有答对的概率;(3) 至少有一个人答对的概率.

11. 设某种高射炮的命中率为 0.6,若一架敌机入侵,欲以 99% 以上的概率击中它,问至少需要多少门这种高射炮同时射击?

12. 一射手对同一目标进行 4 次射击,若至少有一次命中的概率为 $\dfrac{80}{81}$,求该射手射击一次命中的概率.

13. 某彩票一周开奖一次,每次只有百万分之一的概率中奖,若每周买一张彩票,坚持 10 年(每年 52 周),求从未中奖的概率是多少.

1.5　经济应用实例:抽签问题、借贷问题及树形图

1.5.1　抽签问题

在社会生活中,抽签的现象比比皆是,不胜枚举. 但对抽签的公平性还是有人将信将疑,以至于在抽签时,有人争先恐后,有人畏缩不前,其根本原因是"怕吃亏". 其实抽签是公平的,先

抽、后抽都一样.通过下面的例子来说明这个问题.

【例 1.21】 现有 3 个人抽签,3 个签中只有 1 个是有物的,其余 2 个都是空的. 3 人依次抽签,求每个人抽中有物的概率.

解 设事件 A_i 表示"第 i 个人抽中有物的"($i=1,2,3$),则根据概率乘法公式,有

(1) $P(A_1) = \dfrac{1}{3}$;

(2) $P(A_2) = P(\bar{A}_1 A_2) = P(\bar{A}_1) P(A_2 \mid \bar{A}_1) = \dfrac{2}{3} \times \dfrac{1}{2} = \dfrac{1}{3}$;

(3) $P(A_3) = P(\bar{A}_1 \bar{A}_2 A_3) = P(\bar{A}_1) P(\bar{A}_2 \mid \bar{A}_1) P(A_3 \mid \bar{A}_1 \bar{A}_2) = \dfrac{2}{3} \times \dfrac{1}{2} \times 1 = \dfrac{1}{3}$.

可见,3 个人抽中有物的概率是相同的.

【例 1.22】 10 根签中有 4 根是有物的,甲、乙、丙依次抽取,求三人抽中有物的概率.

解 设事件 A 表示"甲抽中有物的",B 表示"乙抽中有物的",C 表示"丙抽中有物的",则:

(1) $P(A) = \dfrac{4}{10} = \dfrac{2}{5}$;

(2) 当乙抽签时,A 与 $\bar{A}$ 是一个完备事件组,且

$$P(A) = \dfrac{2}{5}, P(\bar{A}) = \dfrac{3}{5}, P(B \mid A) = \dfrac{3}{9}, P(B \mid \bar{A}) = \dfrac{4}{9}$$

由全概率公式有

$$P(B) = P(A)P(B \mid A) + P(\bar{A})P(B \mid \bar{A}) = \dfrac{2}{5}$$

(3) 当丙抽签时,$AB, A\bar{B}, \bar{A}B$ 与 $\bar{A}\bar{B}$ 是一个完备事件组,且

$$P(AB) = \dfrac{2}{15}, P(A\bar{B}) = \dfrac{4}{15}, P(\bar{A}B) = \dfrac{4}{15}, P(\bar{A}\bar{B}) = \dfrac{5}{15}$$

$$P(C \mid AB) = \dfrac{2}{8}, P(C \mid A\bar{B}) = \dfrac{3}{8}, P(C \mid \bar{A}B) = \dfrac{3}{8}, P(C \mid \bar{A}\bar{B}) = \dfrac{4}{8}$$

由全概率公式有

$$P(C) = P(AB)P(C \mid AB) + P(A\bar{B})P(C \mid A\bar{B}) +$$
$$P(\bar{A}B)P(C \mid \bar{A}B) + P(\bar{A}\bar{B})P(C \mid \bar{A}\bar{B}) = \dfrac{2}{5}$$

可见,甲、乙、丙抽中有物的概率是相等的.

思考:例 1.22 能不能和例 1.21 一样用乘法公式求解呢?

1.5.2 借贷问题

小王连续向银行贷款两次,由于某种原因,未能及时还款. 现在因为有需要,小王还要向银行贷款,结果被银行拒绝了. 用概率论知识分析其原因.

银行向个人贷款是基于个人的信用,只有信用比较高的人才会获得银行的信任,银行才会发放贷款. 这里的信用定义为某人的可信程度,下面用贝叶斯公式分析小王被拒绝的原因.

首先,设事件 A 表示"小王未还款",B 表示"小王可信",不妨设小王最初的信用为 0.9,有

$$P(B) = 0.9, P(\bar{B}) = 0.1$$

下面计算小王第一次未还款后信用的变化 $P(B|A)$. 这里需要用到贝叶斯公式,涉及两个概率 $P(A|B)$ 与 $P(A|\bar{B})$,其中 $P(A|B)$ 是可信的人未还款的可能性,$P(A|\bar{B})$ 为不可信的人未还款的可能性. 不妨设

$$P(A|B) = 0.1, P(A|\bar{B}) = 0.5$$

第一次小王未还款,即事件 A 发生,银行据此认为小王的信用变为

$$P(B|A) = \frac{P(B)P(A|B)}{P(B)P(A|B) + P(\bar{B})P(A|\bar{B})} = \frac{0.9 \times 0.1}{0.9 \times 0.1 + 0.1 \times 0.5} \approx 0.643$$

这表明在小王第一次未还款后,银行认为小王的信用从 0.9 下降到了 0.643,即此时

$$P(B) = 0.643, P(\bar{B}) = 0.357$$

小王在第二次未还款后,他的信用又发生变化,利用贝叶斯公式,计算 $P(B|A)$,有

$$P(B|A) = \frac{P(B)P(A|B)}{P(B)P(A|B) + P(\bar{B})P(A|\bar{B})} = \frac{0.643 \times 0.1}{0.643 \times 0.1 + 0.357 \times 0.5} \approx 0.265$$

这表明在小王连续两次未还款以后,他的信用已经从 0.9 下降到了 0.265,银行当然会考虑不向小王发放贷款.

1.5.3 树形图

调查某公司的部门经理对公司的忠诚度. 其中的一个问题是"如果另外一家公司给你的待遇比现在稍好或基本一样,你愿意留在公司还是跳槽". 下面将 200 名部门经理的回答按他们在公司的服务时间进行交叉分类.

这里定义事件 A_1 表示"留下",A_2 表示"跳槽",B_1 表示"服务少于 1 年",B_2 表示"服务 1 到 5 年",B_3 表示"服务 6 到 10 年",B_4 表示"服务 10 年以上". 下面用树形图来说明这个问题.

树形图是一个对包含多个计算步骤有帮助的图形. 树中每一段都对应着问题的一个步骤. 而树形图的每个分支则以概率进行加权. 表 1.2 为部门经理的忠诚度和在公司的服务时间. 下面用表 1.2 的数据来说明树形图的构造.

表 1.2

		服务时间				
		少于 1 年	1 到 5 年	6 到 10 年	10 年以上	合计
忠诚度	留下	10	30	5	75	120
	跳槽	25	15	10	30	80
	合计	35	45	15	105	200

(1) 图 1.10 为构造树形图,在左侧建立"根".

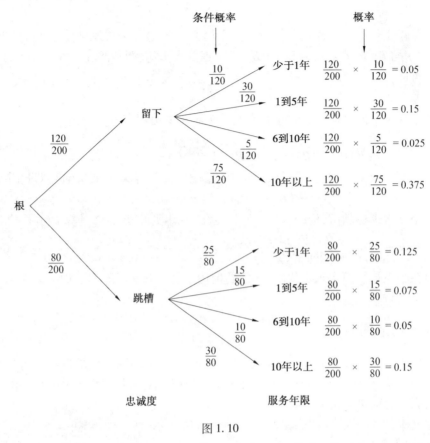

图 1.10

(2) 对于这个例题,从根处引出两个重要的分支,上面代表"留下",下面代表"跳槽". 概率分别写在对应的分支上,即 $\frac{120}{200}$ 与 $\frac{80}{200}$. 这两个概率分别表示为

$$P(A_1), P(A_2)$$

(3) 从两个主要分支又分别长出 4 个分支,分别表示 4 种服务时间:少于 1 年,1 到 5 年,6 到 10 年和 10 年以上. 上面的 4 个分支的条件概率分别为

$$P(B_1 \mid A_1), P(B_2 \mid A_1), P(B_3 \mid A_1), P(B_4 \mid A_1)$$

取值依次为 $\frac{10}{120}, \frac{30}{120}, \frac{5}{120}, \frac{75}{120}$. 下面的 4 个分支与上面类似.

(4) 最后,在右侧写出事件 A_1 与 B_i,或 A_2 与 B_i 同时发生时的概率. 例如,选择一个部门经理,他工作 10 年以上并且愿意留下的概率为

$$P(A_1 B_4) = P(A_1) P(B_4 \mid A_1) = \frac{120}{200} \times \frac{75}{120} = 0.375$$

第1章 概率论的基本概念

知识结构思维导图

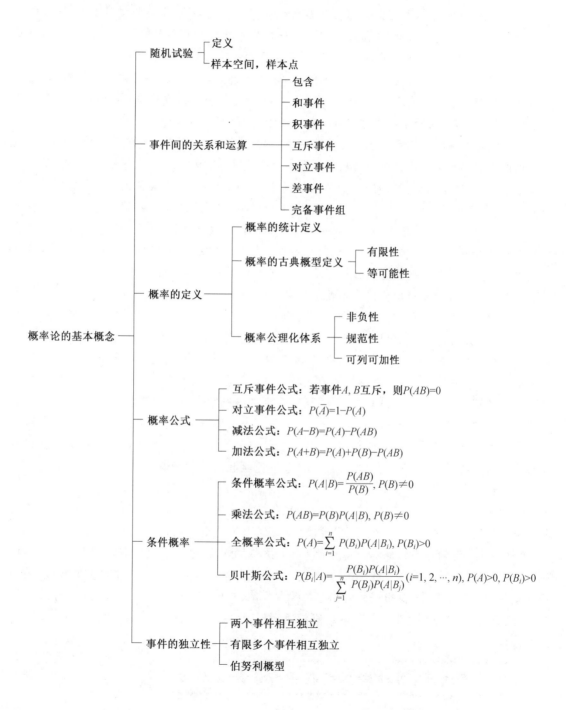

延伸阅读:概率论的起源

概率论是20世纪发展最迅速、成果最辉煌的数学学科之一. 概率论的起源,可追溯到17世纪中叶有关赌博问题的讨论. 法国数学家帕斯卡与费马对此做了重要研究,而荷兰数学家惠更斯在1657年发表了关于概率论的早期著作《论赌博的计算》. 这些学者都认识到研究随机事件规律性的重要性,当时的工具主要是排列组合理论,讨论的对象也主要是离散的模型. 其后有许多数学家贡献了他们的才智. 实际上,在17~18世纪概率论的发展是很缓慢的,到19世纪由于自然科学的发展,概率论才越出机会对策的框架而获得较快的发展.

经过拉普拉斯之后一百余年的缓慢发展,描述性的统计定义发展起来. 20世纪初,一些数学家试图在统计频率比的性质的基础上给概率一个定义. 1919年,冯·米塞斯对概率论的基础做了考察,基于观察大量现象的总体而提出经验概率论. 他考虑了在类似条件下所做的一系列独立试验,假定观察到的各个时间的频率存在着极限值,且对任意选择的试验的子序列这些极限值保持不变. 他把概率理论看作是某一类可观察现象的数学模型. 冯·米塞斯的这种定义也引起了争论,比如法国数学家莱维就持完全不同的观点. 1926年,瑞典数学家克拉美发表论文赞成冯·米塞斯观点并做了进一步的阐释. 冯·米塞斯于1931年提出了样本空间的概念. 这些可视为关于概率理论基础研究的先驱性工作.

概率理论新纪元的开始,以1933年苏联数学家柯尔莫哥洛夫的划时代著作《概率论的基本概念》出版为标志. 19世纪以后流行的数学公理化潮流逐渐影响到了概率论,人们开始研究概率论的公理化,并进行了各种尝试,勒贝格在20世纪初创立的测度论和积分论给概率论的研究提供了新的手段,柯尔莫哥洛夫集前人之大成最终获得巨大成功. 在这本书中,柯尔莫哥洛夫提出了概率论的公理化结构,明确了概率的定义和概率论的基本概念. 他把这些概念与现代集合论、测度论和泛函分析联系起来,开创了测度论的概率论. 柯尔莫哥洛夫的方法是从概率的一些主要性质着手,这些性质无论是建立在经典的定义上还是建立在统计的定义上都有效. 因此,柯尔莫哥洛夫创立的公理化结构包含了经典和统计的两种定义,而且还能满足现代自然科学和工程技术的严格要求.

自1933年之后,概率论成为一门严谨的现代数学分支,他的思想渗入各个学科,成为近代科学发展的明显特征之一. 20世纪30年代被称为"概率论的英雄时代",以柯尔莫哥洛夫、辛钦、莱维、杜布、费勒等现代概率论奠基者为核心的俄国学派、法国学派和美国学派成为世界概率论的研究中心. 其中俄国在概率论的理论方面较为领先,做了许多开创性的理论探讨,得到了一批很有价值的结果. 概率论的研究方向是多样的,其中关于极限理论的研究持续了200多年,直到20世界初证明了"中心极限定理"才使得这个问题得到较完美的解决.

建模直通车:贝叶斯公式在医疗诊断上的应用

某地区肝癌的发病率为0.000 4,先用甲胎蛋白法进行普查. 医学研究表明,化验结果是存在错误的. 已知患有肝癌的人其化验结果99%呈阳性(有病),而没有患肝癌的人其化验结果

99.9% 呈阴性(无病). 现某人的检查结果呈阳性,问他真患肝癌的概率是多少?

贝叶斯公式在医疗诊断上的应用详解

第1章总复习题

一、填空题

1. 某工程队承包建造了 3 幢楼房,设事件 A_i 表示"第 i 幢楼房经验收合格", $i=1,2,3$,用 A_1,A_2,A_3 表示事件"至少有 1 幢楼房合格"为 _____.

2. 设 $P(A)=P(B)=P(C)=\dfrac{1}{4}$, $P(AB)=0$, $P(AC)=P(BC)=\dfrac{1}{8}$,则 A,B,C 全不发生的概率为 _____.

3. 某批产品中有 20% 的次品,进行重复抽样调查,共取 5 件样品,则 5 件中恰有 2 件次品的概率为 _____, 5 件中至多有 2 件次品的概率为 _____.

4. 设甲袋中有 3 个白球和 4 个红球,乙袋中有 1 个白球和 2 个红球,现从甲袋中任取 1 球放入乙袋,再从乙袋中任取 2 球,则取出的全是红球的概率为 _____.

5. 有一批同规格的产品,由甲、乙、丙三家工厂生产,其中甲、乙、丙工厂分别生产 3 000 件、3 000 件、4 000 件,而且甲、乙、丙工厂的次品率依次为 6%、5%、5%,现从这批产品中任取一件,则取到次品的概率为 _____.

6. 我国的"五岳"是指东岳泰山、西岳华山、南岳衡山、北岳恒山、中岳嵩山,坐落于东、西、南、北、中五个方位. 甲决定从嵩山、泰山、华山、庐山、黄山这 5 座名山中,选择 2 座名山前去旅游,则甲至少选中一座属于"五岳"的名山的概率为 _____.

7. 已知在自然人群中,男性色盲患者出现的概率为 7%,女性色盲患者出现的概率为 0.5%. 今从男女人数相等的人群中随机地挑选一人,恰好是色盲患者,则此人是男性的概率是 _____.

二、选择题

1. 在 10 名学生中,男生有 x 名,现从 10 名学生中任选 6 名去参加某项活动:①至少有 1 名女生;②5 名男生,1 名女生;③3 名男生,3 名女生. 若要使 ① 为必然事件、② 为不可能事件、③ 为随机事件,则 x 为( ).

　　A. 5　　　　　B. 6　　　　　C. 3 或 4　　　　　D. 5 或 6

2. 设 A,B 是两个相互独立的事件,已知 $P(A)=\dfrac{1}{2}$, $P(B)=\dfrac{1}{3}$,则 $P(A+B)=$ ( ).

　　A. $\dfrac{1}{2}$　　　　B. $\dfrac{5}{6}$　　　　C. $\dfrac{2}{3}$　　　　D. $\dfrac{3}{4}$

3. 一批产品共有 20 件,其中 2 件次品,18 件合格品,从这批产品中任意抽取 2 件,则至少有

1件是次品的概率是（　　）．

A. $\dfrac{1}{190}$ B. $\dfrac{18}{95}$ C. $\dfrac{37}{190}$ D. $\dfrac{189}{190}$

4. 有 7 件产品，其中 4 件正品、3 件次品，现不放回地从中取 2 件产品，每次 1 件，则在第一次取得次品的条件下，第二次取得正品的概率为（　　）．

A. $\dfrac{4}{7}$ B. $\dfrac{2}{3}$ C. $\dfrac{1}{3}$ D. $\dfrac{1}{6}$

5. 一道考题有 4 个答案，要求学生将其中的一个正确答案选择出来．某考生知道正确答案的概率为 $\dfrac{1}{3}$，在乱猜时，4 个答案都有机会被他选择，若他答对了，则他确实知道正确答案的概率是（　　）．

A. $\dfrac{1}{3}$ B. $\dfrac{2}{3}$ C. $\dfrac{3}{4}$ D. $\dfrac{1}{4}$

6. 为庆祝建党 100 周年，讴歌中华民族实现伟大复兴的奋斗历程，增进全体党员干部职工对党史知识的了解，某单位组织开展党史知识竞赛活动，以支部为单位参加比赛，某支部在 5 道党史题中（有 3 道选择题和 2 道填空题），不放回地依次随机抽取 2 道题作答，设事件 A 为"第 1 次抽到选择题"，事件 B 为"第 2 次抽到选择题"，则下列结论中不正确的是（　　）．

A. $P(A) = \dfrac{3}{5}$ B. $P(AB) = \dfrac{3}{10}$ C. $P(B \mid A) = \dfrac{1}{2}$ D. $P(B \mid \bar{A}) = \dfrac{1}{2}$

7. 甲、乙两人玩猜数字游戏，先由甲心中想一个数字，记为 a，再由乙猜甲刚才所想的数字，把乙猜的数字记为 b，其中 $a,b \in \{1,2,3,4,5,6\}$．若 $a = b$ 或 $a = b - 1$，就称甲、乙"心有灵犀"．现在任意找两人玩这个游戏，则他们"心有灵犀"的概率为（　　）．

A. $\dfrac{7}{36}$ B. $\dfrac{1}{4}$ C. $\dfrac{11}{36}$ D. $\dfrac{5}{12}$

三、计算题

1. 甲、乙两个人独立地破译一个密码，他们能译出密码的概率分别为 $\dfrac{1}{3}$ 和 $\dfrac{1}{4}$，求：

（1）两个人都能译出密码的概率；

（2）两个人都译不出密码的概率；

（3）恰有一人译出密码的概率．

2. 同一种产品由甲、乙、丙三家工厂供应．由长期的经验知，三家工厂的正品率分别为 0.95，0.90，0.80，三家工厂产品数所占比例为 2∶3∶5，产品混合在一起．

（1）从中任取一件，求此产品为正品的概率；

（2）现取到一件产品为正品，判断它是由甲、乙、丙三个工厂中哪个工厂生产的可能性大？

3. 友人从远方来访，他乘火车、轮船、汽车的概率分别是 0.3，0.2，0.5，且他乘上述三种交通工具迟到的概率分别是 $\dfrac{1}{4}, \dfrac{1}{3}, \dfrac{1}{12}$，求：（1）他迟到的概率；（2）如果他迟到了，则他乘轮船的概率．

4. 口袋中有一个球,不知道它的颜色是黑的还是白的,现在往口袋中放一个白球,然后从中随机抽取一个,发现是白球,问原来口袋中是白球的概率.

5. 甲、乙、丙三人同时向一物体射击,击中概率都为 0.6. 如果只有一人击中,则物体被击碎的概率为 0.2;如果有两人击中物体,则物体被击碎的概率为 0.6;如果有三人击中物体,则物体一定被击碎. 求物体被击碎的概率.

6. 甲、乙独立地对同一目标各射击一次,命中率分别为 0.6 和 0.5,现已知目标被击中,则是甲击中的概率是多少?

第 2 章

Chapter 2

随机变量及其分布

学习目标和要求

(1) 了解随机变量的概念,会用随机变量表示随机事件.

(2) 理解分布函数的定义及性质,会利用分布函数求解随机事件的概率.

(3) 理解离散型随机变量及其概率分布的定义与性质,掌握概率分布与分布函数之间的关系,掌握三种重要的离散型随机变量:(0-1)分布、二项分布、泊松分布,会查二项分布累计概率值表和泊松分布概率值表.

(4) 理解连续型随机变量及其概率密度的定义与性质,掌握概率密度与分布函数之间的关系,掌握三种重要的连续型随机变量:均匀分布、指数分布和正态分布,会查正态分布表.

(5) 了解随机变量的函数的概念,会求简单的离散型随机变量的函数的概率分布以及连续型随机变量的函数的概率密度.

(6) 会利用随机变量的概念解决相关经济问题.

第 1 章已经给出了随机事件及其概率的概念. 有的样本空间不是数集,不便于用数学方法来处理. 为了进行定量研究,需要把随机试验的结果数量化. 随机变量的引入,使样本空间转化为一个无量纲的数集,进而能够使用高等数学的方法来研究随机试验. 本章主要介绍一维随机变量及其分布.

2.1 随机变量与分布函数

在一些随机现象中,样本点本身就是用数量表示的. 例如:

(1) 某一时间段内,公交车站内等车的乘客人数 X;

(2) 某地区的年平均降雨量 Y (mm).

还有一些随机现象,其样本点不是用数量表示的,这时可根据研究需要定义一个函数. 例如,检验一件产品的质量,其样本空间为 $\Omega = \{合格, 不合格\}$. 可以约定,若检验结果为"合格",则令 $X = 1$;若检验结果为"不合格",则令 $X = 0$.

这样,不管随机试验出现什么结果,都可以找到一个实数与之对应,这个实数随着试验结果的不同而变化,当试验结果确定后,它所取值的概率值也相应地确定,这种变量称为随机变量.

定义 2.1 设随机试验 E 的样本空间为 $\Omega = \{e\}$. 如果对任意的 e,都有 $X = X(e)$ 与之对应,那么称这个定义在样本空间 Ω 上的实值单值函数 $X = X(e)$ 为随机变量. 随机变量通常用大写字母 $X, Y, Z, \cdots$ 表示.

引入了随机变量后,可以用随机变量表示随机事件. 例如,在公交车站内等车的乘客人数的试验中,事件 $\{X = 3\}$ 表示"等车的乘客人数为 3";在年平均降雨量的试验中,事件 $\{Y \leq 120\}$ 表示"某地区的年平均降雨量不超过 120 mm".

按照随机变量可能取值的情况,可以把它们分为两类:基本型与混合型. 其中基本型包括离散型随机变量与连续型随机变量,混合型则是基本型的组合.

为了研究随机变量的统计规律,需要讨论随机变量在不同区间内取值的概率. 由于事件 $\{a < X \leq b\} = \{X \leq b\} - \{X \leq a\}$, $\{X > c\} = \Omega - \{X \leq c\}$,因此对任意实数 x,只要知道事件 $\{X \leq x\}$ 的概率就可以表示上述事件的概率了. 下面引入随机变量的分布函数的概念.

定义 2.2 设 X 是一个随机变量,x 是任意实数,函数
$$F(x) = P\{X \leq x\}, \quad -\infty < x < +\infty$$
称为 X 的分布函数.

利用分布函数可以求得随机变量 X 落在任一区间或任一点的概率,对于任意实数 x_1, $x_2 (x_1 < x_2)$,有

$$P\{X = x_1\} = F(x_1) - F(x_1 - 0)$$
$$P\{X \geq x_1\} = 1 - F(x_1 - 0)$$
$$P\{X > x_1\} = 1 - F(x_1)$$
$$P\{X < x_2\} = F(x_2 - 0)$$
$$P\{x_1 < X \leq x_2\} = F(x_2) - F(x_1)$$
$$P\{x_1 < X < x_2\} = F(x_2 - 0) - F(x_1)$$
$$P\{x_1 \leq X \leq x_2\} = F(x_2) - F(x_1 - 0)$$
$$P\{x_1 \leq X < x_2\} = F(x_2 - 0) - F(x_1 - 0)$$

【例 2.1】 在半径为 r 的圆内任选一点,求该点到圆心的距离 X 的分布函数 $F(x)$,并求 $P\{X > \frac{r}{2}\}$.

解 当 $x < 0$ 时,$F(x) = 0$

当 $0 \leq x < r$ 时,$F(x) = \dfrac{\pi x^2}{\pi r^2} = \left(\dfrac{x}{r}\right)^2$

当 $x \geq r$ 时,$F(x) = 1$

则
$$F(x) = \begin{cases} 0, & x < 0 \\ \left(\dfrac{x}{r}\right)^2, & 0 \leqslant x < r \\ 1, & x \geqslant r \end{cases}$$

从而
$$P\left\{X > \dfrac{r}{2}\right\} = 1 - F\left(\dfrac{r}{2}\right) = 1 - \dfrac{1}{4} = \dfrac{3}{4}$$

任一随机变量都有分布函数,其定义域为$(-\infty, +\infty)$,值域为$[0,1]$. 需要注意,对任意确定的实数x,$F(x)$的值不是随机变量X取值为x的概率,而是在$(-\infty, x]$整个区间上X取值的"累计概率"——$P\{X \leqslant x\}$. 因此,分布函数$F(x)$具有下列性质:

(1) 有界性:$0 \leqslant F(x) \leqslant 1 (-\infty < x < +\infty)$;

(2) 单调不减性:$F(x)$是x的不减函数,即当$x_1 < x_2$时,有$F(x_1) \leqslant F(x_2)$;

(3) $F(-\infty) = \lim\limits_{x \to -\infty} F(x) = 0, F(+\infty) = \lim\limits_{x \to +\infty} F(x) = 1$;

(4) 右连续性:$F(x+0) = F(x)$.

以上4个性质是分布函数一定具有的,还可以证明,满足这4个性质的函数可以是某个随机变量的分布函数. 从而,这4个性质成为判断某个函数是否能作为分布函数的充分必要条件. 例如,$F(x) = \dfrac{1}{\pi}\left(\arctan x + \dfrac{\pi}{2}\right) (-\infty < x < +\infty)$ 满足以上4个性质,故$F(x)$为分布函数.

习题 2.1

1. 以下函数是否可以作为随机变量的分布函数?

$(1) F(x) = \begin{cases} 0, & x < -2 \\ \dfrac{1}{2}, & -2 \leqslant x < 0 \\ 1, & x \geqslant 0 \end{cases}$;

$(2) F(x) = \begin{cases} 0, & x < 0 \\ x + \dfrac{1}{3}, & 0 \leqslant x < \dfrac{1}{2} \\ 1, & x \geqslant \dfrac{1}{2} \end{cases}$;

$(3) F(x) = \begin{cases} 0, & x < 0 \\ \sin x, & 0 \leqslant x < \pi \\ 1, & x \geqslant \pi \end{cases}$.

2. 设随机变量X的分布函数为 $F(x) = \begin{cases} a + \dfrac{b}{(1+x)^2}, & x > 0 \\ c, & x \leqslant 0 \end{cases}$,求常数$a, b, c$的值.

3. 设随机变量 X 的分布函数为 $F(x) = \begin{cases} 0, & x < 0 \\ \dfrac{x}{3}, & 0 \leq x < 1 \\ \dfrac{x}{2}, & 1 \leq x < 2 \\ 1, & x \geq 2 \end{cases}$，求 $P\{X \leq -2\}$，$P\{0 < X \leq \dfrac{1}{2}\}$，$P\{X > \dfrac{3}{2}\}$.

2.2 离散型随机变量及其分布

有些随机变量，它的全部可能取值为有限个或可列无限多个，这种随机变量称为**离散型随机变量**. 要掌握一个离散型随机变量 X 的统计规律，不仅要了解随机变量的所有可能取值，还要了解随机变量取每一个可能值的概率.

定义 2.3 设离散型随机变量 X 的所有可能取值为 $x_k(k=1,2,\cdots)$，X 取各个值的概率为 p_k，即

$$P\{X = x_k\} = p_k, k = 1, 2, \cdots \tag{2.1}$$

称式(2.1)为离散型随机变量 X 的概率分布，简称分布.

为了直观，有时也将式(2.1)用一个表来表示(表 2.1).

表 2.1

X	x_1	x_2	$\cdots$	x_n	$\cdots$
p_k	p_1	p_2	$\cdots$	p_n	$\cdots$

由概率的定义，式(2.1)中的 p_k 应满足下列两个条件：

(1) 非负性：$p_k \geq 0 (k = 1, 2, \cdots)$；

(2) 规范性：$\sum\limits_{k=1}^{\infty} p_k = 1$.

以上两个条件是概率分布一定具有的性质，也是判别某个函数是否能作为概率分布的充分必要条件.

【例 2.2】 设离散型随机变量 X 的概率分布为

$$P\{X = k\} = 5a\left(\dfrac{1}{3}\right)^k, k = 1, 2, \cdots$$

求常数 a.

解 根据规范性 $\sum\limits_{k=1}^{\infty} p_k = 1$，有

$$\sum_{k=1}^{\infty} 5a\left(\dfrac{1}{3}\right)^k = 5a \dfrac{\dfrac{1}{3}}{1 - \dfrac{1}{3}} = \dfrac{5a}{2} = 1$$

得
$$a = \frac{2}{5}$$

【例2.3】 一批零件中有9件合格品和3件废品,安装机器时,从这批零件中任取一件,如果每次取出的废品不再放回去,求在取得合格品之前已取出的废品数的概率分布.

解 设随机变量 X 表示"取出的废品数",则 $X = 0,1,2,3$,由古典概型,得

$$P\{X = 0\} = \frac{9}{12} = \frac{3}{4}$$

$$P\{X = 1\} = \frac{3}{12} \times \frac{9}{11} = \frac{9}{44}$$

$$P\{X = 2\} = \frac{3}{12} \times \frac{2}{11} \times \frac{9}{10} = \frac{9}{220}$$

$$P\{X = 3\} = \frac{3}{12} \times \frac{2}{11} \times \frac{1}{10} = \frac{1}{220}$$

所以 X 的概率分布如下(表2.2).

表2.2

X	0	1	2	3
p_k	$\frac{3}{4}$	$\frac{9}{44}$	$\frac{9}{220}$	$\frac{1}{220}$

【例2.4】 设随机变量 X 的分布函数为

$$F(x) = \begin{cases} 0, & x < 0 \\ 0.3, & 0 \leqslant x < 1 \\ 0.7, & 1 \leqslant x < 2 \\ 1, & x \geqslant 2 \end{cases}$$

求 X 的概率分布.

解 由分布函数定义知

$$P\{X = 0\} = F(0) - F(0 - 0) = 0.3 - 0 = 0.3$$
$$P\{X = 1\} = F(1) - F(1 - 0) = 0.7 - 0.3 = 0.4$$
$$P\{X = 2\} = F(2) - F(2 - 0) = 1 - 0.7 = 0.3$$

因此 X 的概率分布如下(表2.3).

表2.3

X	0	1	2
p_k	0.3	0.4	0.3

下面介绍三种重要的离散型随机变量.

2.2.1 (0 - 1) 分布

定义2.4 设随机变量 X 只可能取 x_1 与 x_2 两个值,它的概率分布为

$$P\{X=x_1\}=p, P\{X=x_2\}=1-p, 0<p<1$$

则称 X 服从参数为 p 的两点分布.

若随机变量 X 只可能取 0 与 1 两个值,它的概率分布为

$$P\{X=k\}=p^k(1-p)^{1-k}, k=0,1; 0<p<1 \tag{2.2}$$

则称 X 服从参数为 p 的 $(0-1)$ 分布.

式(2.2)也可写成表 2.4 的形式.

表 2.4

X	0	1
p_k	$1-p$	p

$(0-1)$ 分布用来描述只有两种对立结果的伯努利试验. 习惯上,把伯努利试验中的一种结果称作"成功",另一种结果称作"失败". 用 X 表示一次伯努利试验中成功的次数,它有两个可能取值 0 和 1,其中参数 p 是试验成功的概率.

【例 2.5】 设随机变量 X 服从参数为 0.6 的 $(0-1)$ 分布,求 X 的分布函数.

解 X 的概率分布见表 2.5.

表 2.5

X	0	1
p_k	0.4	0.6

当 $x<0$ 时,$F(x)=P\{X\leqslant x\}=0$;

当 $0\leqslant x<1$ 时,$F(x)=P\{X\leqslant x\}=P\{X=0\}=0.4$;

当 $x\geqslant 1$ 时,$F(x)=P\{X\leqslant x\}=P\{X=0\}+P\{X=1\}=1$.

X 的分布函数为

$$F(x)=\begin{cases} 0, & x<0 \\ 0.4, & 0\leqslant x<1 \\ 1, & x\geqslant 1 \end{cases}$$

$F(x)$ 的图形如图 2.1 所示.

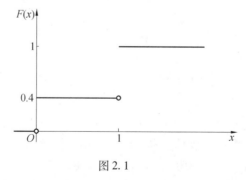

图 2.1

由例 2.5 可以发现,离散型随机变量 X 的分布函数 $F(x)$ 为分段函数,其图形为"阶梯"曲线,设 X 的概率分布为

$$P\{X = x_k\} = p_k, k = 1, 2, \cdots$$

在 X 的任何一个可能值 $x_k(k=1,2,\cdots)$ 处，$F(x)$ 有间断点，且由概率的可列可加性得 X 的分布函数为

$$F(x) = P\{X \leq x\} = \sum_{x_k \leq x} P\{X = x_k\}$$

即

$$F(x) = \sum_{x_k \leq x} p_k \tag{2.3}$$

2.2.2 二项分布

【例 2.6】 一批产品的合格率为 0.9，有放回地抽取 3 次，每次 1 件. 求 3 次中取到的合格品件数 X 的概率分布和分布函数.

解 随机变量 X 可以取 0,1,2,3. 则

$$P\{X=0\} = 0.1^3 = 0.001$$
$$P\{X=1\} = C_3^1 \times 0.9 \times 0.1^2 = 0.027$$
$$P\{X=2\} = C_3^2 \times 0.9^2 \times 0.1 = 0.243$$
$$P\{X=3\} = 0.9^3 = 0.729$$

得 X 的概率分布如下（表 2.6）.

表 2.6

X	0	1	2	3
p_k	0.001	0.027	0.243	0.729

由式(2.3)，有分布函数

$$F(x) = \begin{cases} 0, & x < 0 \\ 0.001, & 0 \leq x < 1 \\ 0.001 + 0.027, & 1 \leq x < 2 \\ 0.001 + 0.027 + 0.243, & 2 \leq x < 3 \\ 0.001 + 0.027 + 0.243 + 0.729, & x \geq 3 \end{cases}$$

即

$$F(x) = \begin{cases} 0, & x < 0 \\ 0.001, & 0 \leq x < 1 \\ 0.028, & 1 \leq x < 2 \\ 0.271, & 2 \leq x < 3 \\ 1, & x \geq 3 \end{cases}$$

通过例 2.6 可知，如果在一次伯努利试验中成功的概率为 $p(0 < p < 1)$，重复进行 n 次伯努利试验，成功的次数 X 为一个随机变量，它可以取 $0,1,2,\cdots,n$ 共 $n+1$ 个值. 事件 "$X = k$"（$k=0,1,2,\cdots,n$）表示 "n 次试验中恰有 k 次成功，$n-k$ 次失败"，它是 C_n^k 个互不相容事件的和，每一个事件都是 n 次试验中某 k 次成功，其余 $n-k$ 次失败，其概率为 $p^k(1-p)^{n-k}$. 由概率

的可列可加性可知,$P\{X=k\} = C_n^k p^k (1-p)^{n-k}$. 一般地,在 n 重伯努利试验中,成功的次数 X 的分布为二项分布.

定义 2.5 设随机变量 X 的概率分布为
$$P\{X=k\} = C_n^k p^k (1-p)^{n-k}, k = 0,1,2,\cdots,n \tag{2.4}$$
其中 $0 < p < 1$,则称 X 服从参数为 n,p 的二项分布,记为 $X \sim B(n,p)$.

容易验证:

(1) $P\{X=k\} = C_n^k p^k (1-p)^{n-k} \geq 0, k = 0,1,2,\cdots,n$;

(2) $\sum_{k=0}^{n} P\{X=k\} = \sum_{k=0}^{n} C_n^k p^k (1-p)^{n-k} = [p + (1-p)]^n = 1$.

二项分布是一种常见的分布,例如:

(1) 已知一批产品的不合格率为 $p(0 < p < 1)$,则 10 件产品中不合格品的个数 $X \sim B(10,p)$.

(2) 已知人群流感的患病率为 $p(0 < p < 1)$,则 20 个人中患流感的人数 $Y \sim B(20,p)$.

(3) 已知某人射击命中率为 $p(0 < p < 1)$,则独立射击 8 次中命中次数 $Z \sim B(8,p)$.

【例 2.7】 某人投篮的命中率为 0.8,若连续投篮 5 次,求最多投中 2 次的概率.

解 设随机变量 X 表示"5 次投篮中投中的次数",则 $X \sim B(5,0.8)$,有
$$\begin{aligned} P\{X \leq 2\} &= \sum_{k=0}^{2} P\{X=k\} \\ &= 0.2^5 + C_5^1 \times 0.8 \times 0.2^4 + C_5^2 \times 0.8^2 \times 0.2^3 \\ &= 0.057\ 92 \end{aligned}$$

关于二项分布概率的计算,可根据书后附表 1 给出的二项分布累计概率值表计算.

【例 2.8】 某人进行射击,设每次射击的命中率为 0.02,独立射击 40 次,求至少击中两次的概率.

解 设随机变量 X 表示"40 次独立射击中击中的次数",则 $X \sim B(40,0.02)$,有
$$P\{X \geq 2\} = 1 - P\{X \leq 1\} = 1 - 0.809\ 5 = 0.190\ 5$$

2.2.3 泊松*分布

定义 2.6 设随机变量 X 的概率分布为
$$P\{X=k\} = \frac{\lambda^k}{k!}e^{-\lambda}, k = 0,1,2,\cdots \tag{2.5}$$
其中 $\lambda > 0$,则称 X 服从参数为 λ 的泊松分布,记为 $X \sim P(\lambda)$.

---

* **数学家小传**

泊松(1781—1840),法国数学家、几何学家和物理学家. 泊松的科学生涯开始于研究微分方程及其在摆的运动和声学理论中的应用. 他工作的特色是应用数学方法研究各类物理问题,并由此得到数学上的发现. 他对积分理论、行星运动理论、热物理、弹性理论、电磁理论、位势理论和概率论都有重要贡献. 他还是 19 世纪概率统计领域里的卓越人物,他改进了概率论的运用方法,特别是用于统计方面的方法,建立了描述随机现象的一种概率分布 —— 泊松分布. 他推广了"大数定律",并导出了在概率论与数理方程中有重要应用的泊松积分.

容易验证：

(1) $P\{X=k\} = \dfrac{\lambda^k}{k!}e^{-\lambda} \geqslant 0, k=0,1,2,\cdots;$

(2) $\sum\limits_{k=0}^{\infty} P\{X=k\} = \sum\limits_{k=0}^{\infty} \dfrac{\lambda^k}{k!}e^{-\lambda} = e^{-\lambda}\sum\limits_{k=0}^{\infty}\dfrac{\lambda^k}{k!} = e^{-\lambda}e^{\lambda} = 1.$

服从泊松分布的随机试验主要集中在两个领域：一是社会生活对服务的各种要求，诸如一天内，来到某商场的顾客数；某地区一个时间间隔内发生交通事故的次数；产品质量管理中的缺陷数. 因此在运筹学及管理学中泊松分布具有很突出的地位. 另一领域是物理学，如在一定时期内，放射性物质分裂落在某区域的质点数；显微镜下落在某区域中的微生物的数目等.

泊松分布概率的计算可以利用书后附表2给出的泊松分布概率值表计算.

【例2.9】 设某城市的一个地区每年因交通事故死亡的人数服从泊松分布. 据统计在一年中因交通事故死亡1人的概率是死亡2人概率的 $\dfrac{1}{2}$. 计算一年中因交通事故死亡3人的概率.

解 设随机变量 X 表示"一年中因交通事故死亡的人数"，则 $X \sim P(\lambda)$，问题的关键是求出 λ 的值. 由已知得

$$P\{X=1\} = \dfrac{1}{2}P\{X=2\}$$

$$\lambda e^{-\lambda} = \dfrac{1}{2} \cdot \dfrac{\lambda^2}{2}e^{-\lambda}$$

得

$$\lambda = 4, \lambda = 0(\text{舍})$$

则

$$P\{X=3\} = \dfrac{4^3}{3!}e^{-3} = 0.195\,367$$

在二项分布 $B(n,p)$ 中，当 n 较大时，计算量是很大的，若此时 p 较小，可以使用下面的泊松定理作为二项分布概率的近似计算公式.

定理2.1（泊松定理） 在 n 重伯努利试验中，成功次数 X 服从二项分布，设每次试验成功的概率为 $p_n(0<p_n<1)$，且 $\lim\limits_{n\to\infty} np_n = \lambda > 0$，则对于任意给定的非负整数 k，有

$$P\{X=k\} = \lim_{n\to\infty} C_n^k p_n^k (1-p_n)^{n-k} = \dfrac{\lambda^k}{k!}e^{-\lambda}, k=0,1,2,\cdots$$

此定理是在 $np_n \to \lambda$ 条件下获得的，故在计算二项分布 $B(n,p)$ 时，当 n 很大 p 很小时，可以用参数为 $\lambda = np$ 的泊松分布作近似计算，即

$$P\{X=k\} = C_n^k p^k (1-p)^{n-k} \approx \dfrac{(np)^k}{k!}e^{-np}, k=0,1,2,\cdots,n \tag{2.6}$$

【例2.10】 设某人每次射击命中率为0.001，如果射击次数为5 000次，求恰好命中2次的概率.

解 设随机变量 X 表示"5 000次中命中的次数"，则 $X \sim B(5\,000, 0.001)$.

用参数为 $\lambda = 5\,000 \times 0.001 = 5$ 的泊松分布作近似计算，得

$$P\{X=2\} \approx \frac{5^2}{2!}e^{-5} = 0.084\,224$$

【例 2.11】 有 2 500 名同一年龄和同社会阶层的人参加了人寿保险,在一年中每个人死亡的概率为 0.002,每个参加保险的人在年初需交 12 元保险费,而在死亡时家属可从保险公司领取 2 000 元赔偿金,求(1)保险公司亏本的概率;(2)保险公司获利不少于 10 000 元的概率.

解 设随机变量 X 表示"一年中死亡人数",则 $X \sim B(2\,500, 0.002)$.
根据题意
(1) $P\{2\,500 \times 12 - 2\,000X < 0\} = P\{X > 15\} = 1 - P\{X \leq 15\} =$
$$1 - \sum_{k=0}^{15} C_{2\,500}^{k} \times 0.002^{k} \times 0.998^{2\,500-k}$$

因 n 较大,p 又较小,可利用泊松定理,用参数为 $\lambda = 2\,500 \times 0.002 = 5$ 的泊松分布作近似计算,有

$$P\{X > 15\} \approx 1 - \sum_{k=0}^{15} \frac{5^k}{k!}e^{-5} = 0.000\,069$$

(2) $P\{2\,500 \times 12 - 2\,000X \geq 10\,000\} = P\{X \leq 10\} \approx \sum_{k=0}^{10} \frac{5^k}{k!}e^{-5} = 0.986\,305$

习题 2.2

1. 下列各表中函数是否可以作为离散型随机变量的概率分布?

(1)

1(1) 题表

X	-2	0	4
p_k	0.2	0.3	0.5

(2)

1(2) 题表

X	0	1	2	4
p_k	0.1	0.4	0.2	0.1

(3)

1(3) 题表

X	0	1	2	$\cdots$	10
p_k	$\frac{1}{2}$	$\frac{1}{2} \times \frac{1}{3}$	$\frac{1}{2} \times \left(\frac{1}{3}\right)^2$	$\cdots$	$\frac{1}{2} \times \left(\frac{1}{3}\right)^{10}$

2. 设随机变量 X 的概率分布为 $P\{X=k\} = \frac{a}{N}(k=1,2,\cdots,N)$,求常数 a.

3. 设随机变量 X 的概率分布如下表所示.

3 题表

X	-2	-1	0	1
p_k	$\frac{1}{5}$	$\frac{1}{6}$	$\frac{1}{3}$	$\frac{3}{10}$

求(1) X 的分布函数;(2) $P\{-1 \leq X \leq 1\}$.

4. 设随机变量 X 的分布函数为 $F(x) = \begin{cases} 0, & x < 0 \\ \frac{1}{3}, & 0 \leq x < 1 \\ \frac{1}{2}, & 1 \leq x < 2 \\ 1, & x \geq 2 \end{cases}$,求 X 的概率分布.

5. 15 件产品中有 2 件为次品,从中随机抽取 3 件,随机变量 X 表示"取出的次品数",求 X 的概率分布和分布函数.

6. 设每次投篮的命中率为 0.7,投篮 10 次,求(1)恰有 3 次命中的概率;(2)至少命中 3 次的概率.

7. 有 5 道是非题,如果学生仅凭猜测来回答,求(1) 5 道题都答对的概率;(2)恰好答对一道题的概率;(3)至少答对一道题的概率.

8. 设随机变量 X,Y,其中 $X \sim B(2,p), Y \sim B(3,p)$,且 $P\{X \geq 1\} = \frac{5}{9}$,求 $P\{Y \geq 1\}$.

9. 某电话交换台每分钟收到的呼叫次数 $X \sim P(4)$,求(1)每分钟恰好收到 6 次呼叫的概率;(2)每分钟收到呼叫的次数不少于 10 次的概率.

10. 某个加油站单位时间内到达人数服从泊松分布,若已知该加油站单位时间内恰好到达一位顾客的概率为恰好到达两位顾客的概率的两倍,求该加油站单位时间内无顾客的概率.

11. 某电话站为 300 名电话用户服务,在 1 h 内每一名电话用户使用电话的概率为 0.01,用泊松定理近似计算在 1 h 内恰有 4 名用户使用电话的概率.

2.3 连续型随机变量及其概率密度

定义 2.7 设 $F(x)$ 是随机变量 X 的分布函数,如果存在非负可积函数 $f(x)$,使对任意实数 x,都有

$$F(x) = P\{X \leq x\} = \int_{-\infty}^{x} f(t) \, dt, \quad -\infty < x < +\infty \tag{2.7}$$

则称 X 为连续型随机变量,$f(x)$ 称为 X 的概率密度函数,简称概率密度,记为 $X \sim f(x)$.

连续型随机变量的分布函数除具有一般随机变量的分布函数的性质外,还应满足:$F(x)$ 是 **R** 上的连续函数.

X 的概率密度 $f(x)$ 具有下列性质:

(1) 非负性

$$f(x) \geq 0$$

(2) 规范性
$$\int_{-\infty}^{+\infty} f(x)\,\mathrm{d}x = 1 \tag{2.8}$$

(3) 对于任意实数 $x_1, x_2 (x_1 < x_2)$，有
$$P\{x_1 < X \leq x_2\} = F(x_2) - F(x_1) = \int_{x_1}^{x_2} f(t)\,\mathrm{d}t$$

(4) 若 $f(x)$ 在点 x 处连续，则有
$$F'(x) = f(x) \tag{2.9}$$

由式(2.7)可知，对于任意实数 a, $P\{X = a\} = 0$，可见由 $P(A) = 0$ 不可推出 $A = \varnothing$. 因此，当讨论连续型随机变量 X 在某区间上取值情况时，可以不必区分该区间是否包含端点，即
$$P\{a < X \leq b\} = P\{a < X < b\} = P\{a \leq X < b\} = P\{a \leq X \leq b\}$$

性质(1)、(2)是概率密度必须具有的性质，也是判断某个函数是否能作为概率密度的充分必要条件.

【例 2.12】 设随机变量 X 的概率密度为
$$f(x) = \begin{cases} \lambda, & a < x < b \\ 0, & \text{其他} \end{cases}$$
确定常数 λ.

解 由概率密度性质 $\int_{-\infty}^{+\infty} f(x)\,\mathrm{d}x = 1$，有
$$\int_{-\infty}^{+\infty} f(x)\,\mathrm{d}x = \int_a^b \lambda\,\mathrm{d}x = \lambda(b - a) = 1$$
得
$$\lambda = \frac{1}{b - a}$$

【例 2.13】 设随机变量 X 的概率密度为
$$f(x) = \begin{cases} kx + 1, & 0 < x < 2 \\ 0, & \text{其他} \end{cases}$$
求(1) 常数 k；(2) X 的分布函数 $F(x)$；(3) $P\{1 < X < 3\}$.

解 (1) 由 $\int_{-\infty}^{+\infty} f(x)\,\mathrm{d}x = 1$ 可得 $\int_0^2 (kx + 1)\,\mathrm{d}x = 1$，得 $k = -\frac{1}{2}$.

(2) X 的分布函数为
$$F(x) = \int_{-\infty}^x f(t)\,\mathrm{d}t = \begin{cases} \int_{-\infty}^x 0\,\mathrm{d}t, & x < 0 \\ \int_0^x \left(-\frac{1}{2}t + 1\right)\mathrm{d}t, & 0 \leq x < 2 \\ \int_0^2 \left(-\frac{1}{2}t + 1\right)\mathrm{d}t, & x \geq 2 \end{cases}$$

即

$$F(x) = \begin{cases} 0, & x < 0 \\ -\dfrac{1}{4}x^2 + x, & 0 \leq x < 2 \\ 1, & x \geq 2 \end{cases}$$

(3) $$P\{1 < X < 3\} = F(3) - F(1) = 1 - \dfrac{3}{4} = \dfrac{1}{4}$$

或者

$$P\{1 < X < 3\} = \int_1^3 f(x)\,\mathrm{d}x = \int_1^2 \left(-\dfrac{1}{2}x + 1\right)\mathrm{d}x = \dfrac{1}{4}$$

【例 2.14】 设随机变量 X 的概率密度为 $f(x) = A\mathrm{e}^{-|x|}(-\infty < x < +\infty)$，求 (1) 常数 A；(2) $P\{0 < X < 1\}$.

解 (1) 已知 $f(x) = \begin{cases} A\mathrm{e}^{-x}, & x \geq 0 \\ A\mathrm{e}^{x}, & x < 0 \end{cases}$，由 $\int_{-\infty}^{+\infty} f(x)\,\mathrm{d}x = 1$ 可得

$$\int_{-\infty}^{0} A\mathrm{e}^{x}\,\mathrm{d}x + \int_{0}^{+\infty} A\mathrm{e}^{-x}\,\mathrm{d}x = 1$$

即

$$A\mathrm{e}^{x}\Big|_{-\infty}^{0} - A\mathrm{e}^{-x}\Big|_{0}^{+\infty} = A + A = 2A = 1$$

得

$$A = \dfrac{1}{2}$$

(2) $$P\{0 < X < 1\} = \dfrac{1}{2}\int_0^1 \mathrm{e}^{-x}\,\mathrm{d}x = -\dfrac{1}{2}\mathrm{e}^{-x}\Big|_0^1 = \dfrac{1}{2}(1 - \mathrm{e}^{-1})$$

下面介绍三种重要的连续型随机变量.

1. 均匀分布

定义 2.8 设随机变量 X 的概率密度为

$$f(x) = \begin{cases} \dfrac{1}{b-a}, & a < x < b \\ 0, & \text{其他} \end{cases}$$

则称 X 在区间 (a,b) 上服从均匀分布，记为 $X \sim U(a,b)$.

概率密度图像如图 2.2 所示.

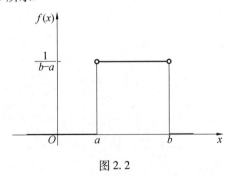

图 2.2

易知 $f(x) \geq 0$，且

$$\int_{-\infty}^{+\infty} f(x)\mathrm{d}x = 1$$

对于区间 (a,b) 的任一长度为 l 的子区间 $(c,c+l)\,(a \leqslant c < c+l \leqslant b)$，有

$$P\{c < X < c+l\} = \int_c^{c+l} f(x)\mathrm{d}x = \int_c^{c+l} \frac{1}{b-a}\mathrm{d}x = \frac{l}{b-a}$$

由上式可知，在区间 (a,b) 上服从均匀分布的随机变量 X 落在 (a,b) 中任一等长度的子区间内的可能性是相同的，或者说 X 落在 (a,b) 子区间的概率只依赖于子区间的长度，而与子区间的位置无关.

在实际问题中，有许多随机变量服从均匀分布，例如，每隔一定时间有一辆地铁通过某车站，乘客候车时间 X 就认为服从均匀分布.

在区间 (a,b) 上服从均匀分布的随机变量 X 的分布函数为

$$F(x) = \begin{cases} 0, & x < a \\ \dfrac{x-a}{b-a}, & a \leqslant x < b \\ 1, & x \geqslant b \end{cases}$$

分布函数的图像如图 2.3 所示.

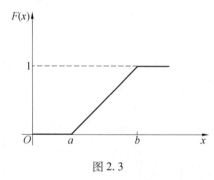

图 2.3

离散型随机变量的分布函数 $F(x)$ 总是右连续的阶梯函数，而连续型随机变量的分布函数 $F(x)$ 一定是 **R** 上的连续函数.

【例 2.15】 设某线路地铁每隔 8 min 一班，乘客到站时间是随机的，候车时间 X 服从区间 $(0,8)$ 上的均匀分布，求乘客候车时间不超过 5 min 的概率.

解 由均匀分布的概率密度知

$$f(x) = \begin{cases} \dfrac{1}{8}, & 0 < x < 8 \\ 0, & \text{其他} \end{cases}$$

则

$$P\{X \leqslant 5\} = \int_{-\infty}^{5} f(x)\mathrm{d}x = \int_0^5 \frac{1}{8}\mathrm{d}x = \frac{5}{8}$$

2. 指数分布

定义 2.9 设随机变量 X 的概率密度为

$$f(x) = \begin{cases} \lambda \mathrm{e}^{-\lambda x}, & x > 0 \\ 0, & x \leqslant 0 \end{cases}$$

其中 $\lambda > 0$ 为常数,则称 X 服从参数为 λ 的指数分布,记为 $X \sim E(\lambda)$.

易知 $f(x) \geq 0$,且

$$\int_{-\infty}^{+\infty} f(x) \mathrm{d}x = \int_{0}^{+\infty} \lambda \mathrm{e}^{-\lambda x} \mathrm{d}x = 1$$

服从参数为 λ 的指数分布的随机变量 X 的分布函数为

$$F(x) = \begin{cases} 1 - \mathrm{e}^{-\lambda x}, & x > 0 \\ 0, & x \leq 0 \end{cases}$$

【例 2.16】 某元件使用寿命 X(单位:h) 服从参数为 $\dfrac{1}{1\,000}$ 的指数分布,求(1) 该元件使用 1 000 h 没有坏的概率;(2) 该元件使用了 500 h 没有损坏,则它可继续使用 1 000 h 的概率.

解 $X \sim E\left(\dfrac{1}{1\,000}\right)$,则分布函数为

$$F(x) = \begin{cases} 1 - \mathrm{e}^{-\frac{x}{1\,000}}, & x > 0 \\ 0, & x \leq 0 \end{cases}$$

(1) $P\{X > 1\,000\} = 1 - F(1\,000) = \mathrm{e}^{-1}$;

(2) $P\{X > 1\,500 \mid X > 500\} = \dfrac{P\{X > 500, X > 1\,500\}}{P\{X > 500\}} = \dfrac{P\{X > 1\,500\}}{P\{X > 500\}} = \dfrac{\mathrm{e}^{-1.5}}{\mathrm{e}^{-0.5}} = \mathrm{e}^{-1}$.

计算结果表明

$$P\{X > 1\,500 \mid X > 500\} = P\{X > 1\,000\}$$

即在已知使用了 500 h 未被损坏的条件下,可以继续使用 1 000 h 的条件概率,等于其使用寿命不小于 1 000 h 的无条件概率.事实上,$P\{X > s + t \mid X > s\} = P\{X > t\}$.这种性质称为"无后效性".也就是说,元件以前曾经无故障(不损坏)使用的时间,不影响它以后使用寿命的统计规律.因此,指数分布常见于下列情形:电子元件的使用寿命,各随机服务系统的服务时间,机器正常工作的时间等.指数分布在可靠性理论与排队论中有广泛的应用.

【例 2.17】 设顾客在某银行的窗口等待服务的时间 X(单位:min) 服从参数 $\lambda = \dfrac{1}{5}$ 的指数分布,若顾客在窗口等待服务超过 10 min,则顾客就离开.(1) 若某顾客某天去银行,求他未等到服务就离开的概率;(2) 若某顾客一个月去银行 10 次,求他 10 次中至多有一次未等到服务而离开的概率.

解 (1) 随机变量 $X \sim E\left(\dfrac{1}{5}\right)$,其概率密度为

$$f(x) = \begin{cases} \dfrac{1}{5} \mathrm{e}^{-\frac{1}{5}x}, & x > 0 \\ 0, & x \leq 0 \end{cases}$$

$$P\{X > 10\} = \int_{10}^{+\infty} \dfrac{1}{5} \mathrm{e}^{-\frac{1}{5}x} \mathrm{d}x = \mathrm{e}^{-2}$$

(2) 设随机变量 Y 表示"该顾客一个月内未等到服务而离开的次数",则 $Y \sim B(10, \mathrm{e}^{-2})$,有

$$P\{Y \leq 1\} = P\{Y = 0\} + P\{Y = 1\} =$$

$$C_{10}^0 (e^{-2})^0 (1-e^{-2})^{10} + C_{10}^1 (e^{-2})^1 (1-e^{-2})^9 = (1-e^{-2})^9(1+9e^{-2})$$

3. 正态分布

定义 2.10 设随机变量 X 的概率密度为

$$f(x) = \frac{1}{\sqrt{2\pi}\,\sigma} e^{-\frac{(x-\mu)^2}{2\sigma^2}}, \quad -\infty < x < +\infty \tag{2.10}$$

其中 $\mu, \sigma(\sigma > 0)$ 为常数,则称 X 服从参数为 μ, σ 的正态分布或高斯分布,记为 $X \sim N(\mu, \sigma^2)$.

易知(1) $f(x) \geqslant 0$;

(2) $\displaystyle\int_{-\infty}^{+\infty} f(x)\,\mathrm{d}x = \int_{-\infty}^{+\infty} \frac{1}{\sqrt{2\pi}\,\sigma} e^{-\frac{(x-\mu)^2}{2\sigma^2}}\,\mathrm{d}x \xrightarrow{\frac{x-\mu}{\sigma}=t} \frac{1}{\sqrt{2\pi}}\int_{-\infty}^{+\infty} e^{-\frac{t^2}{2}}\,\mathrm{d}t$

由

$$\int_{-\infty}^{+\infty} e^{-\frac{x^2}{2}}\,\mathrm{d}x = \sqrt{2\pi}$$

得

$$\int_{-\infty}^{+\infty} f(x)\,\mathrm{d}x = \frac{1}{\sqrt{2\pi}} \times \sqrt{2\pi} = 1$$

正态分布的分布函数为

$$F(x) = \frac{1}{\sqrt{2\pi}\,\sigma}\int_{-\infty}^{x} e^{-\frac{(t-\mu)^2}{2\sigma^2}}\,\mathrm{d}t, \quad -\infty < x < +\infty$$

由式(2.10)可知,$f(x)$ 是包含了 μ, σ 的指数函数(图 2.4),正态分布的函数图像呈钟形,以 $x = \mu$ 为对称轴,在 $x = \mu$ 处,$f(x)$ 取到最大值 $f(\mu) = \dfrac{1}{\sqrt{2\pi}\,\sigma}$,在 $x = \mu \pm \sigma$ 处有拐点,且 $y = 0$ 是 $f(x)$ 的水平渐近线.

如图 2.4、图 2.5 所示,参数 μ 决定曲线的位置,参数 σ 的大小决定曲线的形状,σ 越大曲线越扁平,σ 越小曲线越陡峭.

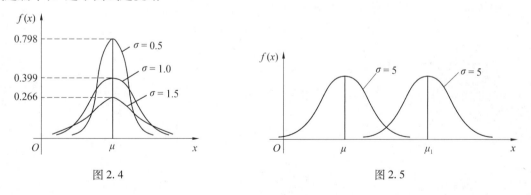

图 2.4 　　　　　　　　　　图 2.5

当 $\mu = 0, \sigma = 1$ 时,正态分布 $N(0,1)$ 称为**标准正态分布**,相应的概率密度和分布函数分别记为 $\varphi(x)$ 和 $\Phi(x)$,即

$$\varphi(x) = \frac{1}{\sqrt{2\pi}} e^{-\frac{x^2}{2}}, \quad -\infty < x < +\infty$$

$$\Phi(x) = \int_{-\infty}^{x} \frac{1}{\sqrt{2\pi}} e^{-\frac{t^2}{2}} dt = \frac{1}{\sqrt{2\pi}} \int_{-\infty}^{x} e^{-\frac{t^2}{2}} dt, \quad -\infty < x < +\infty$$

由于标准正态分布中 $\mu = 0$,图像关于 y 轴对称,则根据 $\varphi(x)$ 的对称性和分布函数 $\Phi(x)$ 的定义,可得到

$$\Phi(-x) = 1 - \Phi(x) \tag{2.11}$$

由于正态分布的分布函数为非初等函数,为了便于计算,其分布函数值可通过附表 3 的正态分布表查得. 当 $x \geq 0$ 时,$\Phi(x)$ 的值可直接查得;当 $x < 0$ 时,可使用式(2.11)换算后再查表.

【例 2.18】 设随机变量 $X \sim N(0,1)$,求 $P\{X < 1.96\}$,$P\{1 < X < 2\}$,$P\{X < -1.96\}$,$P\{X > 1.96\}$,$P\{|X| < 1.96\}$.

解
$$P\{X < 1.96\} = \Phi(1.96) = 0.97500$$
$$P\{1 < X < 2\} = \Phi(2) - \Phi(1) = 0.97725 - 0.8413 = 0.13595$$
$$P\{X < -1.96\} = \Phi(-1.96) = 1 - \Phi(1.96) = 0.025$$
$$P\{X > 1.96\} = 1 - P\{X \leq 1.96\} = 1 - \Phi(1.96) = 0.025$$
$$P\{|X| < 1.96\} = P\{-1.96 < X < 1.96\} = \Phi(1.96) - \Phi(-1.96) = 2\Phi(1.96) - 1 = 0.95$$

如果随机变量 X 服从参数为 μ, σ 的正态分布,即 $X \sim N(\mu, \sigma^2)$,则

$$F(x) = \int_{-\infty}^{x} \frac{1}{\sqrt{2\pi}\sigma} e^{-\frac{(t-\mu)^2}{2\sigma^2}} dt$$

令 $y = \frac{t-\mu}{\sigma}$,则

$$F(x) = \int_{-\infty}^{\frac{x-\mu}{\sigma}} \frac{1}{\sqrt{2\pi}} e^{-\frac{y^2}{2}} dy = \int_{-\infty}^{\frac{x-\mu}{\sigma}} \varphi(y) dy = \Phi\left(\frac{x-\mu}{\sigma}\right)$$

因此得到下面的结论.

定理 2.2 设随机变量 $X \sim N(\mu, \sigma^2)$,则有

$$F(x) = \Phi\left(\frac{x-\mu}{\sigma}\right) \tag{2.12}$$

根据式(2.12),当随机变量 $X \sim N(\mu, \sigma^2)$,a, b 为已知时,有

$$P\{X \leq a\} = \Phi\left(\frac{a-\mu}{\sigma}\right)$$

$$P\{X > b\} = 1 - P\{X \leq b\} = 1 - \Phi\left(\frac{b-\mu}{\sigma}\right)$$

$$P\{a < X \leq b\} = \Phi\left(\frac{b-\mu}{\sigma}\right) - \Phi\left(\frac{a-\mu}{\sigma}\right)$$

设随机变量 $X \sim N(\mu, \sigma^2)$,由 $\Phi(x)$ 的数值表能得到

$$P\{|X-\mu| < \sigma\} = P\{\mu-\sigma < X < \mu+\sigma\} = \Phi(1) - \Phi(-1) = 2\Phi(1) - 1 = 0.6826$$
$$P\{|X-\mu| < 2\sigma\} = P\{\mu-2\sigma < X < \mu+2\sigma\} = \Phi(2) - \Phi(-2) = 2\Phi(2) - 1 = 0.9545$$
$$P\{|X-\mu| < 3\sigma\} = P\{\mu-3\sigma < X < \mu+3\sigma\} = \Phi(3) - \Phi(-3) = 2\Phi(3) - 1 = 0.9973$$

则
$$P\{|X-\mu| \geq 3\sigma\} = 1 - P\{|X-\mu| < 3\sigma\} = 0.0027 < 0.003$$

从以上计算可以看到,尽管服从正态分布的随机变量的取值范围是$(-\infty, +\infty)$,但它的值落在$(\mu-3\sigma, \mu+3\sigma)$内几乎是肯定的,这就是正态分布的"$3\sigma$"准则.

【例 2.19】 设随机变量 $X \sim N(10, 2^2)$,求 $P\{X<13\}, P\{10<X<13\}, P\{X \geq 13\}, P\{|X-10|<2\}$.

解
$$P\{X<13\} = F(13) = \Phi\left(\frac{13-10}{2}\right) = \Phi(1.5) = 0.93319$$

$$P\{10<X<13\} = F(13) - F(10) = \Phi\left(\frac{13-10}{2}\right) - \Phi\left(\frac{10-10}{2}\right) =$$
$$\Phi(1.5) - \Phi(0) = 0.93319 - 0.5 = 0.43319$$

$$P\{X \geq 13\} = 1 - F(13) = 1 - \Phi(1.5) = 0.06681$$

$$P\{|X-10|<2\} = P\left\{\left|\frac{X-10}{2}\right|<1\right\} = 2\Phi(1) - 1 =$$
$$2 \times 0.8413 - 1 = 0.6826$$

【例 2.20】 设随机变量 $X \sim N(\mu, \sigma^2)$,已知 $P\{X<-1.6\} = 0.036, P\{X<5.9\} = 0.758$,求 $\mu, \sigma, P\{X>0\}$.

解
$$P\{X<-1.6\} = F(-1.6) = \Phi\left(\frac{-1.6-\mu}{\sigma}\right) = 0.036$$

由式(2.11),有
$$\Phi\left(\frac{1.6+\mu}{\sigma}\right) = 1 - \Phi\left(\frac{-1.6-\mu}{\sigma}\right) = 0.964$$

又已知
$$P\{X<5.9\} = F(5.9) = \Phi\left(\frac{5.9-\mu}{\sigma}\right) = 0.758$$

查表可得
$$\begin{cases} \dfrac{1.6+\mu}{\sigma} = 1.8 \\ \dfrac{5.9-\mu}{\sigma} = 0.7 \end{cases}$$

解得 $\mu = 3.8, \sigma = 3$.
$$P\{X>0\} = 1 - \Phi\left(\frac{0-3.8}{3}\right) \approx 1 - \Phi(-1.27) = \Phi(1.27) = 0.8980$$

【例 2.21】 某地抽样调查结果表明,考生的英语成绩(百分制)近似服从正态分布 $N(72, \sigma^2)$,96 分以上的占考生总数的 2.3%,求考生的英语成绩在 60～84 分之间的概率.

解 设随机变量 X 表示"考生的英语成绩",则 $X \sim N(72, \sigma^2)$. 由已知
$$P\{X>96\} = 1 - \Phi\left(\frac{96-72}{\sigma}\right) = 0.023$$

得

$$\Phi\left(\frac{24}{\sigma}\right) = 0.977$$

查表得

$$\frac{24}{\sigma} \approx 2$$

$$\sigma \approx 12$$

则

$$P\{60 < X < 84\} = F(84) - F(60) = \Phi\left(\frac{84-72}{12}\right) - \Phi\left(\frac{60-72}{12}\right) =$$

$$2\Phi(1) - 1 = 0.6826$$

【例 2.22】 测量到某一目标的距离时,产生的误差 $X \sim N(20,40^2)$(单位:m),求在三次测量中至少有一次误差绝对值不超过 30 m 的概率.

解 设事件 A_i 表示"第 i 次测量误差绝对值不超过 30 m"($i=1,2,3$),所求事件的概率为

$$P(A_1 + A_2 + A_3) = 1 - P(\overline{A}_1 \overline{A}_2 \overline{A}_3)$$

由于每次测量是独立的,即

$$P(A_1 + A_2 + A_3) = 1 - P(\overline{A}_1)P(\overline{A}_2)P(\overline{A}_3)$$

而 $P(\overline{A}_1) = P(\overline{A}_2) = P(\overline{A}_3)$,则仅求 $P(\overline{A}_1)$ 即可.

$$P(\overline{A}_1) = P\{|X| > 30\} = 1 - P\{|X| \leq 30\} = 1 - P\{-30 \leq X \leq 30\} =$$

$$1 - [F(30) - F(-30)] =$$

$$1 - \left[\Phi\left(\frac{30-20}{40}\right) - \Phi\left(\frac{-30-20}{40}\right)\right] =$$

$$1 - [\Phi(0.25) - \Phi(-1.25)] =$$

$$2 - \Phi(0.25) - \Phi(1.25) =$$

$$2 - 0.5987 - 0.8944 = 0.5069$$

则

$$P(A_1 + A_2 + A_3) = 1 - 0.5069^3 \approx 0.8698$$

正态分布是概率论中一种常见的也是重要的随机变量的分布. 在自然界与工程技术中,许多随机变量都服从或近似服从正态分布. 例如,产品的直径、长度,学生的考试成绩,农作物的收获量,测量误差等. 由正态分布还可导出其他一些重要的分布,所以研究正态分布有很重要的意义.

为了方便今后在数理统计中的应用,对于服从标准正态分布的随机变量,引入上 α 分位点的定义.

定义 2.11 设随机变量 $X \sim N(0,1)$,若 z_α 满足条件

$$P\{X > z_\alpha\} = \alpha, 0 < \alpha < 1 \tag{2.13}$$

则称点 z_α 为标准正态分布的上 α 分位点(图 2.6).

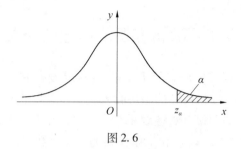

图 2.6

习题 2.3

1. 设随机变量 X 的概率密度为
$$f(x) = \begin{cases} ax + b, & 0 < x < 1 \\ 0, & \text{其他} \end{cases}$$
且 $P\{X > \frac{1}{2}\} = \frac{5}{8}$,求 a,b 的值.

2. 设随机变量 X 的概率密度为
$$f(x) = \begin{cases} Ax(1-x), & 0 < x < 1 \\ 0, & \text{其他} \end{cases}$$
求(1) 系数 A;(2) X 的分布函数.

3. 设随机变量 X 的概率密度为
$$f(x) = \begin{cases} 2(1 - \frac{1}{x^2}), & 1 < x < 2 \\ 0, & \text{其他} \end{cases}$$
求 X 的分布函数.

4. 设随机变量 X 的分布函数为
$$F(x) = \begin{cases} 0, & x < 0 \\ A\sqrt{x}, & 0 \leq x < 1 \\ 1, & x \geq 1 \end{cases}$$
求(1) 系数 A;(2) $P\{0 \leq X \leq 0.25\}$;(3) X 的概率密度 $f(x)$.

5. 设随机变量 $X \sim U(-2,3)$,求(1) $P\{|X| < 1\}$;(2) $P\{X \leq 0\}$.

6. 设随机变量 $Y \sim U(0,5)$,求关于 x 的二次方程 $4x^2 + 4xY + Y + 2 = 0$ 有实根的概率.

7. 统计调查结果表明,某地区在 1875—1951 年期间,矿山发生 10 人或 10 人以上死亡的两次事故之间的时间 X(单位:d) 服从参数为 $\frac{1}{241}$ 的指数分布,求 $P\{50 \leq X \leq 100\}$.

8. 设随机变量 $X \sim N(0,1)$,求(1) $P\{X < 3\}$;(2) $P\{X < -7\}$;(3) $P\{2.35 < X < 5\}$.

9. 设随机变量 $X \sim N(5,2^2)$,求(1) $P\{5 < X < 8\}$;(2) $P\{X \leq 0\}$;(3) $P\{|X - 5| < 2\}$.

10. 设随机变量 $X \sim N(3,2^2)$,(1) 确定 c 使得 $P\{X < c\} = P\{X \geq c\}$;(2) 设 d 满足 $P\{X > d\} \geq 0.9$,那么 d 至多为多少?

2.4 随机变量的函数的分布

在许多实际问题中,不仅需要研究随机变量,往往还要研究随机变量的函数. 例如,某商品的需求量是一个随机变量,而该商品的销售收入就是需求量的函数;或者要确定生产的某型号滚珠体积 V 的分布,则需要通过其直径 D 的分布得到. 在本节中,将讨论如何由已知的随机变量 X 的分布,确定它的函数 $g(X)$($g(\cdot)$ 是已知的连续函数,且也是随机变量)的分布.

2.4.1 离散型随机变量的函数的分布

【例 2.23】 设随机变量 X 的概率分布见表 2.7,且随机变量 $Y = 4X + 1, Z = X^2$. 分别求 Y, Z 的概率分布.

表 2.7

X	-1	0	1	2
p_k	0.2	0.1	0.3	0.4

解 Y 的所有可能取值为 $-3,1,5,9$,即

$$P\{Y = -3\} = P\{4X + 1 = -3\} = P\{X = -1\} = 0.2$$
$$P\{Y = 1\} = P\{4X + 1 = 1\} = P\{X = 0\} = 0.1$$
$$P\{Y = 5\} = P\{4X + 1 = 5\} = P\{X = 1\} = 0.3$$
$$P\{Y = 9\} = P\{4X + 1 = 9\} = P\{X = 2\} = 0.4$$

得 Y 的概率分布见表 2.8.

表 2.8

Y	-3	1	5	9
p_k	0.2	0.1	0.3	0.4

Z 的所有可能取值为 $0,1,4$,即

$$P\{Z = 0\} = P\{X = 0\} = 0.1$$
$$P\{Z = 1\} = P\{X^2 = 1\} = P\{X = -1\} + P\{X = 1\} = 0.2 + 0.3 = 0.5$$
$$P\{Z = 4\} = P\{X^2 = 4\} = P\{X = 2\} = 0.4$$

得 Z 的概率分布见表 2.9.

表 2.9

Z	0	1	4
p_k	0.1	0.5	0.4

一般地,若离散型随机变量 X 的概率分布为 $P\{X = x_k\} = p_k (k = 1,2,\cdots)$,则 $Y = g(X)$ 的全部可能取值为 $y_i (y_i = g(x_k), k = 1,2,\cdots; i = 1,2,\cdots)$. 由于其中可能有重复,所以在计算 $P\{Y = y_i\}$ 时应将满足 $y_i = g(x_k)$ 的所有 x_k 所对应的概率 $P\{X = x_k\}$ 累加起来,即有

$$P\{Y = y_i\} = \sum_{k:g(x_k)=y_i} P\{X = x_k\}, k = 1,2,\cdots; i = 1,2,\cdots$$

已知 X 的概率分布见表2.10.

表 2.10

X	x_1	x_2	$\cdots$	x_n	$\cdots$
p_k	p_1	p_2	$\cdots$	p_n	$\cdots$

则 $Y = g(X)$ 的概率分布见表2.11.

表 2.11

$Y = g(X)$	$g(x_1)$	$g(x_2)$	$\cdots$	$g(x_n)$	$\cdots$
p_k	p_1	p_2	$\cdots$	p_n	$\cdots$

若 $g(x_k)$ 中有相同的值,应将相应的 p_k 合并.

2.4.2　连续型随机变量的函数的分布

【例 2.24】 设随机变量 $X \sim f_X(x)$,求随机变量 $Y = 2X + 5$ 的概率密度 $f_Y(y)$,其中

$$f_X(x) = \frac{1}{\pi(1 + x^2)}, -\infty < x < +\infty$$

解 $F_Y(y) = P\{Y \leqslant y\} = P\{2X + 5 \leqslant y\} = P\left\{X \leqslant \frac{y-5}{2}\right\} = F_X\left(\frac{y-5}{2}\right)$

将 $F_Y(y)$ 对 y 求导,得

$$f_Y(y) = F'_Y(y) = \left[F_X\left(\frac{y-5}{2}\right)\right]' = f_X\left(\frac{y-5}{2}\right)\left(\frac{y-5}{2}\right)' =$$

$$\frac{1}{2} \times \frac{4}{\pi[4 + (y-5)^2]} = \frac{2}{\pi[4 + (y-5)^2]}, -\infty < y < +\infty$$

定理 2.3 设随机变量 X 具有概率密度 $f_X(x)(-\infty < x < +\infty)$,函数 $g(x)$ 处处可导且恒有 $g'(x) > 0$(或恒有 $g'(x) < 0$),$h(y)$ 是函数 $g(x)$ 的反函数,则 $Y = g(X)$ 是连续型随机变量,其概率密度为

$$f_Y(y) = \begin{cases} f_X[h(y)]|h'(y)|, & \alpha < y < \beta \\ 0, & \text{其他} \end{cases} \tag{2.14}$$

其中 $\alpha = \min\{g(-\infty), g(+\infty)\}, \beta = \max\{g(-\infty), g(+\infty)\}$.

【例 2.25】 设随机变量 $X \sim f_X(x)$,求随机变量 $Y = \ln X$ 的概率密度,其中

$$f_X(x) = \begin{cases} \dfrac{1}{3}(4x + 1), & 0 < x < 1 \\ 0, & \text{其他} \end{cases}$$

解 $y = \ln x$ 在区间 $(0,1)$ 内,值域 $y < 0$,反函数 $x = e^y$,且 $(e^y)' = e^y > 0$,由式(2.14)有

$$f_Y(y) = \begin{cases} \dfrac{1}{3}e^y(4e^y + 1), & y < 0 \\ 0, & \text{其他} \end{cases}$$

【例2.26】 设随机变量 $X \sim f_X(x)$，求随机变量 $Y = X^2$ 的概率密度 $f_Y(y)$.

解 该题不符合定理2.3的条件，只能直接用分布函数的定义计算，即

$$F_Y(y) = P\{Y \leq y\} = P\{X^2 \leq y\} = P\{-\sqrt{y} \leq X \leq \sqrt{y}\} = F_X(\sqrt{y}) - F_X(-\sqrt{y})$$

将 $F_Y(y)$ 对 y 求导，得

$$f_Y(y) = \begin{cases} \dfrac{1}{2\sqrt{y}}[f_X(\sqrt{y}) + f_X(-\sqrt{y})], & y > 0 \\ 0, & \text{其他} \end{cases}$$

一般情况下，先求 Y 的分布函数，再求 Y 的概率密度. 在求 Y 的分布函数时，设法将其转化为 X 的分布函数，其关键一步是在"$Y \leq y$"即"$g(X) \leq y$"中解出 X，从而得到一个与"$g(X) \leq y$"等价的 X 的不等式，并以后者代替"$g(X) \leq y$".

习题2.4

1. 设随机变量 X 的概率分布见下表.

1题表

X	-2	-1	0	1
p_k	0.2	0.4	0.3	0.1

求随机变量 $Y = 3X$ 和 $Z = X^2$ 的概率分布.

2. 设随机变量 $X \sim U(0,1)$，求（1）随机变量 $Y = e^X$ 的概率密度 $f_Y(y)$；（2）随机变量 $Z = |\ln X|$ 的概率密度 $f_Z(z)$.

3. 设随机变量 X 的概率密度为

$$f_X(x) = \begin{cases} e^{-x}, & x > 0 \\ 0, & \text{其他} \end{cases}$$

求 $Y = X^2$ 的概率密度 $f_Y(y)$.

4. 设随机变量 X 的概率密度为

$$f_X(x) = \begin{cases} \dfrac{x}{8}, & 0 < x < 4 \\ 0, & \text{其他} \end{cases}$$

求随机变量 $Y = e^X$ 的概率密度.

2.5 经济应用实例：期权定价计算方法之 Black–Scholes 公式

期权 又称为选择权，是一种衍生性金融工具. 是指买方向卖方支付期权费（指权利金）后拥有的在未来一段时间内（指美式期权）或未来某一特定日期（指欧式期权）以事先规定好的价格（指履约价格）向卖方购买或出售一定数量的特定商品的权利，但不负有必须买进或卖出的义务（即期权买方拥有选择是否行使买入或卖出的权利，而期权卖方都必须无条件服从买

方的选择并履行成交时的允诺). 所谓的**期权定价**是期权持有人通过行权获得股票而不是直接购买股票而实现的收益.

在期权定价模型中最著名的方法就是 Black – Scholes 所提出的定价方法. 一般模型中期权合同中标的资产的价格模型是
$$S_T = Se^{TR}$$
其中的 R 表示标的资产的连续复合收益率. Black – Scholes 模型假设 R 服从正态分布 $N(\mu, \sigma^2)$, 于是欧式买入期权的定价公式为
$$C = S\Phi(d_1) - e^{-\delta t}E\Phi(d_2)$$
其中
$$d_1 = \frac{\ln\left(\frac{S}{E}\right) + \left(\delta + \frac{\sigma^2}{2}\right)T}{\sigma\sqrt{T}}$$

$$d_2 = \frac{\ln\left(\frac{S}{E}\right) + \left(\delta - \frac{\sigma^2}{2}\right)T}{\sigma\sqrt{T}}$$

δ 为无风险利率; σ 为期权合同中标的资产连续收益率的标准差.

同样地,有欧式卖出期权的定价公式为
$$P = e^{-\delta T}E\Phi(-d_2) - S\Phi(-d_1)$$
符号的含义与欧式买入期权的定价公式相同.

【例 2.27】 1 年期欧式股票期权:当前股票价格为 90 欧元/股,期权合同中 1 年后的执行价格为 100 欧元/股. 已知无风险利率为 10%, 股票的连续收益率标准差为 0.3. 用 Black – Scholes 公式计算买入期权和卖出期权的价格.

解 因为
$$d_1 = \frac{\ln\left(\frac{90}{100}\right) + \left(0.1 + \frac{0.09}{2}\right) \times 1}{0.3 \times 1} \approx 0.132$$

$$d_2 = \frac{\ln\left(\frac{90}{100}\right) + \left(0.1 - \frac{0.09}{2}\right) \times 1}{0.3 \times 1} \approx -0.168$$

$$\Phi(0.132) = 0.5517$$
$$\Phi(-0.168) = 0.4325$$
$$\Phi(-0.132) = 0.4483$$
$$\Phi(0.168) = 0.5675$$

所以
$$C = 90 \times 0.5517 - e^{-0.1 \times 1} \times 100 \times 0.4325 \approx 10.52(欧元)$$
$$P = e^{-0.1 \times 1} \times 100 \times 0.5675 - 90 \times 0.4483 \approx 11.00(欧元)$$

知识结构思维导图

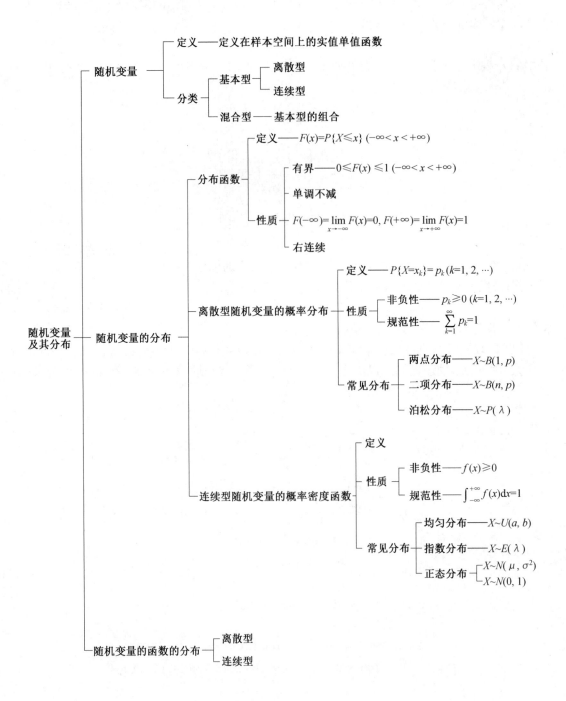

建模直通车：正态分布在生活中的应用

我国城市交通经历了从改革开放初期以自行车为主要交通工具，到20世纪90年代以公共汽电车为主体的发展阶段，在21世纪初，国家提出了公共交通优先发展的战略，城市交通进入了统筹协调、综合发展的新阶段.

城市交通呈现多元化发展. 城市公共汽电车车辆数和运营线路长度持续大幅增长，截至2018年底，我国城市公共汽电车运营车辆数达 67.34 万，运营线路达 60 590 条，运营线路总长度达 119.95 万 km.

根据《汽车设计手册》，公共汽车车门高度的设计，要充分考虑结构要素的完整统一和与车身其他相关要素的协调匹配. 设某城市成年男子的身高 $X \sim N(170, 6^2)$（单位：cm）.

（1）应如何设计公共汽车车门的高度，使成年男子与车门顶碰头的机会小于 0.01？

（2）若车门设计高度为 182 cm，求 10 个成年男子中与车门顶碰头的人数不多于 1 人的概率.

正态分布在生活中的应用详解

第 2 章总复习题

一、填空题

1. 设随机变量 X 的概率分布为 $P\{X = k\} = \dfrac{a}{k}, k = 1, 2, 3$，则 $a = $ _____.

2. 设随机变量 X 的概率密度为 $f(x) = \begin{cases} kx^2, & 0 \leq x \leq 1 \\ 0, & \text{其他} \end{cases}$，则 $k = $ _____.

3. 设随机变量 $X \sim B(2, p)$，且 $P\{X \geq 1\} = \dfrac{5}{9}$，则 $p = $ _____.

4. 设随机变量 X 服从泊松分布，且 $P\{X = 1\} = P\{X = 2\}$，则 $\lambda = $ _____.

5. 设随机变量 $X \sim N(7, 2^2)$，则 $P\{X \geq 7\} = $ _____.

二、选择题

1. 设随机变量 X 的分布函数为 $F(x)$，在下列概率中可表示为 $F(b) - F(a)(a < b)$ 的是（   ）.

A. $P\{a \leq X < b\}$ 　　　　　　B. $P\{a < X < b\}$

C. $P\{a < X \leq b\}$ 　　　　　　D. $P\{a \leq X \leq b\}$

2. 设随机变量 X 的分布函数为 $F(x)$，下列说法不正确的是（   ）.

A. $F(-\infty) = 0$ 　　　　　　B. $F(0) = 0$

C. $F(x) \geq 0$ 　　　　　　　D. $F(+\infty) = 1$

3. 设 $X \sim N(\mu, \sigma^2)$，那么当 σ 增大时，$P\{|X - \mu| < \sigma\}$ (   ).
   A. 增大   B. 减少   C. 不变   D. 增减不定

4. 设随机变量 X 的概率密度为 $f(x)$，分布函数为 $F(x)$，且 $f(x) = f(-x)$，那么对任意给定的 a 都有 (   ).

   A. $f(-a) = 1 - \int_0^a f(x)\,\mathrm{d}x$ 　　　　　B. $F(-a) = \dfrac{1}{2} - \int_0^a f(x)\,\mathrm{d}x$

   C. $F(a) = F(-a)$ 　　　　　　　　　D. $F(-a) = 2F(a) - 1$

5. 设随机变量 $X \sim N(0,1)$，则 $P\{|X| > 2\}$ 的值为(   ).
   A. $2[1 - \Phi(2)]$ B. $2\Phi(2) - 1$ C. $2 - \Phi(2)$ D. $1 - 2\Phi(2)$

三、计算题

1. 设随机变量 X 的分布函数为
$$F(x) = A + B\arctan\frac{x}{2}$$
求(1) 常数 A, B；(2) $P\{-2 < X < 2\}$.

2. 设随机变量 X 的概率分布为
$$P\{X = k\} = a\left(\frac{2}{3}\right)^k, k = 1, 2, \cdots$$
求常数 a.

3. 盒内有 12 个乒乓球，其中 9 个为新球，3 个为旧球，采取不放回抽取，每次一个直到取得新球为止，设随机变量 X 表示"抽取次数"，求 X 的概率分布.

4. 设随机变量 X 的分布函数为
$$F(x) = \begin{cases} 0, & x < -4 \\ 0.2, & -4 \leq x < 0 \\ 0.7, & 0 \leq x < 2 \\ 1, & x \geq 2 \end{cases}$$
求 X 的概率分布.

5. 一射手对同一目标独立地进行 4 次射击，已知至少命中一次的概率为 $\dfrac{65}{81}$，求该射手的命中率.

6. 设随机变量 X 的概率密度为
$$f(x) = \begin{cases} \dfrac{c}{\sqrt{1-x^2}}, & |x| < 1 \\ 0, & 其他 \end{cases}$$
求(1) 常数 c；(2) $P\{|X| < \dfrac{1}{2}\}$.

7. 设随机变量 X 的概率密度为
$$f(x) = \begin{cases} \dfrac{2x}{\pi^2}, & 0 < x < a \\ 0, & 其他 \end{cases}$$

求(1) 常数 a;(2)X 的分布函数.

8. 设随机变量 $X \sim N(0,1)$,求(1) $P\{2 < X < 3\}$;(2)$P\{X < -1.23\}$;(3)$P\{|X| < 2.4\}$.

9. 某批产品的长度 $X \sim N(50, 0.5^2)$,求(1) 产品长度落在 49.5 到 50.5 之间的概率;(2) 产品长度 X 不超过 49.2 的概率.

10. 设随机变量 $X \sim U\left(0, \dfrac{\pi}{2}\right)$,求 $Y = \cos X$ 的概率密度 $f_Y(y)$.

11. 设随机变量 X 的概率分布如下表所示.

11 题表

X	-2	-1	0	1
p_k	$\dfrac{1}{5}$	$\dfrac{1}{6}$	$\dfrac{1}{3}$	$\dfrac{3}{10}$

求随机变量 $Y = X^2$ 的概率分布.

12. 设随机变量 X 的概率密度为

$$f_X(x) = \begin{cases} x^3 \mathrm{e}^{-x^2}, & x > 0 \\ 0, & 其他 \end{cases}$$

求 $Y = 2X + 3$ 的概率密度 $f_Y(y)$.

13. 设 $X \sim U(a,b)$,证明 $y = cX + d\,(c \neq 0)$ 也服从均匀分布.

Chapter 3

二维随机变量及其分布

学习目标和要求

(1) 了解二维随机变量和分布函数的概念.

(2) 了解二维离散型随机变量及其概率分布、边缘概率分布的概念与性质,掌握计算概率分布和边缘概率分布的方法.

(3) 了解二维连续型随机变量及其概率密度、边缘概率密度的概念与性质,会计算简单的二维连续型随机变量的概率密度和边缘概率密度.

(4) 掌握相互独立的随机变量的概念与特征.

(5) 了解二维随机变量的函数的分布的求法.

在第 2 章中,引入了随机变量的概念,其实质是随机试验的结果与实数之间的某种对应关系,而在实际生活中,往往需要多个实数值来描述试验结果. 例如,电梯的设计师在设计电梯的空间和载重时,需兼顾电梯可能使用者的身高和体重,这里将身高和体重作为一个整体(身高,体重)来描述电梯使用者. 将描述研究对象的各个指标变量作为一个整体加以研究,这样才能更全面地描述随机试验,揭示各变量之间的内在关系,因此产生了 n 维随机变量.

设 $X_1, X_2, \cdots, X_n$ 为定义在同一样本空间 Ω 上的 $n(n \geqslant 1)$ 个随机变量,它们的有序组 $(X_1, X_2, \cdots, X_n)$ 称为 **n 维随机变量**或 **n 维随机向量**.

据此定义,第 2 章介绍的是一维随机变量,本章仅讨论二维随机变量,至于二维以上的随机变量不难类推.

3.1 二维随机变量

定义 3.1 设 X, Y 是定义在样本空间 Ω 上的两个随机变量,则 (X, Y) 称为二维随机变量或二维随机向量.

二维随机变量(X,Y)的性质不仅与X及Y有关,还依赖于这两个随机变量之间的相互关系. 类似于一维随机变量,下面给出二维随机变量分布函数的定义.

定义 3.2 设(X,Y)为二维随机变量,x,y为任意实数,函数
$$F(x,y) = P\{X \leq x, Y \leq y\} \tag{3.1}$$
称为(X,Y)的分布函数,或称为随机变量X和Y的联合分布函数. 其中事件$\{X \leq x, Y \leq y\}$表示事件$\{X \leq x\}$和事件$\{Y \leq y\}$同时发生.

如果将(X,Y)视为一个随机点,那么$F(x,y)$的几何意义就是随机点(X,Y)落在坐标平面上点(x,y)左下方的矩形区域$(-\infty, x] \cap (-\infty, y]$内的概率(图3.1阴影部分).

类似于一维随机变量的情况,点(X,Y)落入任一矩形$G = \{(x,y) | x_1 < x \leq x_2, y_1 < y \leq y_2\}$(图3.2)的概率为
$$P\{x_1 < X \leq x_2, y_1 < Y \leq y_2\} = F(x_2, y_2) - F(x_2, y_1) - F(x_1, y_2) + F(x_1, y_1) \tag{3.2}$$

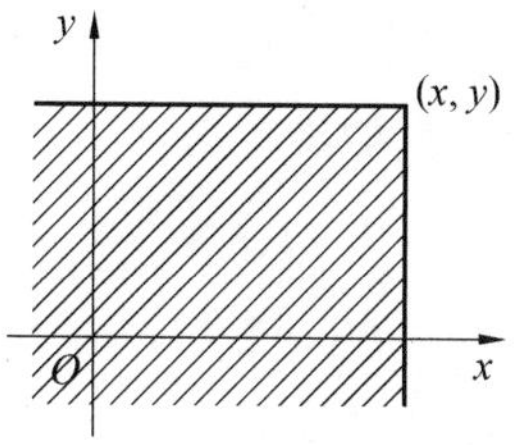

图 3.1

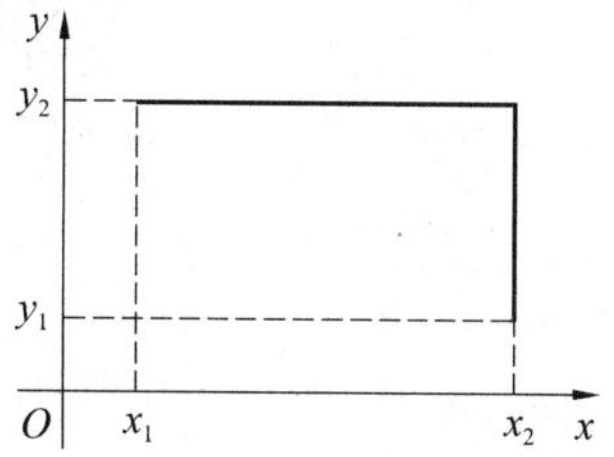

图 3.2

由分布函数$F(x,y)$的定义及概率的性质可以证明$F(x,y)$具有以下基本性质:

(1) 对于任意实数x,y有$0 \leq F(x,y) \leq 1$,且
$$F(-\infty, y) = 0, F(x, -\infty) = 0, F(+\infty, +\infty) = 1$$
其中
$$F(-\infty, y) = \lim_{x \to -\infty} F(x,y), F(x, -\infty) = \lim_{y \to -\infty} F(x,y), F(+\infty, +\infty) = \lim_{\substack{x \to +\infty \\ y \to +\infty}} F(x,y)$$

(2) $F(x,y)$对每个自变量x或y都是单调不减函数,即若$x_1 < x_2$,则
$$F(x_1, y) \leq F(x_2, y)$$
若$y_1 < y_2$,则
$$F(x, y_1) \leq F(x, y_2)$$

(3) $F(x,y)$分别对x,y右连续,即
$$F(x+0, y) = F(x,y), F(x, y+0) = F(x,y)$$

(4) 对于任意$(x_1, y_1), (x_2, y_2), x_1 < x_2, y_1 < y_2$,有
$$F(x_2, y_2) - F(x_2, y_1) - F(x_1, y_2) + F(x_1, y_1) \geq 0$$

可以证明,如果一个普通的二元函数具有以上4个性质,则此函数必定可以作为某一个二维随机变量的分布函数,这里省略了严格的数学证明.

【**例 3.1**】 设$F(x,y) = \begin{cases} 0, & x < 0, y < 0 \\ 1, & 其他 \end{cases}$,判断$F(x,y)$是否作为某二维随机变量的分

布函数.

解 容易验证 $F(x,y)$ 具有上述性质(1)、(2)、(3),但是不满足性质(4). 事实上,有
$$F(1,1) - F(1,-1) - F(-1,1) + F(-1,-1) = -1 < 0$$
因此,该函数不能作为某二维随机变量的分布函数.

定义3.3 已知二维随机变量(X,Y),其分量X和Y各自的分布函数称为(X,Y)关于X和Y的边缘分布函数,分别记作$F_X(x),F_Y(y)$.

已知二维随机变量(X,Y)的分布函数$F(x,y)$,那么
$$F_X(x) = P\{X \leq x, Y < +\infty\} = F(x, +\infty) \tag{3.3}$$
$$F_Y(y) = P\{X < +\infty, Y \leq y\} = F(+\infty, y) \tag{3.4}$$
其中 $F(x, +\infty) = \lim_{y \to +\infty} F(x,y)$, $F(+\infty, y) = \lim_{x \to +\infty} F(x,y)$.

因此,边缘分布函数 $F_X(x),F_Y(y)$ 可以由分布函数 $F(x,y)$ 所确定.

与一维随机变量相同,也只讨论离散型和连续型两种二维随机变量.

习题 3.1

1. 用随机变量 X,Y 的联合分布函数 $F(x,y)$ 表述下列概率:
(1) $P\{a < X \leq b, Y \leq c\} = $ _____ ;
(2) $P\{0 < Y \leq a\} = $ _____ .

2. 设二维随机变量 (X,Y) 的分布函数为
$$F(x,y) = \begin{cases} x^2(1 - e^{-y}), & 0 < x < 1, y > 0 \\ 1 - e^{-y}, & x \geq 1, y > 0 \\ 0, & \text{其他} \end{cases}$$
求边缘分布函数 $F_X(x), F_Y(y)$.

3.2 二维离散型随机变量

3.2.1 二维离散型随机变量及其概率分布

定义3.4 若二维随机变量(X,Y)的所有可能取值为有限对或可列无穷多对,则称(X,Y)为二维离散型随机变量.

定义3.5 设(X,Y)为二维离散型随机变量,其所有可能的取值为$(x_i,y_j)(i=1,2,\cdots;j=1,2,\cdots)$,把事件$\{X=x_i,Y=y_j\}$的概率
$$P\{X = x_i, Y = y_j\} = p_{ij}, i = 1,2,\cdots; j = 1,2,\cdots \tag{3.5}$$
称为二维离散型随机变量(X,Y)的概率分布,或称为随机变量X和Y的联合概率分布.

根据概率的性质,定义3.5中的p_{ij}满足条件
(1) 非负性:$p_{ij} \geq 0, i=1,2,\cdots; j=1,2,\cdots$;
(2) 规范性:$\sum_i \sum_j p_{ij} = 1$.

二维离散型随机变量(X,Y)的概率分布常用表格来表示,见表3.1.

表3.1

X	Y				
	y_1	y_2	⋯	y_j	⋯
x_1	p_{11}	p_{12}	⋯	p_{1j}	⋯
x_2	p_{21}	p_{22}	⋯	p_{2j}	⋯
⋮	⋮	⋮		⋮	
x_i	p_{i1}	p_{i2}	⋯	p_{ij}	⋯
⋮	⋮	⋮		⋮	

【例3.2】 设随机变量X在1,2,3,4四个整数中等可能地取一个值,另一个随机变量Y在$1 \sim X$中等可能地取一整数值. 求二维随机变量(X,Y)的概率分布.

解 事件$\{X=i, Y=j\}$的取值情况是:$i=1,2,3,4$,j取不大于i的正整数,且

$$P\{X=i, Y=j\} = P\{Y=j|X=i\}P\{X=i\} = \frac{1}{i} \cdot \frac{1}{4}, i=1,2,3,4; j \leq i$$

于是(X,Y)的概率分布见表3.2.

表3.2

X	Y			
	1	2	3	4
1	$\frac{1}{4}$	0	0	0
2	$\frac{1}{8}$	$\frac{1}{8}$	0	0
3	$\frac{1}{12}$	$\frac{1}{12}$	$\frac{1}{12}$	0
4	$\frac{1}{16}$	$\frac{1}{16}$	$\frac{1}{16}$	$\frac{1}{16}$

3.2.2 二维离散型随机变量的边缘概率分布

定义3.6 已知二维离散型随机变量(X,Y),其分量X和Y各自的概率分布称为(X,Y)关于X和Y的边缘概率分布.

于是,(X,Y)关于X的边缘概率分布为

$$P\{X=x_i\} = \sum_{j=1}^{\infty} p_{ij}, i=1,2,\cdots$$

记作

$$P\{X=x_i\} = p_{i\cdot}, i=1,2,\cdots \tag{3.6}$$

同理,(X,Y)关于Y的边缘概率分布为

$$P\{Y=y_j\} = \sum_{i=1}^{\infty} p_{ij}, j=1,2,\cdots$$

记作
$$P\{Y = y_j\} = p_{\cdot j}, j = 1, 2, \cdots \qquad (3.7)$$

一般地,将二维离散型随机变量的概率分布和边缘概率分布同列在一个表格里,见表3.3.

表 3.3

X	Y					$p_{i\cdot}$
	y_1	y_2	$\cdots$	y_j	$\cdots$	
x_1	p_{11}	p_{12}	$\cdots$	p_{1j}	$\cdots$	$p_{1\cdot}$
x_2	p_{21}	p_{22}	$\cdots$	p_{2j}	$\cdots$	$p_{2\cdot}$
$\vdots$	$\vdots$	$\vdots$		$\vdots$		$\vdots$
x_i	p_{i1}	p_{i2}	$\cdots$	p_{ij}	$\cdots$	$p_{i\cdot}$
$\vdots$	$\vdots$	$\vdots$		$\vdots$		$\vdots$
$p_{\cdot j}$	$p_{\cdot 1}$	$p_{\cdot 2}$	$\cdots$	$p_{\cdot j}$	$\cdots$	1

其中,$p_{i\cdot}$ 恰好是 $X = x_i (i = 1, 2, \cdots)$ 对应行的概率之和,$p_{\cdot j}$ 是 $Y = y_j (j = 1, 2, \cdots)$ 对应列的概率之和.

【例3.3】 求例 3.2 中 (X, Y) 关于 X 和 Y 的边缘概率分布.

解 由式(3.6)得

$$p_{1\cdot} = \sum_{j=1}^{4} P\{X = 1, Y = j\} = \frac{1}{4}$$

$$p_{2\cdot} = \sum_{j=1}^{4} P\{X = 2, Y = j\} = \frac{1}{4}$$

$$p_{3\cdot} = \sum_{j=1}^{4} P\{X = 3, Y = j\} = \frac{1}{4}$$

$$p_{4\cdot} = \sum_{j=1}^{4} P\{X = 4, Y = j\} = \frac{1}{4}$$

同理,由式(3.7)得

$$p_{\cdot 1} = \sum_{i=1}^{4} P\{X = i, Y = 1\} = \frac{25}{48}$$

$$p_{\cdot 2} = \sum_{i=1}^{4} P\{X = i, Y = 2\} = \frac{13}{48}$$

$$p_{\cdot 3} = \sum_{i=1}^{4} P\{X = i, Y = 3\} = \frac{7}{48}$$

$$p_{\cdot 4} = \sum_{i=1}^{4} P\{X = i, Y = 4\} = \frac{1}{16}$$

(X, Y) 的概率分布和边缘概率分布见表3.4.

表 3.4

X	Y				$p_{i\cdot}$
	1	2	3	4	
1	$\frac{1}{4}$	0	0	0	$\frac{1}{4}$
2	$\frac{1}{8}$	$\frac{1}{8}$	0	0	$\frac{1}{4}$
3	$\frac{1}{12}$	$\frac{1}{12}$	$\frac{1}{12}$	0	$\frac{1}{4}$
4	$\frac{1}{16}$	$\frac{1}{16}$	$\frac{1}{16}$	$\frac{1}{16}$	$\frac{1}{4}$
$p_{\cdot j}$	$\frac{25}{48}$	$\frac{13}{48}$	$\frac{7}{48}$	$\frac{1}{16}$	1

【例 3.4】 袋中有 1 个红球和 1 个白球,每次从袋中取出一球,连取两次. 令随机变量

$$X = \begin{cases} 0, & \text{第一次取到红球} \\ 1, & \text{第一次取到白球} \end{cases}, \quad Y = \begin{cases} 0, & \text{第二次取到红球} \\ 1, & \text{第二次取到白球} \end{cases}$$

分别按"有放回抽样"和"无放回抽样",求二维随机变量 (X,Y) 的概率分布和边缘概率分布.

解 "有放回抽样"的概率分布和边缘概率分布见表 3.5,"无放回抽样"的概率分布和边缘概率分布见表 3.6.

表 3.5

X	Y		$p_{i\cdot}$
	0	1	
0	$\frac{1}{4}$	$\frac{1}{4}$	$\frac{1}{2}$
1	$\frac{1}{4}$	$\frac{1}{4}$	$\frac{1}{2}$
$p_{\cdot j}$	$\frac{1}{2}$	$\frac{1}{2}$	1

表 3.6

X	Y		$p_{i\cdot}$
	0	1	
0	0	$\frac{1}{2}$	$\frac{1}{2}$
1	$\frac{1}{2}$	0	$\frac{1}{2}$
$p_{\cdot j}$	$\frac{1}{2}$	$\frac{1}{2}$	1

由此可以看出,在"有放回抽样"与"无放回抽样"这两个不同的试验中,(X,Y) 具有不同的概率分布,但它们相应的边缘概率分布却是相同的. 这说明,对 (X,Y) 中分量的边缘概率分

布的讨论不能代替对(X,Y)概率分布的讨论,这正是必须要把(X,Y)作为一个整体来研究的原因.

习题 3.2

1. 设二维离散型随机变量(X,Y)的概率分布见下表.

1 题表

X	Y		
	1	2	3
1	0.1	0.3	0
2	a	0.2	0.1

则 $a =$ _____.

2. (2012 年数学一) 设二维离散型随机变量(X,Y)的概率分布见下表.

2 题表

X	Y		
	0	1	2
0	$\frac{1}{4}$	0	$\frac{1}{4}$
1	0	$\frac{1}{3}$	0
2	$\frac{1}{12}$	0	$\frac{1}{12}$

则 $P\{X = 2Y\} =$ _____.

3. 设随机变量 $X_i(i=1,2)$ 的概率分布见下表.

3 题表

X_i	-1	0	1
p_k	$\frac{1}{4}$	$\frac{1}{2}$	$\frac{1}{4}$

且满足 $P\{X_1 X_2 = 0\} = 1$,则 $P\{X_1 = X_2\} = ($).

A. 0   B. $\frac{1}{4}$ C. $\frac{1}{2}$ D. 1

4. 已知二维随机变量(X,Y)的概率分布为

$$P\{X=i,Y=j\} = \frac{1}{21}(i+j), i=1,2; j=1,2,3.$$

求(X,Y)关于 X 和 Y 的边缘概率分布.

5. 将一枚质地均匀的硬币抛 3 次,以 X 表示正面向上的次数,以 Y 表示正面向上次数与反

面向上次数之差的绝对值,求二维随机变量(X,Y)的概率分布.

6. 甲、乙二人轮流独立地向同一目标进行射击,直到某人击中目标为止. 已知甲击中目标的概率为 0.6,乙击中目标的概率为 0.5,甲先射击,求目标被击中时甲、乙二人各自射击次数的概率分布.

7. 10 件产品中有 2 件一级品,7 件二级品,1 件次品. 从中任取 3 件,用随机变量 X 表示其中的一级品数,用随机变量 Y 表示其中的二级品数,求二维随机变量(X,Y)的概率分布及(X,Y)关于 X 和 Y 的边缘概率分布.

3.3 二维连续型随机变量

3.3.1 二维连续型随机变量及其概率分布

前面讨论了二维离散型随机变量,本节将讨论二维连续型随机变量. 与一维连续型随机变量的定义类似,可以由函数 $f(x,y)$ 出发来定义二维连续型随机变量.

定义 3.7 设 $F(x,y)$ 为二维随机变量(X,Y)的分布函数,若存在非负可积函数 $f(x,y)$,使得对于任意的 $x,y \in \mathbf{R}$,有

$$F(x,y) = \int_{-\infty}^{y} \int_{-\infty}^{x} f(u,v) \mathrm{d}u \mathrm{d}v \tag{3.8}$$

则称(X,Y)为二维连续型随机变量,并称 $f(x,y)$ 为(X,Y)的概率密度函数,简称概率密度,或称为随机变量 X 和 Y 的联合概率密度函数.

概率密度 $f(x,y)$ 具有以下基本性质:

(1) 非负性
$$f(x,y) \geqslant 0$$

(2) 规范性
$$\int_{-\infty}^{+\infty} \int_{-\infty}^{+\infty} f(x,y) \mathrm{d}x \mathrm{d}y = 1$$

(3) G 是 xOy 平面上的区域,则(X,Y)落在 G 内的概率为
$$P\{(X,Y) \in G\} = \iint_G f(x,y) \mathrm{d}x \mathrm{d}y$$

(4) 若 $f(x,y)$ 在点(x,y)连续,则有
$$\frac{\partial^2 F(x,y)}{\partial x \partial y} = f(x,y)$$

如果一个二元函数 $f(x,y)$ 具有以上 4 个性质,则此二元函数必定可以作为某个二维随机变量的概率密度.

【例 3.5】 已知二维随机变量(X,Y)的概率密度为

$$f(x,y) = \begin{cases} k\mathrm{e}^{-(2x+3y)}, & x > 0, y > 0 \\ 0, & 其他 \end{cases}$$

求(1) 常数 k 的值;(2)(X,Y)的分布函数;(3)$P\{X+2Y<1\}$.

解 (1) 利用概率密度的性质有

$$\int_{-\infty}^{+\infty}\int_{-\infty}^{+\infty}f(x,y)\mathrm{d}x\mathrm{d}y = \int_{0}^{+\infty}\int_{0}^{+\infty}k\mathrm{e}^{-2x-3y}\mathrm{d}x\mathrm{d}y =$$
$$k\int_{0}^{+\infty}\mathrm{e}^{-2x}\mathrm{d}x\int_{0}^{+\infty}\mathrm{e}^{-3y}\mathrm{d}y = \frac{k}{6} = 1$$

得 $k = 6$，从而

$$f(x,y) = \begin{cases} 6\mathrm{e}^{-(2x+3y)}, & x > 0, y > 0 \\ 0, & \text{其他} \end{cases}$$

(2) 当 $x \leqslant 0$ 或 $y \leqslant 0$ 时，显然 $F(x,y) = 0$；现在设 $x > 0, y > 0$，有

$$F(x,y) = \int_{-\infty}^{y}\int_{-\infty}^{x}f(u,v)\mathrm{d}u\mathrm{d}v = 6\int_{0}^{y}\int_{0}^{x}\mathrm{e}^{-(2u+3v)}\mathrm{d}u\mathrm{d}v =$$
$$\int_{0}^{x}2\mathrm{e}^{-2u}\mathrm{d}u\int_{0}^{y}3\mathrm{e}^{-3v}\mathrm{d}v = (1 - \mathrm{e}^{-2x})(1 - \mathrm{e}^{-3y})$$

即

$$F(x,y) = \begin{cases} (1 - \mathrm{e}^{-2x})(1 - \mathrm{e}^{-3y}), & x > 0, y > 0 \\ 0, & \text{其他} \end{cases}$$

(3) (X,Y) 的取值区域如图 3.3 阴影部分所示，故

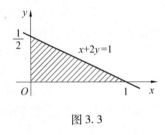

图 3.3

$$P\{X + 2Y < 1\} = \iint_{x+2y<1}f(x,y)\mathrm{d}x\mathrm{d}y = \int_{0}^{1}\mathrm{d}x\int_{0}^{\frac{1-x}{2}}6\mathrm{e}^{-2x-3y}\mathrm{d}y =$$
$$\int_{0}^{1}2\mathrm{e}^{-2x}\mathrm{d}x\int_{0}^{\frac{1-x}{2}}3\mathrm{e}^{-3y}\mathrm{d}y =$$
$$-\int_{0}^{1}2\mathrm{e}^{-2x}\,\mathrm{e}^{-3y}\,\Big|_{0}^{\frac{1-x}{2}}\mathrm{d}x =$$
$$1 + 3\mathrm{e}^{-2} - 4\mathrm{e}^{-\frac{3}{2}} \approx 0.5135$$

3.3.2 二维连续型随机变量的边缘分布

3.1 节给出了边缘分布函数的概念，对于二维连续型随机变量 (X,Y)，若已知其概率密度为 $f(x,y)$，则

$$F_X(x) = P\{X \leqslant x\} = P\{X \leqslant x, Y < +\infty\} = F(x, +\infty) = \int_{-\infty}^{x}\left[\int_{-\infty}^{+\infty}f(u,v)\mathrm{d}v\right]\mathrm{d}u \quad (3.9)$$

同理

$$F_Y(y) = \int_{-\infty}^{y}\left[\int_{-\infty}^{+\infty}f(u,v)\mathrm{d}u\right]\mathrm{d}v \quad (3.10)$$

这表明，二维连续型随机变量 (X,Y) 的分量 X 和 Y 也是连续型随机变量，且分量 X 和 Y 的概率密度分别为

$$f_X(x,y) = \int_{-\infty}^{+\infty}f(x,y)\mathrm{d}y \quad (3.11)$$

及

$$f_Y(x,y) = \int_{-\infty}^{+\infty}f(x,y)\mathrm{d}x \quad (3.12)$$

分别称它们为 (X,Y) 关于 X 和 Y 的**边缘概率密度函数**，简称**边缘概率密度**.

当 $f(x,y) > 0$ 的范围是 $\mathbf{R}^2$ 上某一区域 D 时,X 的概率密度 $\int_{-\infty}^{+\infty} f(x,y)\mathrm{d}y$ 的实际积分区域为 $D_x = \{y \mid (x,y) \in D\}$,积分的上限、下限分别为 x 的函数,这一点需要注意.

【**例3.6**】 求例3.5中二维随机变量 (X,Y) 关于 X 和 Y 的边缘概率密度和边缘分布函数.

解 (X,Y) 关于 X 的边缘概率密度为

$$f_X(x) = \int_{-\infty}^{+\infty} f(x,y)\mathrm{d}y = \begin{cases} \int_0^{+\infty} 6\mathrm{e}^{-2x-3y}\mathrm{d}y, & x>0 \\ 0, & \text{其他} \end{cases} = \begin{cases} 2\mathrm{e}^{-2x}, & x>0 \\ 0, & \text{其他} \end{cases}$$

(X,Y) 关于 X 的边缘分布函数为

$$F_X(x) = \int_{-\infty}^{x} f_X(x)\mathrm{d}x = \begin{cases} \int_0^x 2\mathrm{e}^{-2x}\mathrm{d}x, & x>0 \\ 0, & \text{其他} \end{cases} = \begin{cases} 1-\mathrm{e}^{-2x}, & x>0 \\ 0, & \text{其他} \end{cases}$$

(X,Y) 关于 Y 的边缘概率密度为

$$f_Y(y) = \int_{-\infty}^{+\infty} f(x,y)\mathrm{d}x = \begin{cases} \int_0^{+\infty} 6\mathrm{e}^{-2x-3y}\mathrm{d}x, & y>0 \\ 0, & \text{其他} \end{cases} = \begin{cases} 3\mathrm{e}^{-3y}, & y>0 \\ 0, & \text{其他} \end{cases}$$

(X,Y) 关于 Y 的边缘分布函数为

$$F_Y(y) = \int_{-\infty}^{y} f_Y(y)\mathrm{d}y = \begin{cases} \int_0^y 3\mathrm{e}^{-3y}\mathrm{d}y, & y>0 \\ 0, & \text{其他} \end{cases} = \begin{cases} 1-\mathrm{e}^{-3y}, & y>0 \\ 0, & \text{其他} \end{cases}$$

3.3.3 二维均匀分布

定义 3.8 设 D 为 xOy 平面上的有界区域,其面积记作 S_D. 称具有概率密度

$$f(x,y) = \begin{cases} \dfrac{1}{S_D}, & (x,y) \in D \\ 0, & (x,y) \notin D \end{cases} \tag{3.13}$$

的二维随机变量 (X,Y) 服从 D 上的均匀分布.

若 G 为 D 的子区域,面积记为 S_G,则 $P\{(X,Y) \in G\} = \dfrac{S_G}{S_D}$,这与 G 的形状及位置无关,只与 G 的面积 S_G 的大小有关.

【**例3.7**】 已知二维随机变量 (X,Y) 在 D 上服从均匀分布,其中 D 是由直线 $y=x$ 和曲线 $y=x^2$ 所围成的闭区域. 求(1)$P\{X<0.5, Y<0.6\}$;(2)边缘概率密度 $f_X(x)$ 和 $f_Y(y)$.

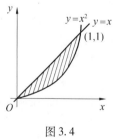

图 3.4

解 图3.4所示阴影部分即为直线 $y=x$ 和曲线 $y=x^2$ 所围成的闭区域,其面积为

$$S_D = \int_0^1 (x-x^2)\mathrm{d}x = \frac{1}{6}$$

则 (X,Y) 的概率密度为

$$f(x,y) = \begin{cases} 6, & 0<x<1, x^2<y<x \\ 0, & \text{其他} \end{cases}$$

因此(1) $P\{X<0.5, Y<0.6\} = 6\int_0^{0.5}\mathrm{d}x\int_{x^2}^x \mathrm{d}y = 0.5$.

(2) $f_X(x) = \int_{-\infty}^{+\infty} f(x,y)\mathrm{d}y = \begin{cases} \int_{x^2}^x 6\mathrm{d}y, & 0<x<1 \\ 0, & 其他 \end{cases} = \begin{cases} 6(x-x^2), & 0<x<1 \\ 0, & 其他 \end{cases}$

$f_Y(y) = \int_{-\infty}^{+\infty} f(x,y)\mathrm{d}x = \begin{cases} \int_y^{\sqrt{y}} 6\mathrm{d}x, & 0<y<1 \\ 0, & 其他 \end{cases} = \begin{cases} 6(\sqrt{y}-y), & 0<y<1 \\ 0, & 其他 \end{cases}$

可以看出,虽然二维随机变量(X,Y)的概率密度服从二维均匀分布,但是它的两个边缘概率密度$f_X(x)$和$f_Y(y)$都不再服从均匀分布了.

【例3.8】 设$D = \{(x,y)\mid 0<x<3, 0<y<1\}$是一矩形区域,向$D$上掷一随机点$(X,Y)$,求点$(X,Y)$落到圆$x^2 + y^2 < 4$内的概率.

解 由于矩形区域D的面积等于3,所以二维随机变量(X,Y)的概率密度为

$$f(x,y) = \begin{cases} \dfrac{1}{3}, & (x,y) \in D \\ 0, & (x,y) \notin D \end{cases}$$

令$G = \{(x,y) \mid x^2 + y^2 < 4\}$,则$D$与$G$的公共区域如图3.5阴影部分所示,则点$(X,Y)$落到$G$内的概率为

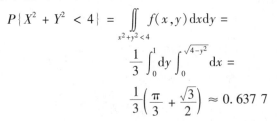

$$P\{X^2 + Y^2 < 4\} = \iint_{x^2+y^2<4} f(x,y)\mathrm{d}x\mathrm{d}y =$$

$$\frac{1}{3}\int_0^1 \mathrm{d}y \int_0^{\sqrt{4-y^2}} \mathrm{d}x =$$

$$\frac{1}{3}\left(\frac{\pi}{3} + \frac{\sqrt{3}}{2}\right) \approx 0.6377$$

图3.5

习题3.3

1. 已知二维随机变量(X,Y)的分布函数为

$$F(x,y) = \begin{cases} 1 - 3^{-x} - 3^{-y} + 3^{-x-y}, & x \geq 0, y \geq 0 \\ 0, & 其他 \end{cases}$$

则二维随机变量(X,Y)的概率密度为_____.

2. 已知二维连续型随机变量(X_1, Y_1)与(X_2, Y_2)的概率密度分别为$p(x,y)$和$g(x,y)$,令$f(x,y) = ap(x,y) + bg(x,y)$,要使函数$f(x,y)$是某个二维连续型随机变量的概率密度,则$a$,$b$应满足( ).

A. $a+b=1$ B. $a>0, b>0$ C. $0 \leq a \leq 1, 0 \leq b \leq 1$ D. $a \geq 0, b \geq 0, a+b=1$

3. 已知二维随机变量(X,Y)的概率密度为

$$f(x,y) = \begin{cases} 4xy, & 0<x<1, 0<y<1 \\ 0, & 其他 \end{cases}$$

求$P\{X>Y\}$及$P\{X=Y\}$.

4. 考虑半径为R的圆,在圆内随机地选择一点,并设此点位于圆内面积彼此相等的任一区域中是等可能的(即该点在圆内服从均匀分布),取圆心为坐标原点,X和Y表示所选点的坐

标,因点(X,Y)落在圆内每一点的附近是等可能的,故(X,Y)的概率密度为

$$f(x,y) = \begin{cases} C, & x^2 + y^2 < R^2 \\ 0, & \text{其他} \end{cases}$$

求(1)常数C;(2)边缘概率密度;(3)所选点到坐标原点的距离不大于$a(a \geq 0,$且为常数$)$的概率.

5. 设二维随机变量(X,Y)的分布函数为

$$F(x,y) = \begin{cases} x^2(1-e^{-y}), & 0 < x < 1, y > 0 \\ 1-e^{-y}, & x \geq 1, y > 0 \\ 0, & \text{其他} \end{cases}$$

求(X,Y)的概率密度$f(x,y)$.

6. 设二维随机变量(X,Y)的概率密度为

$$f(x,y) = \begin{cases} 4.8y(2-x), & 0 < x < 1, 0 < y < x \\ 0, & \text{其他} \end{cases}$$

求边缘概率密度.

3.4 二维随机变量的独立性

3.4.1 离散型随机变量的独立性

定义 3.9 已知二维离散型随机变量(X,Y),若(X,Y)的所有可能取值为$(x_i,y_j)(i=1,2,\cdots;j=1,2,\cdots)$且有

$$P\{X=x_i, Y=y_j\} = P\{X=x_i\}P\{Y=y_j\} \tag{3.14}$$

即

$$p_{ij} = p_{i\cdot}p_{\cdot j}, i=1,2,\cdots;j=1,2,\cdots \tag{3.15}$$

则称二维离散型随机变量(X,Y)的两个分量X与Y相互独立.

一般地,边缘概率分布不能决定二维随机变量的概率分布,但当X和Y相互独立时,(X,Y)的概率分布被它的两个边缘概率分布完全确定.

3.4.2 连续型随机变量的独立性

定义 3.10 已知二维连续型随机变量(X,Y),若(X,Y)的分布函数与边缘分布函数满足

$$F(x,y) = F_X(x)F_Y(y), (x,y) \in \mathbf{R}^2 \tag{3.16}$$

则称二维连续型随机变量(X,Y)的两个分量X与Y相互独立.

定理 3.1 二维连续型随机变量(X,Y)中两个分量X与Y相互独立的充分必要条件是,其概率密度$f(x,y)$在任意连续点(x,y)处都有

$$f(x,y) = f_X(x)f_Y(y) \tag{3.17}$$

【例 3.9】 一负责人到达办公室的时间均匀分布在 8～12 时,他的秘书到达办公室的时间均匀分布在 7～9 时,设他们两人到达的时间是相互独立的,求他们到达办公室的时间相差不超过 5 $\min\left(\dfrac{1}{12}\text{ h}\right)$的概率.

解 设随机变量 X 和 Y 分别表示负责人和他的秘书到达办公室的时间，X 和 Y 都服从均匀分布，则 X 和 Y 的概率密度分别为

$$f_X(x) = \begin{cases} \dfrac{1}{4}, & 8 < x < 12 \\ 0, & \text{其他} \end{cases}, f_Y(y) = \begin{cases} \dfrac{1}{2}, & 7 < y < 9 \\ 0, & \text{其他} \end{cases}$$

因为 X 与 Y 相互独立，故二维随机变量 (X,Y) 的概率密度为

$$f(x,y) = f_X(x)f_Y(y) = \begin{cases} \dfrac{1}{8}, & 8 < x < 12, 7 < y < 9 \\ 0, & \text{其他} \end{cases}$$

依题意要求概率 $P\{|X-Y| \leq \dfrac{1}{12}\}$. 绘出区域 $D_1 = \{(x,y) \mid |x-y| \leq \dfrac{1}{12}\}$，以及长方形区域 $D_2 = \{(x,y) \mid 8 < x < 12, 7 < y < 9\}$，它们的公共部分记为 G，如图 3.6 阴影部分所示.

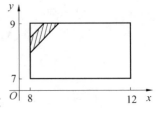

图 3.6

显然，仅当 (X,Y) 取值于 G 内，他们两人到达的时间相差才不超过 $\dfrac{1}{12}$ h. 因此，所求的概率为

$$P\{|X-Y| \leq \dfrac{1}{12}\} = \iint_G f(x,y)\mathrm{d}x\mathrm{d}y = \iint_G \dfrac{1}{8}\mathrm{d}x\mathrm{d}y = \dfrac{S_G}{8}$$

而

$$S_G = \dfrac{1}{2}\left(\dfrac{13}{12}\right)^2 - \dfrac{1}{2}\left(\dfrac{11}{12}\right)^2 = \dfrac{1}{6}$$

于是

$$P\{|X-Y| \leq \dfrac{1}{12}\} = \dfrac{1}{8} \times \dfrac{1}{6} = \dfrac{1}{48}$$

即负责人和他的秘书到达办公室的时间相差不超过 5 min 的概率为 $\dfrac{1}{48}$.

【例 3.10】 判断例 3.5 中二维连续型随机变量 (X,Y) 的分量 X 与 Y 是否相互独立.

解 由例 3.6 知

$$f_X(x) = \begin{cases} 2\mathrm{e}^{-2x}, & x > 0 \\ 0, & \text{其他} \end{cases}, f_Y(y) = \begin{cases} 3\mathrm{e}^{-3y}, & y > 0 \\ 0, & \text{其他} \end{cases}$$

容易验证

$$f(x,y) = f_X(x)f_Y(y)$$

即 X 与 Y 相互独立.

【例 3.11】 判断例 3.4 中二维随机变量 (X,Y) 的分量 X 与 Y 是否相互独立.

解 有放回抽样时容易验证

$$p_{ij} = p_{i\cdot}p_{\cdot j}, i=1,2; j=1,2$$

无放回抽样时

$$P\{i=1, j=1\} \neq P\{i=1\}P\{j=1\}$$

所以,有放回抽样时随机变量 X 与 Y 相互独立,无放回抽样时随机变量 X 与 Y 不相互独立.

由此可以看出,随机变量 X 与 Y 相互独立的直观意义就是随机变量 X 与 Y 的取值互不影响.

习题 3.4

1. 已知随机变量 X 与 Y 相互独立,下表列出二维随机变量 (X,Y) 的概率分布及其关于 X 和 Y 的边缘概率分布中的部分数值.

1 题表

X	Y			$p_{i\cdot}$
	y_1	y_2	y_3	
x_1	p_{11}	$\dfrac{1}{8}$	p_{13}	$p_{1\cdot}$
x_2	$\dfrac{1}{8}$	p_{22}	p_{23}	$p_{2\cdot}$
$p_{\cdot j}$	$\dfrac{1}{6}$	$p_{\cdot 2}$	$p_{\cdot 3}$	1

则 $p_{11} = $ _____;$p_{13} = $ _____;$p_{22} = $ _____;$p_{23} = $ _____;$p_{1\cdot} = $ _____;$p_{2\cdot} = $ _____;$p_{\cdot 2} = $ _____;$p_{\cdot 3} = $ _____.

2. (2013 年数学三) 设随机变量 X 与 Y 相互独立,且 X 与 Y 的概率分布分别为

2 题表 1

X	0	1	2	3
p_k	$\dfrac{1}{2}$	$\dfrac{1}{4}$	$\dfrac{1}{8}$	$\dfrac{1}{8}$

2 题表 2

Y	-1	0	1
p_k	$\dfrac{1}{3}$	$\dfrac{1}{3}$	$\dfrac{1}{3}$

则 $P\{X + Y = 2\} = ($ $)$

A. $\dfrac{1}{12}$ B. $\dfrac{1}{8}$ C. $\dfrac{1}{6}$ D. $\dfrac{1}{2}$

3. (2012 年数学一) 设随机变量 X 与 Y 相互独立,且分别服从参数为 1 与 4 的指数分布,则 $P\{X < Y\} = ($ $)$

A. $\dfrac{1}{5}$ B. $\dfrac{1}{3}$ C. $\dfrac{2}{5}$ D. $\dfrac{4}{5}$

4. 已知二维随机变量 (X,Y) 的概率分布见下表.

4 题表

X	Y		
	1	2	3
1	$\dfrac{1}{6}$	$\dfrac{1}{9}$	$\dfrac{1}{18}$
2	$\dfrac{1}{3}$	α	β

求(1)边缘概率分布;(2)α,β 取何值时,X 与 Y 相互独立?

5. 已知随机变量 X 和 Y 的概率分布分别见下表.

5 题表 1

X	-1	0	1
p_k	$\frac{1}{4}$	$\frac{1}{2}$	$\frac{1}{4}$

5 题表 2

Y	0	1
p_k	$\frac{1}{2}$	$\frac{1}{2}$

且 $P\{XY=0\}=1$.(1) 求 X 和 Y 的联合概率分布;(2) 判断 X 与 Y 是否相互独立?

6. 已知二维随机变量 (X,Y) 的概率密度为
$$f(x,y)=\begin{cases}8xy, & 0<y<1, 0<x<y\\0, & 其他\end{cases}$$
判断 X 与 Y 是否相互独立?

7. 已知二维随机变量 (X,Y) 的概率密度为
$$f(x,y)=\begin{cases}Ae^{-(2x+y)}, & x>0, y>0\\0, & 其他\end{cases}$$
(1) 求常数 A;(2) 求 (X,Y) 落在区域 $D:\{(x,y)|x>0,y>0,x+y<1\}$ 内的概率;(3) 判断 X 与 Y 是否相互独立?

8. 设平面区域 D 是由曲线 $y=x$ 及直线 $y=0, x=1, x=2$ 所围成,二维随机变量 (X,Y) 在区域 D 上服从均匀分布,求边缘概率密度.

9. 一台机器制造直径为 X(单位:cm) 的圆轴,另一台机器制造内径为 Y(单位:cm) 的轴衬,设二维随机变量 (X,Y) 的概率密度为
$$f(x,y)=\begin{cases}2\,500, & 0.49<x<0.51, 0.51<y<0.53\\0, & 其他\end{cases}$$
当轴衬的内径与轴的直径之差大于 0.004 且小于 0.036 时两者能配套使用.求轴与轴衬能配套使用的概率.

10. 设一学校某班级老师早晨到达教室的时间服从 7 时 45 分至 8 时时间段上的均匀分布,而某学生到达教室的时间服从 7 时 30 分至 8 时 15 分时间段上的均匀分布.设他们到达教室的时间相互独立,求老师和这名学生到达教室的时间差不超过 15 min 的概率.

3.5 二维随机变量的函数的分布

在第 2 章中已经讨论了一维随机变量的函数 $Y=g(X)$ 的分布问题,本节将讨论二维随机变量 (X,Y) 的函数 $Z=g(X,Y)$ 的分布.尽管随机变量 Z 是由两个随机变量生成的,但它仍是一维随机变量.现仅讨论 $Z=X+Y$ 的分布.

3.5.1 离散型随机变量的函数的分布

设二维离散型随机变量 (X,Y) 的概率分布为
$$P\{X=x_i, Y=y_j\}=p_{ij}, i=1,2,\cdots; j=1,2,\cdots$$
若随机变量 $Z=X+Y$,则 Z 的任一可能值 z_k 是 X 的可能值 x_i 和 Y 的可能值 y_j 的和.由概率的

加法公式,有
$$P\{Z = z_k\} = \sum_i \sum_j P\{X = x_i, Y = y_j\}$$
其中 $x_i + y_j = z_k$,则
$$P\{Z = z_k\} = \sum_i P\{X = x_i, Y = z_k - x_i\} \tag{3.18}$$
或
$$P\{Z = z_k\} = \sum_j P\{X = z_k - y_j, Y = y_j\} \tag{3.19}$$

【例 3.12】 设二维随机变量 (X, Y) 的概率分布见表 3.7.

表 3.7

X	Y		
	-1	0	1
0	0.2	0.1	0.2
1	0.3	0.1	0.1

求 $Z = X + Y$ 的概率分布.

解 由 X, Y 可能取的值知,Z 的可能值为 $-1, 0, 1, 2$,且
$$P\{Z = -1\} = P\{X = 0, Y = -1\} = 0.2$$
$$P\{Z = 0\} = P\{X = 0, Y = 0\} + P\{X = 1, Y = -1\} = 0.1 + 0.3 = 0.4$$
$$P\{Z = 1\} = P\{X = 0, Y = 1\} + P\{X = 1, Y = 0\} = 0.2 + 0.1 = 0.3$$
$$P\{Z = 2\} = P\{X = 1, Y = 1\} = 0.1$$

即 Z 的概率分布见表 3.8.

表 3.8

Z	-1	0	1	2
p_k	0.2	0.4	0.3	0.1

3.5.2 连续型随机变量的函数的分布

设二维连续型随机变量 (X, Y) 的概率密度为 $f(x, y)$,则 $Z = X + Y$ 的分布函数为
$$F_Z(z) = P\{Z \leq z\} = \iint_D f(x, y) \mathrm{d}x \mathrm{d}y$$

这里,积分区域 D 是位于直线 $z = x + y$ 左下方的半平面,如图 3.7 的阴影部分所示. 因此
$$F_Z(z) = \int_{-\infty}^{+\infty} \left[\int_{-\infty}^{z-y} f(x, y) \mathrm{d}x \right] \mathrm{d}y$$

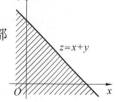

图 3.7

对积分 $\int_{-\infty}^{z-y} f(x, y) \mathrm{d}x$ 做变量代换,令 $x = u - y$,得
$$\int_{-\infty}^{z-y} f(x, y) \mathrm{d}x = \int_{-\infty}^{z} f(u - y, y) \mathrm{d}u$$

于是

$$F_Z(z) = \int_{-\infty}^{+\infty} \int_{-\infty}^{z} f(u-y, y) \mathrm{d}u \mathrm{d}y = \int_{-\infty}^{z} \left[\int_{-\infty}^{+\infty} f(u-y, y) \mathrm{d}y \right] \mathrm{d}u$$

上式两边对 z 求导,即得 Z 的概率密度为

$$f_Z(z) = \int_{-\infty}^{+\infty} f(z-y, y) \mathrm{d}y \tag{3.20}$$

由 X, Y 的对称性,$f_Z(z)$ 也可写成

$$f_Z(z) = \int_{-\infty}^{+\infty} f(x, z-x) \mathrm{d}x \tag{3.21}$$

特别地,当 X 与 Y 相互独立时,有

$$f_Z(z) = \int_{-\infty}^{+\infty} f_X(z-y) f_Y(y) \mathrm{d}y \tag{3.22}$$

或

$$f_Z(z) = \int_{-\infty}^{+\infty} f_X(x) f_Y(z-x) \mathrm{d}x \tag{3.23}$$

式(3.22)或式(3.23)称为**卷积公式**.

【例3.13】 设 X 和 Y 是两个相互独立的随机变量,它们都服从标准正态分布 $N(0,1)$,其概率密度分别为

$$f_X(x) = \frac{1}{\sqrt{2\pi}} \mathrm{e}^{-\frac{x^2}{2}}, \quad -\infty < x < +\infty$$

$$f_Y(y) = \frac{1}{\sqrt{2\pi}} \mathrm{e}^{-\frac{y^2}{2}}, \quad -\infty < y < +\infty$$

求 $Z = X + Y$ 的概率密度.

解 由式(3.23)得

$$f_Z(z) = \int_{-\infty}^{+\infty} f_X(x) f_Y(z-x) \mathrm{d}x = \frac{1}{2\pi} \int_{-\infty}^{+\infty} \mathrm{e}^{-\frac{x^2}{2}} \mathrm{e}^{-\frac{(z-x)^2}{2}} \mathrm{d}x =$$

$$\frac{1}{2\pi} \mathrm{e}^{-\frac{z^2}{4}} \int_{-\infty}^{+\infty} \mathrm{e}^{-(x-\frac{z}{2})^2} \mathrm{d}x$$

令 $t = x - \frac{z}{2}$,得

$$f_Z(z) = \frac{1}{2\pi} \mathrm{e}^{-\frac{z^2}{4}} \int_{-\infty}^{+\infty} \mathrm{e}^{-t^2} \mathrm{d}t = \frac{1}{2\sqrt{\pi}} \mathrm{e}^{-\frac{z^2}{4}}, \quad -\infty < z < +\infty$$

即 Z 服从 $N(0,2)$.

事实上可以证明,有限个相互独立的服从正态分布的随机变量的线性组合仍然服从正态分布.

【例3.14】 设随机变量 X 与 Y 相互独立,其概率密度分别为

$$f_X(x) = \begin{cases} 1, & 0 < x < 1 \\ 0, & \text{其他} \end{cases}, \quad f_Y(y) = \begin{cases} \mathrm{e}^{-y}, & y > 0 \\ 0, & \text{其他} \end{cases}$$

求 $Z = X + Y$ 的概率密度.

解 利用式(3.23)有

$$f_Z(z) = \int_{-\infty}^{+\infty} f_X(x) f_Y(z-x) \mathrm{d}x$$

由已知得,仅当
$$\begin{cases} 0 < x < 1 \\ z - x > 0 \end{cases}$$
即
$$\begin{cases} 0 < x < 1 \\ x < z \end{cases}$$
时,上述积分的被积函数才不等于零,则
$$f_Z(z) = \begin{cases} \int_0^z f_X(x) f_Y(z-x) \mathrm{d}x = \int_0^z \mathrm{e}^{-(z-x)} \mathrm{d}x, & 0 < z < 1 \\ \int_0^1 f_X(x) f_Y(z-x) \mathrm{d}x = \int_0^1 \mathrm{e}^{-(z-x)} \mathrm{d}x, & z \geqslant 1 \\ 0, & 其他 \end{cases}$$
整理得
$$f_Z(z) = \begin{cases} 1 - \mathrm{e}^{-z}, & 0 < z < 1 \\ (\mathrm{e}-1)\mathrm{e}^{-z}, & z \geqslant 1 \\ 0, & 其他 \end{cases}$$

习题 3.5

1. 已知二维随机变量 (X,Y) 的概率分布见下表.

1 题表

X	Y		
	-1	0	1
-1	0.10	0.15	0.25
0	0.20	0.15	0.15

求 (1) (X,Y) 关于 X 的边缘概率分布;(2) $X+Y$ 的概率分布.

2. 设随机变量 X 和 Y 分别表示甲、乙两个元件的使用寿命(单位:h),其概率密度分别为
$$f_X(x) = \begin{cases} \mathrm{e}^{-x}, & x > 0 \\ 0, & 其他 \end{cases}, f_Y(y) = \begin{cases} 2\mathrm{e}^{-2y}, & y > 0 \\ 0, & 其他 \end{cases}$$
且 X 与 Y 相互独立,若两个元件同时开始使用,求甲比乙先坏的概率.

3. 设随机变量 X 与 Y 相互独立,且 X 与 Y 的概率分布相同, X 的概率分布见下表.

3 题表

X	0	1	2
p_k	$\dfrac{1}{6}$	$\dfrac{1}{3}$	$\dfrac{1}{2}$

求随机变量 $Z = X + Y$ 的概率分布.

4. 设随机变量 X 与 Y 相互独立,其概率密度分别为

$$f_X(x)=\begin{cases}\dfrac{1}{2}\mathrm{e}^{-\frac{x}{2}},& x>0\\ 0,& \text{其他}\end{cases},\quad f_Y(y)=\begin{cases}\dfrac{1}{3}\mathrm{e}^{-\frac{y}{3}},& y>0\\ 0,& \text{其他}\end{cases}$$

求随机变量 $Z = X + Y$ 的概率密度.

3.6 经济应用实例:这样找庄家公平吗?

某找"庄家"游戏的做法是,随便哪一位掷两颗质地均匀的骰子,观察出点数之和. 若点数之和为 5 点或 9 点,则掷骰子本人为"庄家";若点数之和为 2 点或 6 点或 10 点,则掷骰子者的下一家为"庄家";若点数之和为 3 点或 7 点或 11 点,则掷骰子者对家为"庄家";若点数之和为 4 点或 8 点或 12 点,则掷骰子者的上一家为"庄家". 这种方法已成为一种习惯,可这样找"庄家"是否公平呢? 也就是说,这 4 个人"坐庄家"的机会是否相等呢? 回答是:不公平! 如果以 X 和 Y 分别表示第一颗骰子和第二颗骰子出现的点数,则 X 与 Y 相互独立,且 (X,Y) 的概率分布见表3.9.

表 3.9

X	Y					
	1	2	3	4	5	6
1	$\dfrac{1}{36}$	$\dfrac{1}{36}$	$\dfrac{1}{36}$	$\dfrac{1}{36}$	$\dfrac{1}{36}$	$\dfrac{1}{36}$
2	$\dfrac{1}{36}$	$\dfrac{1}{36}$	$\dfrac{1}{36}$	$\dfrac{1}{36}$	$\dfrac{1}{36}$	$\dfrac{1}{36}$
3	$\dfrac{1}{36}$	$\dfrac{1}{36}$	$\dfrac{1}{36}$	$\dfrac{1}{36}$	$\dfrac{1}{36}$	$\dfrac{1}{36}$
4	$\dfrac{1}{36}$	$\dfrac{1}{36}$	$\dfrac{1}{36}$	$\dfrac{1}{36}$	$\dfrac{1}{36}$	$\dfrac{1}{36}$
5	$\dfrac{1}{36}$	$\dfrac{1}{36}$	$\dfrac{1}{36}$	$\dfrac{1}{36}$	$\dfrac{1}{36}$	$\dfrac{1}{36}$
6	$\dfrac{1}{36}$	$\dfrac{1}{36}$	$\dfrac{1}{36}$	$\dfrac{1}{36}$	$\dfrac{1}{36}$	$\dfrac{1}{36}$

记 $Z = X + Y$,那么 Z 的概率分布见表 3.10.

表 3.10

Z	2	3	4	5	6	7	8	9	10	11	12
p_k	$\dfrac{1}{36}$	$\dfrac{2}{36}$	$\dfrac{3}{36}$	$\dfrac{4}{36}$	$\dfrac{5}{36}$	$\dfrac{6}{36}$	$\dfrac{5}{36}$	$\dfrac{4}{36}$	$\dfrac{3}{36}$	$\dfrac{2}{36}$	$\dfrac{1}{36}$

那么,如果是坐"北"的一家掷骰子,则 4 家是"坐庄家"的概率如下.

"北家": $P\{Z=5\} + P\{Z=9\} = \dfrac{8}{36}$;

"西家": $P\{Z=2\} + P\{Z=6\} + P\{Z=10\} = \dfrac{9}{36}$;

"南家": $P\{Z=3\} + P\{Z=7\} + P\{Z=11\} = \dfrac{10}{36}$；

"东家": $P\{Z=4\} + P\{Z=8\} + P\{Z=12\} = \dfrac{9}{36}$.

由此可见,4家坐庄家的机会不相等. 至于用什么方法找"庄家"最公平,方法应该是有的,如果这4家分别为2点,5点,9点;7点,10点;3点,6点,11点;4点,8点,12点时坐庄家,则机会均等,均为1/4. 当然,还有其他找"庄家"的方法,此处不赘述.

知识结构思维导图

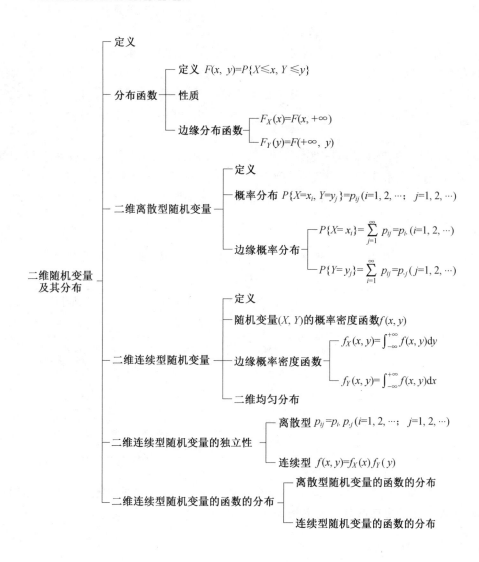

延伸阅读：蒙特卡洛方法 —— 浦丰试验

在用传统方法难以解决的问题中，有很大一部分可以用概率模型进行描述。由于这类模型含有不确定的随机因素，分析起来通常比确定性的模型困难。有的模型难以做定量分析，得不到解析的结果，或者是虽有解析结果，但计算代价太大以至于不能使用。在这种情况下，可以考虑采用蒙特卡洛方法。

蒙特卡洛方法是计算机模拟的基础，它的名字来源于世界著名的赌城 —— 摩纳哥的蒙特卡洛，蒙特卡洛方法是在第二次世界大战期间随着计算机的诞生而兴起和发展起来的。这种方法在应用物理、原子能、固体物理、化学、生态学、社会学以及经济行为等领域中得到广泛利用。其历史起源于1777年法国科学家浦丰提出的一种计算圆周率 π 的方法 —— 随机投针法，即著名的浦丰投针问题。蒙特卡洛方法的基本思想是首先建立一个概率模型，使所求问题的解正好是该模型的参数或其他有关的特征量。然后通过模拟 - 统计试验，即多次随机抽样试验（确定 m 和 n），统计出某事件发生的百分比。只要试验次数很大，该百分比便近似于事件发生的概率，这实际上就是概率的统计定义。利用建立的概率模型，求出要估计的参数，蒙特卡洛方法属于试验数学的范畴。

下面通过浦丰试验来了解蒙特卡洛方法的基本思想。18 世纪，法国数学家浦丰和勒可莱尔提出的"投针问题"，记载于浦丰1777年出版的著作中："在平面上画有一组间距为 a 的平行线，将一根长度为 $l(l<a)$ 的针任意掷在这个平面上，求此针与平行线中任一条相交的概率。"浦丰本人证明了，这个概率是 $p=\dfrac{2l}{a\pi}$，π 为圆周率。利用这个公式可以得到圆周率的近似值。1850—1925 年期间，多位科学家通过此试验，得到圆周率的估计值，结果见表 3.11。

表 3.11

试验者	时间	投掷次数	相交次数	圆周率估计值
Wolf	1850 年	5 000	2 532	3.159 6
Smith	1855 年	3 204	1 218.5	3.155 4
C. De Morgan	1860 年	600	382.5	3.137
Fox	1884 年	1 030	489	3.159 5
Lazzerini	1901 年	3 408	1 808	3.141 592 9
Reina	1925 年	2 520	859	3.179 5

浦丰投针试验是第一个用几何形式表达概率问题的例子，他首次使用随机试验处理确定性数学问题，为概率论的发展起到一定的推动作用。

建模直通车:连续型随机变量的函数的分布在物理学中的应用

研究热现象微观理论的关键方法是统计方法,通过统计方法可建立系统状态的宏观量与相应的微观量之间的联系,而统计理论中最基础的理论是概率论,它是学习热力学时首先要掌握的.

任何宏观物理系统的温度都是组成该系统的分子和原子运动的结果,对一个由气体构成的系统而言,气体分子的热运动是无序的,分子之间以及分子与容器内壁的随机碰撞,使单个分子的运动速度的大小和方向不断地发生随机变化,这完全是偶然的. 但就大量分子的整体而言,这种无序热运动却是有统计规律可循的,在平衡状态下,分子在各个方向上运动的机会是均等的,分子按速度有确定的分布规律,处于一个特定的速度范围的粒子所占的比例几乎不变. 这个规律也叫麦克斯韦速度分布律.

1859 年,麦克斯韦首先用概率的方法获得气体分子速度的分布规律,然后由玻尔兹曼通过碰撞理论将其严格推导出.

连续型随机变量的函数的分布在物理学中的应用详解

第 3 章总复习题

一、填空题

1. 设二维离散型随机变量 (X, Y) 的概率分布见下表.

1 题表

X	Y		
	1	2	3
1	$\frac{1}{3}$	$\frac{a}{6}$	$\frac{1}{4}$
2	0	$\frac{1}{4}$	a^2

则 $a = $ _____.

2. 设随机变量 X_1 与 X_2 服从相同分布,且概率分布见下表.

2 题表

X_1	-1	0	1
p_k	$\frac{1}{4}$	$\frac{1}{2}$	$\frac{1}{4}$

又知 $P\{X_1X_2 = 0\} = 1$，则 $P\{X_1 = X_2\} = $ _____．

3. 设随机变量 X 与 Y 相互独立，且 $X \sim U(0,1)$，$Y \sim U(0,2)$，则 $P\{X < Y\} = $ _____．

4. 设随机变量 X 与 Y 相互独立，且均服从区间 $(0,1)$ 上的均匀分布，则 $P\{X^2 + Y^2 \leq 1\} = $ _____．

5. 设随机变量 (X,Y) 的概率密度为 $f(x,y) = \begin{cases} 6x, & 0 \leq x \leq y \leq 1 \\ 0, & \text{其他} \end{cases}$，则 $P\{X + Y \leq 1\} = $ _____．

二、选择题

1. 设随机变量 (X,Y) 的分布函数为 $F(x,y)$，其边缘分布函数为 $F_X(x)$ 和 $F_Y(y)$，则概率 $P\{X > 1, Y > 1\}$ 为（　　）．

A. $1 - F_X(x) - F_Y(y)$　　　　　　B. $1 - F(1,1)$

C. $F(1,1) - F_X(1) - F_Y(1) + 1$　　D. $F(1,1) + F_X(1) + F_Y(1) - 1$

2. 设随机变量 X 与 Y 相互独立，其概率分布分别见下表．

2 题表 1

X	1	2
p_k	0.4	0.6

2 题表 2

Y	1	2
p_k	0.4	0.6

则有（　　）．

A. $P\{X = Y\} = 0$　B. $P\{X = Y\} = 0.5$　C. $P\{X = Y\} = 0.52$　D. $P\{X = Y\} = 1$

3. 设随机变量 X 与 Y 相互独立，$P\{X = 1\} = P\{Y = 1\} = \frac{1}{2}$，$P\{X = -1\} = P\{Y = -1\} = \frac{1}{2}$，则 $P\{XY = 1\} = $（　　）．

A. $\frac{1}{2}$　　　　B. $\frac{1}{3}$　　　　C. $\frac{2}{3}$　　　　D. $\frac{1}{4}$

4. 设随机变量 X 与 Y 相互独立且同分布，$P\{X = -1\} = P\{X = 1\} = \frac{1}{2}$，则下列各式中成立的是（　　）．

A. $P\{X = Y\} = \frac{1}{2}$　B. $P\{X = Y\} = 1$　C. $P\{X + Y = 0\} = \frac{1}{4}$　D. $P\{XY = 1\} = \frac{1}{4}$

5. 设随机变量 X 与 Y 相互独立，且均服从 $B\left(1, \frac{1}{2}\right)$，则 $P\{X = Y\} = $（　　）．

A. 0　　　　B. $\frac{1}{4}$　　　　C. $\frac{1}{2}$　　　　D. 1

三、计算题

1. 设二维随机变量 (X,Y) 的分布函数为

$$F(x,y) = A\left(B + \arctan \frac{x}{2}\right)\left(C + \arctan \frac{y}{2}\right), x,y \in (-\infty, +\infty)$$

求（1）常数 A, B, C；（2）(X,Y) 关于 X, Y 的边缘分布函数.

2. 为分析一个年级的成绩分布情况，定义随机变量

$$X = \begin{cases} 1, 数学成绩为优秀 \\ 0, 数学成绩不为优秀 \end{cases}, Y = \begin{cases} 1, 英语成绩为优秀 \\ 0, 英语成绩不为优秀 \end{cases}$$

已知数学成绩优秀的占 20%，英语成绩优秀的占 10%，都优秀的占 8%，求 (X,Y) 的概率分布及其关于 X, Y 的边缘概率分布.

3. 设二维随机变量 (X,Y) 的概率密度为 $f(x,y) = \begin{cases} 4xy, & 0 \leq x \leq 1, 0 \leq y \leq 1 \\ 0, & 其他 \end{cases}$，求 $P\{X < Y\}$.

4. 设二维连续型随机变量 (X,Y) 的分布函数为

$$F(x,y) = \begin{cases} (1 - e^{-3x})(1 - e^{-5y}), & x \geq 0, y \geq 0 \\ 0, & 其他 \end{cases}$$

求 (X,Y) 的概率密度 $f(x,y)$.

5. 设二维随机变量 (X,Y) 的概率密度为

$$f(x,y) = \begin{cases} 1, & 0 < x < 1, 0 < y < 2x \\ 0, & 其他 \end{cases}$$

求边缘概率密度函数.

6. 设随机变量 X 与 Y 均服从区间 $(0,1)$ 上的均匀分布且相互独立，写出二维随机变量 (X,Y) 关于随机变量 X, Y 的边缘概率密度及 (X,Y) 的概率密度.

7. 设二维随机变量 (X,Y) 的概率密度为 $f(x,y) = \begin{cases} Axy^2, & 0 < x < 1, 0 < y < 1 \\ 0, & 其他 \end{cases}$，

（1）求常数 A；（2）证明 X 与 Y 相互独立.

8. 设随机变量 X 与 Y 相互独立，其概率分布分别见下表.

8题表1

X	1	2
p_k	0.4	0.6

8题表2

Y	1	2
p_k	0.4	0.6

求 $Z = X + Y$ 的概率分布.

9. 设二维离散型随机变量 (X,Y) 的概率分布见下表.

9题表

X	Y		
	-1	0	1
0	0.1	0.2	0
1	0.3	0.05	0.1
2	0.15	0	0.1

求 $Z = X^2 + Y^2$ 的概率分布.

10. 设二维随机变量 (X,Y) 的概率密度为
$$f(x,y) = \begin{cases} 2 - x - y, & 0 < x < 1, 0 < y < 1 \\ 0, & 其他 \end{cases}$$
求随机变量 $Z = X + Y$ 的概率密度.

Chapter 4

随机变量的数字特征

> **学习目标和要求**
>
> (1) 理解数学期望的概念,了解随机变量的数学期望的应用意义,掌握数学期望的性质和计算方法,会计算随机变量及随机变量函数的数学期望.
>
> (2) 理解方差的概念,了解随机变量的方差的应用意义,掌握方差的性质和计算方法,会计算随机变量及随机变量函数的方差.
>
> (3) 理解几种重要的随机变量的数学期望和方差的推导过程,熟记这些随机变量的数学期望和方差.
>
> (4) 了解协方差和相关系数的概念,理解它们的应用意义,会进行简单计算.

前面已经讨论了随机变量的分布函数,是对随机变量概率特征的一种完整的描述,但在一些实际问题中,随机变量的分布函数并不容易取得. 另外,可能不需要全面地去考察一个随机变量,而只需知道它的某些特征的综合指标. 况且,在许多情况下,综合指标可能比分布更集中,更明显地反映随机变量的某些性质或特征. 例如,棉花纤维的长度是棉花质量的一个很重要指标,在检验一批棉花质量时,关心的是该批棉花纤维的平均长度及纤维长度对平均长度的偏离情况. 显然,平均长度长、偏离程度小的棉花质量好. 诸如平均数、偏离平均数的程度等与随机变量有关的指标,虽然不能完整地描述随机变量,但能显示它在某些方面的重要特征. 这些都是随机变量常用的数字特征,这些数字特征在理论和实践上都具有十分重要的意义. 本章将介绍随机变量的常用数字特征:数学期望、方差、协方差和相关系数.

4.1 数学期望

4.1.1 离散型随机变量的数学期望

求 n 个数 $x_1, x_2, \cdots, x_n$ 的算术平均值可用 $\bar{x} = \frac{1}{n}\sum_{i=1}^{n}x_i$,但是,对于一个随机变量 X,若取可列无限多个值,则无法用简单的方法来确定这样的常数,即使 X 只能取有限个值. 例如,$P\{X=4\}=0.7, P\{X=6\}=0.3$,但 4 和 6 的平均值 5 并不能真实地体现出 X 取值的平均水平. 这是由 X 取 4 与取 6 的概率不相同所导致的,概率大的出现的可能性大,在计算中占的"权重"也应该大. 因此要真正体现 X 取值的平均,不仅看它的取值,还应考虑到它取不同值的概率大小.

定义 4.1 设离散型随机变量 X 的概率分布为

$$P\{X = x_k\} = p_k, k = 1, 2, \cdots$$

若级数 $\sum_{k=1}^{\infty} x_k p_k$ 绝对收敛,则称级数 $\sum_{k=1}^{\infty} x_k p_k$ 为随机变量 X 的数学期望,简称期望,记为 $E(X)$,即

$$E(X) = \sum_{k=1}^{\infty} x_k p_k \tag{4.1}$$

如果级数 $\sum_{k=1}^{\infty} x_k p_k$ 不绝对收敛,则称 X 的数学期望不存在.

定义中的"绝对收敛"这一条件,是为了保证 $E(X)$ 的值不因求和的次序改变而改变,期望式(4.1)实际上是随机变量 X 的取值以概率为权重的加权平均,其物理的解释为:具有单位质量的一根金属细棒,其质量散布在坐标为 $x_1, x_2, \cdots$ 的质点 $M_1, M_2, \cdots$ 上,其中质点 M_k 有质量 p_k,且 $\sum_{k=1}^{\infty} p_k = 1$,则金属细棒的重心位置是 $\sum_{k=1}^{\infty} x_k p_k$,因此用期望刻画分布的重心位置是合理的.

【例 4.1】 设随机变量 X 服从参数为 p 的 $(0-1)$ 分布,求 $E(X)$.

解 X 的概率分布见表 4.1.

表 4.1

X	0	1
p_k	$1-p$	p

则 X 的数学期望为

$$E(X) = 0 \times (1-p) + 1 \times p = p$$

【例 4.2】 设随机变量 X 服从参数为 λ 的泊松分布,即 $X \sim P(\lambda)$,求 $E(X)$.

解 X 的概率分布为

$$P\{X = k\} = \frac{\lambda^k}{k!}e^{-\lambda}, k = 0, 1, 2, \cdots$$

则 X 的数学期望为

$$E(X) = \sum_{k=0}^{\infty} k \cdot \frac{\lambda^k}{k!} e^{-\lambda} = \lambda e^{-\lambda} \sum_{k=1}^{\infty} \frac{\lambda^{k-1}}{(k-1)!} = \lambda e^{-\lambda} e^{\lambda} = \lambda$$

【例 4.3】 两种种子各播种 100 亩地(1 亩 ≈ 667 m^2),调查其收获量见表 4.2.

表 4.2

亩产量/kg	290 ~ 310	310 ~ 330	330 ~ 350	350 ~ 370	总计
种子甲亩数	12	38	40	10	100
种子乙亩数	23	24	30	23	100

分别求它们产量的平均值,并比较两种种子哪个产量的平均值较高(计算时以组中中间值为代表).

解 设随机变量 X,Y 分别表示种子甲、乙的产量,则

$$E(X) = \frac{300 \times 12 + 320 \times 38 + 340 \times 40 + 360 \times 10}{100} = 329.6$$

$$E(Y) = \frac{300 \times 23 + 320 \times 24 + 340 \times 30 + 360 \times 23}{100} = 330.6$$

可见,种子乙产量的平均值较高.

4.1.2 连续型随机变量的数学期望

定义 4.2 设连续型随机变量 X 的概率密度为 $f(x)(-\infty < x < +\infty)$,若广义积分

$$\int_{-\infty}^{+\infty} x f(x) \mathrm{d}x$$

绝对收敛,则称积分 $\int_{-\infty}^{+\infty} x f(x) \mathrm{d}x$ 的值为随机变量 X 的数学期望,简称期望,记为 $E(X)$,即

$$E(X) = \int_{-\infty}^{+\infty} x f(x) \mathrm{d}x \tag{4.2}$$

【例 4.4】 设随机变量 X 服从区间 (a,b) 上的均匀分布,即 $X \sim U(a,b)$,求 $E(X)$.

解 X 的概率密度为

$$f(x) = \begin{cases} \dfrac{1}{b-a}, & a < x < b \\ 0, & \text{其他} \end{cases}$$

则 X 的数学期望为

$$E(X) = \int_{-\infty}^{+\infty} x f(x) \mathrm{d}x = \int_a^b \frac{x}{b-a} \mathrm{d}x = \frac{x^2}{2(b-a)} \bigg|_a^b = \frac{a+b}{2}$$

【例 4.5】 设随机变量 X 服从参数为 λ 的指数分布,即 $X \sim E(\lambda)$,求 $E(X)$.

解 X 的概率密度为

$$f(x) = \begin{cases} \lambda e^{-\lambda x}, & x > 0 \\ 0, & x \leq 0 \end{cases}$$

则 X 的数学期望为

$$E(X) = \int_{-\infty}^{+\infty} x f(x) \mathrm{d}x = \int_0^{+\infty} \lambda x e^{-\lambda x} \mathrm{d}x = \frac{1}{\lambda}$$

【例4.6】 设随机变量 X 服从参数为 μ,σ 的正态分布,即 $X \sim N(\mu,\sigma^2)$,求 $E(X)$.

解 X 的概率密度为
$$f(x) = \frac{1}{\sqrt{2\pi}\sigma}e^{-\frac{(x-\mu)^2}{2\sigma^2}}, \quad -\infty < x < +\infty$$

则 X 的数学期望为
$$E(X) = \int_{-\infty}^{+\infty} xf(x)\mathrm{d}x = \int_{-\infty}^{+\infty} \frac{x}{\sqrt{2\pi}\sigma}e^{-\frac{(x-\mu)^2}{2\sigma^2}}\mathrm{d}x$$

令 $t = \dfrac{x-\mu}{\sigma}$,则 $x = \mu + \sigma t, \mathrm{d}x = \sigma\mathrm{d}t$,则
$$E(X) = \int_{-\infty}^{+\infty} \frac{\mu+\sigma t}{\sqrt{2\pi}}e^{-\frac{t^2}{2}}\mathrm{d}t = \frac{\mu}{\sqrt{2\pi}}\int_{-\infty}^{+\infty} e^{-\frac{t^2}{2}}\mathrm{d}t + \frac{\sigma}{\sqrt{2\pi}}\int_{-\infty}^{+\infty} te^{-\frac{t^2}{2}}\mathrm{d}t =$$
$$\frac{\mu}{\sqrt{2\pi}}\int_{-\infty}^{+\infty} e^{-\frac{t^2}{2}}\mathrm{d}t + 0\left(\text{其中}\int_{-\infty}^{+\infty} e^{-\frac{x^2}{2}}\mathrm{d}x = \sqrt{2\pi}\right) = \mu$$

【例4.7】 设随机变量 $X \sim f(x)$,其中
$$f(x) = \begin{cases} ax+b, & 0<x<1 \\ 0, & \text{其他} \end{cases}$$

且 $E(X) = \dfrac{7}{12}$,求 a 和 b 的值.

解 由式(2.8)和式(4.2),有
$$\int_{-\infty}^{+\infty} f(x)\mathrm{d}x = \int_0^1 (ax+b)\mathrm{d}x = \frac{a}{2} + b = 1$$
$$E(X) = \int_{-\infty}^{+\infty} xf(x)\mathrm{d}x = \int_0^1 x(ax+b)\mathrm{d}x = \frac{a}{3} + \frac{b}{2} = \frac{7}{12}$$

则有
$$\begin{cases} a+2b = 2 \\ 4a+6b = 7 \end{cases}$$

解得
$$a = 1, b = \frac{1}{2}$$

4.1.3 随机变量的函数的数学期望

对于随机变量 X 的函数 $Y = g(X)$,也可以由 X 的分布直接计算 $g(X)$ 的期望.

定理4.1 设离散型随机变量 X 的概率分布为
$$P\{X = x_k\} = p_k, k = 1,2,\cdots$$
$g(x)$ 是实值连续函数,且级数 $\sum_{k=1}^{\infty} g(x_k)p_k$ 绝对收敛,则随机变量函数 $Y = g(X)$ 的数学期望为
$$E(Y) = E[g(X)] = \sum_{k=1}^{\infty} g(x_k)p_k \tag{4.3}$$

定理4.2 设连续型随机变量 X 的概率密度为 $f(x)$,$g(x)$ 是实值连续函数,且广义积分

$\int_{-\infty}^{+\infty} g(x)f(x)\mathrm{d}x$ 绝对收敛,则随机变量函数 $Y = g(X)$ 的数学期望为

$$E(Y) = E[g(X)] = \int_{-\infty}^{+\infty} g(x)f(x)\mathrm{d}x \qquad (4.4)$$

【例 4.8】 设离散型随机变量 X 的概率分布见表 4.3.

表 4.3

X	-1	0	2	3
p_k	$\dfrac{1}{8}$	$\dfrac{1}{4}$	$\dfrac{3}{8}$	$\dfrac{1}{4}$

求 $E(X^2)$, $E(-2X+1)$.

解法 1 X^2 的概率分布见表 4.4.

表 4.4

X^2	1	0	4	9
p_k	$\dfrac{1}{8}$	$\dfrac{1}{4}$	$\dfrac{3}{8}$	$\dfrac{1}{4}$

$-2X+1$ 的概率分布见表 4.5.

表 4.5

$-2X+1$	3	1	-3	-5
p_k	$\dfrac{1}{8}$	$\dfrac{1}{4}$	$\dfrac{3}{8}$	$\dfrac{1}{4}$

则

$$E(X^2) = 1 \times \frac{1}{8} + 0 \times \frac{1}{4} + 4 \times \frac{3}{8} + 9 \times \frac{1}{4} = \frac{31}{8}$$

$$E(-2X+1) = 3 \times \frac{1}{8} + 1 \times \frac{1}{4} + (-3) \times \frac{3}{8} + (-5) \times \frac{1}{4} = -\frac{7}{4}$$

解法 2 由式(4.3)有

$$E(X^2) = (-1)^2 \times \frac{1}{8} + 0^2 \times \frac{1}{4} + 2^2 \times \frac{3}{8} + 3^2 \times \frac{1}{4} = \frac{31}{8}$$

$$E(-2X+1) = [(-2) \times (-1) + 1] \times \frac{1}{8} + [(-2) \times 0 + 1] \times \frac{1}{4} +$$

$$[(-2) \times 2 + 1] \times \frac{3}{8} + [(-2) \times 3 + 1] \times \frac{1}{4} = -\frac{7}{4}$$

【例 4.9】 设随机变量 $X \sim U(a,b)$,求 $E(X^2)$.

解 由式(4.4)有

$$E(X^2) = \int_{-\infty}^{+\infty} x^2 f(x)\mathrm{d}x = \int_a^b \frac{x^2}{b-a}\mathrm{d}x = \frac{x^3}{3(b-a)}\bigg|_a^b = \frac{a^2 + ab + b^2}{3}$$

【例 4.10】 假定国际市场对我国某种出口商品的需求量 X(单位:t)是随机变量,且 $X \sim U(2\,000,4\,000)$,若该商品每售出 1 t,可获利 3 万美元,但若销售不出去则积压于库,而且

每吨需支付保管费 1 万美元. 问如何计划年出口量,才能使获利最多?

解　X 表示"国际市场的需求量",且 $X \sim U(2\,000, 4\,000)$,其概率密度为

$$f(x) = \begin{cases} \dfrac{1}{2\,000}, & 2\,000 < x < 4\,000 \\ 0, & \text{其他} \end{cases}$$

设计划年出口量为 a t$(2\,000 < a < 4\,000)$,年创利额为 Y 万美元,则

$$Y = g(X) = \begin{cases} 3a, & X \geq a \\ 3X - (a - X), & X < a \end{cases}$$

$$E(Y) = \int_{-\infty}^{+\infty} g(x)f(x)\,dx = \frac{1}{2\,000}\int_{2\,000}^{4\,000} g(x)\,dx = \frac{1}{2\,000}\left[\int_{2\,000}^{a}(4x-a)\,dx + \int_{a}^{4\,000} 3a\,dx\right] =$$

$$\frac{-a^2 + 7\,000a - 4\,000\,000}{1\,000}$$

可见,$E(Y)$ 是 a 的一元二次函数,令

$$[E(Y)]' = \left(\frac{-a^2 + 7\,000a - 4\,000\,000}{1\,000}\right)' = 0$$

即

$$-2a + 7\,000 = 0$$

得

$$a = 3\,500$$

则当 $a = 3\,500$ 时,$E(Y)$ 最大. 因此计划年出口量为 3 500 t 为最佳决策.

4.1.4　二维随机变量的数学期望

对于二维随机变量,定义它的数学期望为

$$E(X, Y) = [E(X), E(Y)]$$

定义 4.3　设二维离散型随机变量 (X, Y) 的概率分布为

$$P\{X = x_i, Y = y_j\} = p_{ij}, i = 1, 2, \cdots; j = 1, 2, \cdots$$

则

$$\begin{cases} E(X) = \sum_{i=1}^{\infty} x_i p_{i\cdot} = \sum_{i=1}^{\infty}\sum_{j=1}^{\infty} x_i p_{ij} \\ E(Y) = \sum_{j=1}^{\infty} y_j p_{\cdot j} = \sum_{i=1}^{\infty}\sum_{j=1}^{\infty} y_j p_{ij} \end{cases} \quad (4.5)$$

定义 4.4　设二维连续型随机变量 (X, Y) 的概率密度为 $f(x, y)$,则

$$\begin{cases} E(X) = \int_{-\infty}^{+\infty} x f_X(x)\,dx = \int_{-\infty}^{+\infty}\int_{-\infty}^{+\infty} x f(x, y)\,dxdy \\ E(Y) = \int_{-\infty}^{+\infty} y f_Y(y)\,dy = \int_{-\infty}^{+\infty}\int_{-\infty}^{+\infty} y f(x, y)\,dxdy \end{cases} \quad (4.6)$$

定理 4.3　设二维离散型随机变量 (X, Y) 的概率分布为

$$P\{X = x_i, Y = y_j\} = p_{ij}, i = 1, 2, \cdots; j = 1, 2, \cdots$$

$g(x, y)$ 是实值连续函数,且级数 $\sum_{i=1}^{\infty}\sum_{j=1}^{\infty} g(x_i, y_j) p_{ij}$ 绝对收敛,则随机变量函数 $g(X, Y)$ 的数学

期望为

$$E[g(X,Y)] = \sum_{i=1}^{\infty}\sum_{j=1}^{\infty} g(x_i, y_j) p_{ij} \tag{4.7}$$

定理 4.4 设二维连续型随机变量 (X,Y) 的概率密度为 $f(x,y)$, $g(x,y)$ 是实值连续函数,且广义积分 $\int_{-\infty}^{+\infty}\int_{-\infty}^{+\infty} g(x,y)f(x,y)\mathrm{d}x\mathrm{d}y$ 绝对收敛,则随机变量函数 $g(X,Y)$ 的数学期望为

$$E[g(X,Y)] = \int_{-\infty}^{+\infty}\int_{-\infty}^{+\infty} g(x,y)f(x,y)\mathrm{d}x\mathrm{d}y \tag{4.8}$$

【例 4.11】 设二维随机变量 (X,Y) 的概率密度为

$$f(x,y) = \begin{cases} 12y^2, & 0<x<1, 0<y<x \\ 0, & \text{其他} \end{cases}$$

求 $E(X), E(Y)$.

解 如图 4.1 所示,有

$$E(X) = \iint_D xf(x,y)\mathrm{d}\sigma = \int_0^1 x\mathrm{d}x \int_0^x 12y^2 \mathrm{d}y = \int_0^1 x(4y^3)\big|_0^x \mathrm{d}x = \frac{4}{5}$$

$$E(Y) = \iint_D yf(x,y)\mathrm{d}\sigma = \int_0^1 \mathrm{d}x \int_0^x 12y^3 \mathrm{d}y = \int_0^1 (3y^4)\big|_0^x \mathrm{d}x = \frac{3}{5}$$

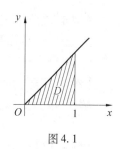

图 4.1

4.1.5 数学期望的性质

随机变量的数学期望有以下性质:

(1) 设 C 为常数,则

$$E(C) = C$$

(2) 设 X 为随机变量,C 为常数,则

$$E(CX) = CE(X)$$

(3) 设 X, Y 是两个随机变量,则

$$E(X+Y) = E(X) + E(Y)$$

(4) 设 X, Y 是两个相互独立的随机变量,则

$$E(XY) = E(X)E(Y)$$

证明 (1) C 作为一个随机变量是离散型的,且仅有 1 个值 C,则概率为 1,根据式(4.1),有

$$E(C) = 1 \times C = C$$

(2) 若 $C = 0$,则

$$E(CX) = E(0) = 0$$

若 $C \neq 0$,设 X 为连续型随机变量(离散型情况留给读者作为练习),其概率密度函数为 $f(x)$,则

$$E(CX) = \int_{-\infty}^{+\infty} Cxf(x)\mathrm{d}x = C\int_{-\infty}^{+\infty} xf(x)\mathrm{d}x = CE(X)$$

(3) 设二维连续型随机变量 (X,Y) 的概率密度为 $f(x,y)$,其边缘概率密度为 $f_X(x)$, $f_Y(y)$. 由式(4.8)有

$$E(X+Y) = \int_{-\infty}^{+\infty}\int_{-\infty}^{+\infty}(x+y)f(x,y)dxdy =$$
$$\int_{-\infty}^{+\infty}\int_{-\infty}^{+\infty}xf(x,y)dxdy + \int_{-\infty}^{+\infty}\int_{-\infty}^{+\infty}yf(x,y)dxdy =$$
$$E(X) + E(Y)$$

(4) 因为随机变量 X 与 Y 相互独立,由式(4.8)有
$$E(XY) = \int_{-\infty}^{+\infty}\int_{-\infty}^{+\infty}xyf(x,y)dxdy =$$
$$\int_{-\infty}^{+\infty}\int_{-\infty}^{+\infty}xyf_X(x)f_Y(y)dxdy =$$
$$\left[\int_{-\infty}^{+\infty}xf_X(x)dx\right]\left[\int_{-\infty}^{+\infty}yf_Y(y)dy\right] =$$
$$E(X)E(Y)$$

【例 4.12】 设随机变量 X 服从参数为 n,p 的二项分布,即 $X \sim B(n,p)$,求 $E(X)$.

解 二项分布是 n 个 $(0-1)$ 分布的和,则
$$E(X) = np$$

【例 4.13】 设随机变量 $X \sim N(2,4)$,$Y \sim B(10,0.1)$,求 $E(3X+2Y)$.

解 已知 $E(X) = 2$,$E(Y) = 1$,有
$$E(3X+2Y) = E(3X) + E(2Y) = 3E(X) + 2E(Y) = 8$$

【例 4.14】 设二维随机变量 (X,Y) 的概率分布见表 4.6.

表 4.6

X	Y		
	-1	0	1
-1	0.3	0	0.3
1	0.1	0.2	0.1

求 $E(X)$,$E(Y)$,$E(XY)$.

解 X 与 Y 的概率分布见表 4.7、表 4.8.

表 4.7

X	-1	1
$p_{i\cdot}$	0.6	0.4

表 4.8

Y	-1	0	1
$p_{\cdot j}$	0.4	0.2	0.4

则
$$E(X) = (-1) \times 0.6 + 1 \times 0.4 = -0.2$$
$$E(Y) = (-1) \times 0.4 + 0 \times 0.2 + 1 \times 0.4 = 0$$

$$E(XY) = \sum_{i=1}^{2}\sum_{j=1}^{3} x_i y_j p_{ij} = (-1) \times (-1) \times 0.3 + (-1) \times 1 \times 0.1 + 1 \times (-1) \times 0.3 + 1 \times 1 \times 0.1 = 0$$

通过计算发现 $E(X)E(Y) = E(XY)$,但是 X 与 Y 不相互独立.

【例 4.15】 设二维随机变量 (X,Y) 的概率密度为

$$f(x,y) = \begin{cases} 8xy, & 0 < x < 1, 0 < y < x \\ 0, & \text{其他} \end{cases}$$

求 $E(X), E(Y)$.

解 (X,Y) 关于 X 的边缘概率密度为

$$f_X(x) = \int_{-\infty}^{+\infty} f(x,y)\,\mathrm{d}y = \begin{cases} \int_0^x 8xy\,\mathrm{d}y, & 0 < x < 1 \\ 0, & \text{其他} \end{cases} = \begin{cases} 4x^3, & 0 < x < 1 \\ 0, & \text{其他} \end{cases}$$

(X,Y) 关于 Y 的边缘概率密度为

$$f_Y(y) = \int_{-\infty}^{+\infty} f(x,y)\,\mathrm{d}x = \begin{cases} \int_y^1 8xy\,\mathrm{d}x, & 0 < y < 1 \\ 0, & \text{其他} \end{cases} = \begin{cases} 4y - 4y^3, & 0 < y < 1 \\ 0, & \text{其他} \end{cases}$$

则

$$E(X) = \int_{-\infty}^{+\infty} x f_X(x)\,\mathrm{d}x = \int_0^1 4x^4\,\mathrm{d}x = \frac{4}{5}$$

$$E(Y) = \int_{-\infty}^{+\infty} y f_Y(y)\,\mathrm{d}y = \int_0^1 (4y^2 - 4y^4)\,\mathrm{d}y = \frac{8}{15}$$

习题 4.1

1. 设随机变量 X 服从参数为 2 的指数分布,随机变量 Y 服从参数为 2, 0.5 的二项分布,则 $E(X - 3Y + 1) = $ _____.

2. 设随机变量 $X \sim N(-2, 0.4^2)$,求 $E(2X + 3) = $ _____.

3. 设随机变量 X,且 $E(X) = 3$,则 $E[2X - E(X)] = ($).
   A. 6　　　　　B. 0　　　　　C. 12　　　　　D. 3

4. 已知随机变量 X, Y 相互独立,且分别在区间 $(-1, 3)$ 和区间 $(2, 4)$ 上服从均匀分布,则 $E(XY) = ($).
   A. 3　　　　　B. 6　　　　　C. 10　　　　　D. 12

5. 一箱产品有 20 件,其中有 5 件正品,有放回地抽取 2 次,每次抽取 1 件,求取到正品件数 X 的期望.

6. 设随机变量 X 的概率分布见下表.

6 题表

X	-1	0	$\frac{1}{2}$	1	2
p_k	$\frac{1}{3}$	$\frac{1}{6}$	$\frac{1}{6}$	$\frac{1}{12}$	$\frac{1}{4}$

求 $E(X), E(-X+1), E(X^2)$.

7. 设二维随机变量 (X,Y) 的概率分布见下表.

7 题表

X	Y	
	0	1
0	0.3	0.2
1	0.4	0.1

求 $E(X), E(Y), E(X-2Y), E(3XY)$.

8. 设二维随机变量 (X,Y) 的概率分布见下表.

8 题表

X	Y	
	1	2
1	0.25	0.32
2	0.08	0.35

求 $E(X^2+Y^2)$.

9. 设随机变量 X 的概率密度为

$$f(x) = \begin{cases} 2x, & 0 < x < 1 \\ 0, & 其他 \end{cases}$$

求 $E(X)$.

10. 设随机变量 X 的概率密度为

$$f(x) = \begin{cases} x, & 0 < x \leq 1 \\ 2-x, & 1 < x < 2 \\ 0, & 其他 \end{cases}$$

求 $E(X)$.

11. 设随机变量 X 的概率密度为

$$f(x) = \begin{cases} \dfrac{x}{2}, & 0 < x < 2 \\ 0, & 其他 \end{cases}$$

求 $E(X), E(X^2+1)$.

12. 已知随机变量 X 的分布函数为

$$F(x) = \begin{cases} 1 - \dfrac{4}{x^2}, & x \geq 2 \\ 0, & x < 2 \end{cases}$$

求 X 的期望.

13. (2014 年数学三) 已知随机变量 Y 的概率密度为

$$f(y) = \begin{cases} \dfrac{3}{4}, & 0 < y < 1 \\ \dfrac{1}{4}, & 1 \leq y < 2 \\ 0, & 其他 \end{cases}$$

求 $E(Y)$.

14. (2017 年数学一、三) 设随机变量 Y 的概率密度为 $f(y) = \begin{cases} 2y, & 0 < y < 1 \\ 0, & 其他 \end{cases}$, 求 $P\{Y \leq E(Y)\}$.

15. 设二维随机变量 (X,Y) 的概率密度为
$$f(x,y) = \begin{cases} x + y, & 0 \leq x \leq 1, 0 \leq y \leq 1 \\ 0, & 其他 \end{cases}$$

求 $E(X), E(Y), E(XY)$.

16. 设随机变量 X 与 Y 相互独立, 其概率密度分别为
$$f_X(x) = \begin{cases} 2x, & 0 \leq x \leq 1 \\ 0, & 其他 \end{cases}, \quad f_Y(y) = \begin{cases} e^{-(y-5)}, & y > 5 \\ 0, & y \leq 5 \end{cases}$$

求 $E(XY)$.

17. 设随机变量 X 的概率密度为
$$f(x) = \begin{cases} kx^\alpha, & 0 < x < 1 \\ 0, & 其他 \end{cases}$$

其中 $k, \alpha > 0$. 且 $E(X) = 0.75$, 求 k, α 的值.

18. 设随机变量 X_1, X_2, X_3 相互独立, 其中 $X_1 \sim U(0,6), X_2 \sim N(1,2^2), X_3 \sim P(3)$, 记 $Y = X_1 - 2X_2 + 3X_3$, 求 $E(Y)$.

19. 游客乘电梯从底层到电视塔顶层观光. 电梯于每个整点的第 5 min、25 min 和 55 min 从底层起行, 假设一游客在早 8 时的第 X min 到达底层候梯处, 且 X 服从区间 $(0,60)$ 上的均匀分布, 求该乘客等候时间的数学期望.

20. 据统计, 一位 40 岁的健康者, 在 5 年内仍活着的概率为 p, 保险公司开设 5 年人寿保险, 参加者需交保险费 a 元, 若 5 年内死亡, 公司赔偿 $b(b > a)$ 元. 应如何确定 b 的取值才能使公司获益?

4.2　方　　差

4.2.1　方差的定义

在相同条件下, 对两名工人加工的滚珠直径进行测量(单位:mm), 数据见表 4.9.

表 4.9

| 甲 | 5.1 | 5.2 | 5.0 | 5.1 | 5.1 |
| 乙 | 5.2 | 5.2 | 4.9 | 5.1 | 5.1 |

判断这两名工人谁的技术好一些.

通过计算可以发现,两名工人加工的滚珠直径的期望是相同的,但是甲与期望的偏离程度要小一些,因此,甲的技术好一些.

可见,数学期望虽然反映了随机变量的平均取值,但是往往期望相同的两个随机变量取值情况差异很大,所以需要进一步了解随机变量的取值与期望值的偏离程度. 例如,有一批元件,其平均使用寿命 $E(X) = 1\,000$ h,仅由这一指标还很难判定这批元件的质量优劣. 事实上,有可能其中绝大部分元件的使用寿命都在 $950 \sim 1\,050$ h;也有可能其中约有一半是高质量的,其使用寿命大约有 1 300 h,另一半质量很差,其使用寿命大约只有 700 h. 为了评定这批元件质量的优劣,还需进一步考察元件使用寿命 X 与其均值 $E(X)$ 的偏离程度. 若偏离程度较小,表示质量较稳定. 前面也曾提到在检验棉花质量时,既要注意纤维的平均长度,又要注意纤维长度与平均长度的偏离程度. 由此可见,研究随机变量与其均值的偏离程度 $X - E(X)$ 是十分必要的. 那么如何考察随机变量 X 与其均值 $E(X)$ 的偏离程度呢?因为 $X - E(X)$ 有正有负,则 $E[X - E(X)]$ 正负相抵会掩盖其真实情况,所以容易想到用 $E(|X - E(X)|)$ 来度量 X 与其均值 $E(X)$ 的偏离程度. 然而,从数学角度讲,绝对值的运算有许多不便之处. 因此通常用 $E\{[X - E(X)]^2\}$ 来度量 X 与其均值 $E(X)$ 的偏离程度更为科学.

定义 4.5 设随机变量 X,期望 $E(X)$ 存在,称 $X - E(X)$ 为 X 的离差.

定义 4.6 设随机变量 X,若 $E\{[X - E(X)]^2\}$ 存在,则称 $E\{[X - E(X)]^2\}$ 为 X 的方差,记为 $D(X)$,即

$$D(X) = E\{[X - E(X)]^2\} \tag{4.9}$$

称 $\sqrt{D(X)}$ 为随机变量 X 的标准差,记为 σ_X.

由式(4.9)可知,方差 $D(X)$ 实质上是随机变量 X 的函数 $g(X) = [X - E(X)]^2$ 的数学期望. 于是,离散型随机变量 X 的方差可写为

$$D(X) = \sum_{k=1}^{\infty} [x_k - E(X)]^2 p_k \tag{4.10}$$

其中,$P\{X = x_k\} = p_k (k = 1, 2, \cdots)$ 是随机变量 X 的概率分布.

对于连续型随机变量 X,则有

$$D(X) = \int_{-\infty}^{+\infty} [x - E(X)]^2 f(x) \mathrm{d}x \tag{4.11}$$

其中 $f(x)$ 是随机变量 X 的概率密度.

【例 4.16】 设随机变量服从参数为 p 的 $(0-1)$ 分布,求 $D(X)$.

解 已知 $E(X) = p$,则由式(4.10)有

$$\begin{aligned} D(X) &= (0-p)^2(1-p) + (1-p)^2 p = \\ &\quad p^2(1-p) + (1-p)^2 p = \\ &\quad p(1-p) = pq \end{aligned}$$

其中 $q = 1 - p, 0 < p < 1$.

通过例 4.16 发现,方差 $D(X)$ 通过定义公式来计算,计算过程较烦琐. 事实上,可以通过方差的性质来计算,下面介绍方差的性质.

4.2.2 方差的性质

随机变量的方差有以下性质:

(1) 设 C 为常数,则
$$D(C) = 0$$

(2) 设随机变量 X,C 为常数,则
$$D(CX) = C^2 D(X)$$

(3) 设随机变量 X,则
$$D(X) = E(X^2) - [E(X)]^2$$

(4) 设随机变量 X,Y,则
$$D(X + Y) = D(X) + D(Y) + 2E\{[X - E(X)][Y - E(Y)]\}$$

特别地,若 X 与 Y 相互独立,则有
$$D(X + Y) = D(X) + D(Y)$$

(5) $D(X) = 0$ 的充分必要条件是 X 以概率 1 取常数 C,即
$$P\{X = C\} = 1$$

证明 (1) $D(C) = E\{[C - E(C)]^2\} = 0$

(2) $D(CX) = E\{[CX - E(CX)]^2\} = E\{[CX - CE(X)]^2\} =$
$C^2 E\{[X - E(X)]^2\} = C^2 D(X)$

(3) $D(X) = E\{[X - E(X)]^2\} = E\{X^2 - 2XE(X) + [E(X)]^2\} =$
$E(X^2) - 2E(X)E(X) + [E(X)]^2 =$
$E(X^2) - [E(X)]^2$

(4) $D(X + Y) = E\{[(X + Y) - E(X + Y)]^2\} = E\{[(X - E(X)) + (Y - E(Y))]^2\} =$
$E\{[X - E(X)]^2\} + E\{[Y - E(Y)]^2\} + 2E\{[X - E(X)][Y - E(Y)]\} =$
$D(X) + D(Y) + 2E\{[X - E(X)][Y - E(Y)]\}$

其中
$$2E\{[X - E(X)][Y - E(Y)]\} =$$
$$2E[XY - XE(Y) - YE(X) + E(X)E(Y)] =$$
$$2[E(XY) - E(X)E(Y) - E(Y)E(X) + E(X)E(Y)] =$$
$$2[E(XY) - E(X)E(Y)]$$

若 X 与 Y 相互独立,则根据数学期望的性质 (4) $E(XY) = E(X)E(Y)$,有
$$E\{[X - E(X)][Y - E(Y)]\} = 0$$

则
$$D(X + Y) = D(X) + D(Y)$$

(5) 证明略.

【例 4.17】 设随机变量 X 服从参数为 λ 的泊松分布,即 $X \sim P(\lambda)$,求 $D(X)$.

解 X 的概率分布为

$$P\{X = k\} = \frac{\lambda^k}{k!}e^{-\lambda}, k = 0,1,2,\cdots$$

且 $E(X) = \lambda$，而

$$E(X^2) = E[X(X-1) + X] = E[X(X-1)] + E(X) =$$

$$\sum_{k=1}^{\infty} k(k-1)\frac{\lambda^k}{k!}e^{-\lambda} + \lambda = \lambda^2 e^{-\lambda}\sum_{k=2}^{\infty}\frac{\lambda^{k-2}}{(k-2)!} + \lambda =$$

$$\lambda^2 e^{-\lambda}e^{\lambda} + \lambda = \lambda^2 + \lambda$$

所以随机变量 X 的方差为

$$D(X) = E(X^2) - [E(X)]^2 = \lambda$$

【例 4.18】 设随机变量 X 服从参数为 n,p 的二项分布，即 $X \sim B(n,p)$，求 $D(X)$.

解 设 $X = \sum_{i=1}^{n} X_i$，其中 $X_i(i = 1,2,\cdots,n)$ 服从参数为 p 的 $(0-1)$ 分布，即

$$P\{X_i = 0\} = 1 - p, P\{X_i = 1\} = p, i = 1,2,\cdots,n$$

且 $X_i(i = 1,2,\cdots,n)$ 是相互独立的，则根据方差性质(4)，有

$$D(X) = D\left(\sum_{i=1}^{n} X_i\right) = \sum_{i=1}^{n} D(X_i) = np(1-p) = npq, q = 1-p, 0 < p < 1$$

【例 4.19】 设随机变量 X 服从区间 (a,b) 上的均匀分布，即 $X \sim U(a,b)$，求 $D(X)$.

解 由例 4.4 和例 4.9 知

$$E(X) = \frac{a+b}{2}, E(X^2) = \frac{a^2 + ab + b^2}{3}$$

则随机变量 X 的方差为

$$D(X) = E(X^2) - [E(X)]^2 = \frac{(b-a)^2}{12}$$

【例 4.20】 设随机变量 X 服从参数为 μ,σ 的正态分布，即 $X \sim N(\mu,\sigma^2)$，求 $D(X)$.

解 先计算标准正态随机变量 $Y = \frac{X-\mu}{\sigma}$ 的方差，Y 的概率密度为

$$\varphi(y) = \frac{1}{\sqrt{2\pi}}e^{-\frac{y^2}{2}}, -\infty < y < +\infty$$

且

$$E(Y^2) = \frac{1}{\sqrt{2\pi}}\int_{-\infty}^{+\infty} t^2 e^{-\frac{t^2}{2}} dt = -\frac{1}{\sqrt{2\pi}}te^{-\frac{t^2}{2}}\Big|_{-\infty}^{+\infty} + \frac{1}{\sqrt{2\pi}}\int_{-\infty}^{+\infty} e^{-\frac{t^2}{2}} dt$$

已知

$$\int_{-\infty}^{+\infty} e^{-\frac{t^2}{2}} dt = \sqrt{2\pi}$$

则

$$E(Y^2) = 1$$

已知 $E(Y) = 0$，则

$$D(Y) = E(Y^2) = 1$$

因 $X = \mu + \sigma Y$，根据方差的性质有
$$D(X) = D(\mu + \sigma Y) = D(\sigma Y) = \sigma^2 D(Y) = \sigma^2$$

【例 4.21】 设随机变量 X 与 Y 相互独立且都服从泊松分布，且 $E(X) = 16, E(Y) = 3$，求 $E(X^2), D\left(\dfrac{X}{2} - Y\right)$.

解
$$E(X^2) = D(X) + [E(X)]^2 = 16 + 16^2 = 272$$
$$D\left(\frac{X}{2} - Y\right) = D\left(\frac{X}{2}\right) + D(Y) = \frac{1}{4}D(X) + D(Y) = \frac{1}{4} \times 16 + 3 = 7$$

【例 4.22】 设活塞的直径（单位:cm）$X \sim N(22.40, 0.03^2)$，气缸的直径（单位:cm）$Y \sim N(22.50, 0.04^2)$，X 与 Y 相互独立，任取一只活塞，任取一只气缸，求活塞能装入气缸的概率.

解 由于 X, Y 均为正态分布，且相互独立，则 $X - Y$ 也服从正态分布，且
$$E(X - Y) = E(X) - E(Y) = -0.10$$
$$D(X - Y) = D(X) + D(Y) = 0.0025$$

则
$$X - Y \sim N(-0.10, 0.0025)$$

按照题意需求，有
$$P\{X < Y\} = P\{X - Y < 0\} =$$
$$P\left\{\frac{X - Y - (-0.10)}{\sqrt{0.0025}} < \frac{0 - (-0.10)}{\sqrt{0.0025}}\right\} = \Phi\left(\frac{0.10}{0.05}\right) =$$
$$\Phi(2) = 0.97725$$

【例 4.23】 设二维随机变量 (X, Y) 在区域 $D = \{(x, y) \mid 0 < x < 1, |y| < x\}$ 内服从均匀分布，设随机变量 $Z = 2X + 1$，求 $D(Z)$.

解
$$D(Z) = D(2X + 1) = 4D(X)$$

其中 (X, Y) 的概率密度为
$$f(x, y) = \begin{cases} 1, & 0 < x < 1, 0 < |y| < x \\ 0, & \text{其他} \end{cases}$$

(X, Y) 关于 X 的边缘概率密度为
$$f_X(x) = \int_{-\infty}^{+\infty} f(x, y) \mathrm{d}y = \begin{cases} \int_{-x}^{x} 1 \mathrm{d}y, & 0 < x < 1 \\ 0, & \text{其他} \end{cases} = \begin{cases} 2x, & 0 < x < 1 \\ 0, & \text{其他} \end{cases}$$

则有
$$E(X) = \int_{-\infty}^{+\infty} x f_X(x) \mathrm{d}x = \int_0^1 2x^2 \mathrm{d}x = \frac{2}{3}$$
$$E(X^2) = \int_{-\infty}^{+\infty} x^2 f_X(x) \mathrm{d}x = \int_0^1 2x^3 \mathrm{d}x = \frac{1}{2}$$
$$D(X) = E(X^2) - [E(X)]^2 = \frac{1}{18}$$

则

$$D(Z) = 4D(X) = \frac{2}{9}$$

【例 4.24】 求例 4.15 中随机变量 (X,Y) 的 $D(X), D(Y)$.

解 由例 4.15 知

$$E(X) = \frac{4}{5}, E(Y) = \frac{8}{15}$$

$$E(X^2) = \int_{-\infty}^{+\infty} x^2 f_X(x)\,dx = \int_0^1 4x^5\,dx = \frac{2}{3}$$

$$D(X) = E(X^2) - [E(X)]^2 = \frac{2}{75}$$

$$E(Y^2) = \int_{-\infty}^{+\infty} y^2 f_Y(y)\,dy = \int_0^1 y^2(4y - 4y^3)\,dy = \frac{1}{3}$$

$$D(Y) = E(Y^2) - [E(Y)]^2 = \frac{11}{225}$$

某些常用的分布的数学期望与方差见表 4.10,希望读者能熟记. 以后可直接使用表 4.10 中的结果.

表 4.10

分布名称	参数	概率分布或概率密度	数学期望	方差
两点分布 $X \sim (0-1)$	$0 < p < 1$	$P\{X=0\} = 1-p, P\{X=1\} = p$	p	$p(1-p)$
二项分布 $X \sim B(n,p)$	$n \geq 1$ $0 < p < 1$	$P\{X=k\} = C_n^k p^k (1-p)^{n-k}$ $(k = 0,1,2,\cdots,n)$	np	$np(1-p)$
泊松分布 $X \sim P(\lambda)$	$\lambda > 0$	$P\{X=k\} = \frac{\lambda^k}{k!}e^{-\lambda}$ $(k = 0,1,2,\cdots)$	λ	λ
均匀分布 $X \sim U(a,b)$	$a < b$	$f(x) = \begin{cases} \frac{1}{b-a}, & a < x < b \\ 0, & \text{其他} \end{cases}$	$\frac{a+b}{2}$	$\frac{(b-a)^2}{12}$
指数分布 $X \sim E(\lambda)$	$\lambda > 0$	$f(x) = \begin{cases} \lambda e^{-\lambda x}, & x > 0 \\ 0, & \text{其他} \end{cases}$	$\frac{1}{\lambda}$	$\frac{1}{\lambda^2}$
正态分布 $X \sim N(\mu, \sigma^2)$	μ $\sigma > 0$	$f(x) = \frac{1}{\sqrt{2\pi}\sigma}e^{-\frac{(x-\mu)^2}{2\sigma^2}}, -\infty < x < +\infty$	μ	σ^2
标准正态分布 $X \sim N(0,1)$		$\varphi(x) = \frac{1}{\sqrt{2\pi}}e^{-\frac{x^2}{2}}, -\infty < x < +\infty$	0	1

习题 4.2

1. 设 X 为随机变量,且 $E(X+3) = 5, D(2X) = 4$,则 $E(X^2) = $ _____.
2. 设随机变量 X 表示 10 次独立重复射击命中目标的次数,每次命中目标的概率为 0.6,则

$E(X^2+3)=$ _____.

3. (1999 年数学四) 设随机变量 X 服从参数为 λ 的泊松分布,且 $E[(X-1)(X-2)]=1$,则 $\lambda=$ _____.

4. 设一次试验成功的概率为 $p(0<p<1)$,进行 100 次独立重复试验,当 $p=$ _____ 时,成功次数的标准差最大,其最大值为 _____.

5. 设两个相互独立的随机变量 X 和 Y 的方差分别为 4 和 1,则随机变量 $3X-2Y$ 的方差为 ( ).

  A. 10   B. 32   C. 40   D. 28

6. 设随机变量 $X \sim B(n,p)$,且 $E(X)=3,D(X)=1.2$,则二项分布的参数 n,p 的值为 ( ).

  A. $n=5,p=0.4$ B. $n=5,p=0.6$ C. $n=30,p=0.1$ D. $n=3,p=0.5$

7. 设某射手每次击中目标的概率为 0.9,现连续射击 30 次,求 $E(X),D(X)$.

8. 一批零件中有 9 件合格品,3 件次品. 安装机器时,从这批零件中任取一件,如果每次取出的次品不再放回. 求在取得合格品以前取出的次品数 X 的数学期望 $E(X)$、方差 $D(X)$ 及 $E(-2X+1),E(X^2+1)$.

9. 设随机变量 X 的概率密度为

$$f(x)=\begin{cases} 1+x, & -1<x<0 \\ 1-x, & 0 \leqslant x<1 \\ 0, & 其他 \end{cases}$$

求 $D(X)$.

10. 设随机变量 X 的分布函数为

$$F(x)=\begin{cases} 0, & x<0 \\ \dfrac{x}{4}, & 0 \leqslant x<4 \\ 1, & x \geqslant 4 \end{cases}$$

求 $D(X)$.

11. 设随机变量 X 与 Y 相互独立,其中 $X \sim N(1,2),Y \sim N(2,4)$,求 $D(4X-3Y)$.

12. 设随机变量 $X \sim U(2,4)$,求 $E(2X),D(2X),E(X^2)$.

13. 设随机变量 X 的概率密度为

$$f(x)=\begin{cases} ax+bx^2, & 0<x<1 \\ 0, & 其他 \end{cases}$$

且 $E(X)=\dfrac{2}{3}$. 求 (1) 常数 a,b;(2) $D(2X-1)$.

14. 设随机变量 X 的概率密度为

$$f(x)=\begin{cases} e^{-x}, & x>0 \\ 0, & 其他 \end{cases}$$

求 (1) $E(X),E(3X-2)$;(2) $D(X),D(-2X+1)$;(3) $P\{|X-2E(X)|<D(-2X+1)\}$.

15. 设随机变量 X 的数学期望为 $E(X)$,方差为 $D(X)>0$,令 $Y=\dfrac{X-E(X)}{\sqrt{D(X)}}$,求 $E(Y)$,

$D(Y)$.

16. 设二维随机变量 (X,Y) 的概率密度为
$$f(x,y)=\begin{cases}15xy^2, & 0<x<1, 0<y<x \\ 0, & 其他\end{cases}$$

求 $D(X), D(Y)$.

17. 设二维随机变量 (X,Y) 的概率密度为
$$f(x,y)=\begin{cases}k, & 0<x<1, 0<y<x \\ 0, & 其他\end{cases}$$

求 (1) 常数 k; (2) $E(XY), D(XY)$.

18. 一台设备由三大部件构成, 在设备运转中各部件需要调整的概率相应为 0.10, 0.20 和 0.30, 假设各部件的状态相互独立, 以随机变量 X 表示同时需要调整的部件数, 试求 X 的数学期望 $E(X)$ 和方差 $D(X)$.

19. 甲、乙两台机床同时加工某种型号的零件, 设甲、乙机床每生产 100 件零件中出现的次品个数分别用随机变量 X, Y 表示, 且 X, Y 的概率分布见下表.

19 题表 1

X	0	1	2	3
p_k	0.7	0.2	0.06	0.04

19 题表 2

Y	0	1	2	3
p_k	0.8	0.06	0.04	0.1

判断哪一台机床加工质量较好?

4.3 协方差与相关系数

本节讨论描述两个随机变量之间的相关性的数字特征.

4.3.1 协方差

若两个随机变量 X 与 Y 是相互独立的, 则
$$E\{[X-E(X)][Y-E(Y)]\}=E(XY)-E(X)E(Y)=0$$
若 $E\{[X-E(X)][Y-E(Y)]\}\neq 0$, 则 X 与 Y 不相互独立, 而是存在一定关系.

定义 4.7 $E\{[X-E(X)][Y-E(Y)]\}$ 称为随机变量 X 与 Y 的协方差, 记为 $\mathrm{Cov}(X,Y)$, 即
$$\mathrm{Cov}(X,Y)=E\{[X-E(X)][Y-E(Y)]\} \tag{4.12}$$

由定义 4.7 可知, 对任意两个随机变量 X 与 Y, 下列等式成立:
$$D(X+Y)=D(X)+D(Y)+2\mathrm{Cov}(X,Y)$$

$$\operatorname{Cov}(X,Y) = E(XY) - E(X)E(Y) \qquad (4.13)$$

常用式(4.13)计算协方差.

协方差有以下性质：

(1) $\operatorname{Cov}(X,X) = D(X)$；

(2) $\operatorname{Cov}(X,Y) = \operatorname{Cov}(Y,X)$；

(3) $\operatorname{Cov}(aX,bY) = ab\operatorname{Cov}(X,Y)$，$a,b$ 为任意常数；

(4) $\operatorname{Cov}(C,Y) = 0$，$C$ 为任意常数；

(5) $\operatorname{Cov}(X_1 + X_2, Y) = \operatorname{Cov}(X_1,Y) + \operatorname{Cov}(X_2,Y)$；

(6) 如果 X 与 Y 相互独立，则 $\operatorname{Cov}(X,Y) = 0$.

【例 4.25】 设二维随机变量 (X,Y) 的概率密度为

$$f(x,y) = \begin{cases} \dfrac{1}{2}, & 0 < x < 1, 0 < y < 2 \\ 0, & \text{其他} \end{cases}$$

求 $\operatorname{Cov}(X,Y)$.

解
$$E(X) = \int_{-\infty}^{+\infty}\int_{-\infty}^{+\infty} xf(x,y)\mathrm{d}x\mathrm{d}y = \int_0^1 \mathrm{d}x \int_0^2 \frac{x}{2}\mathrm{d}y = \int_0^1 x\mathrm{d}x = \frac{1}{2}$$

$$E(Y) = \int_{-\infty}^{+\infty}\int_{-\infty}^{+\infty} yf(x,y)\mathrm{d}x\mathrm{d}y = \int_0^1 \mathrm{d}x \int_0^2 \frac{y}{2}\mathrm{d}y = \int_0^1 1\mathrm{d}x = 1$$

$$E(XY) = \int_{-\infty}^{+\infty}\int_{-\infty}^{+\infty} xyf(x,y)\mathrm{d}x\mathrm{d}y = \int_0^1 \mathrm{d}x \int_0^2 \frac{xy}{2}\mathrm{d}y = \int_0^1 x\mathrm{d}x = \frac{1}{2}$$

则
$$\operatorname{Cov}(X,Y) = E(XY) - E(X)E(Y) = 0$$

【例 4.26】 设二维随机变量 (X,Y) 在区域 D 上服从均匀分布，其中 D 是由 x 轴、y 轴及 $x + y = 1$ 所围成，求 $\operatorname{Cov}(X,Y)$.

解 (X,Y) 的概率密度为

$$f(x,y) = \begin{cases} 2, & x > 0, y > 0, x + y < 1 \\ 0, & \text{其他} \end{cases}$$

$$E(X) = \int_{-\infty}^{+\infty}\int_{-\infty}^{+\infty} xf(x,y)\mathrm{d}x\mathrm{d}y = \int_0^1 \mathrm{d}x \int_0^{1-x} 2x\mathrm{d}y = \int_0^1 (2x - 2x^2)\mathrm{d}x = \frac{1}{3}$$

$$E(Y) = \int_{-\infty}^{+\infty}\int_{-\infty}^{+\infty} yf(x,y)\mathrm{d}x\mathrm{d}y = \int_0^1 \mathrm{d}x \int_0^{1-x} 2y\mathrm{d}y = \int_0^1 (1-x)^2\mathrm{d}x = \frac{1}{3}$$

$$E(XY) = \int_{-\infty}^{+\infty}\int_{-\infty}^{+\infty} xyf(x,y)\mathrm{d}x\mathrm{d}y = \int_0^1 \mathrm{d}x \int_0^{1-x} 2xy\mathrm{d}y = \int_0^1 x(1-x)^2\mathrm{d}x = \frac{1}{12}$$

则
$$\operatorname{Cov}(X,Y) = E(XY) - E(X)E(Y) = -\frac{1}{36}$$

4.3.2 相关系数

协方差 $\operatorname{Cov}(X,Y)$ 在一定程度上描述了随机变量 X 与 Y 的相关性，但是，协方差 $\operatorname{Cov}(X,Y)$

是具有量纲的量.

下面引入一种与量纲无关的能够描述随机变量之间相关性的数字特征——相关系数.

定义 4.8 设随机变量 X,Y 的数学期望、方差都存在,称

$$\rho_{XY} = \frac{\text{Cov}(X,Y)}{\sqrt{D(X)D(Y)}} \tag{4.14}$$

为随机变量 X 与 Y 的相关系数.

根据方差性质(4),有

$$D(X+Y) = D(X) + D(Y) + 2\rho_{XY}\sqrt{D(X)D(Y)}$$

下面推导 ρ_{XY} 的两条重要性质,并说明 ρ_{XY} 的含义.

考虑以 X 的线性函数 $a+bX$ 来近似表示 Y,定义**均方误差**

$$e = E\{[Y-(a+bX)]^2\} =$$
$$E(Y^2) + b^2E(X^2) + a^2 - 2bE(XY) + 2abE(X) - 2aE(Y)$$

来衡量以 $a+bX$ 近似表达 Y 的好坏程度. e 的值越小,表示 $a+bX$ 与 Y 的近似程度越好. 这样,就取 a,b 使 e 取到最小. 为此,将 e 关于 a,b 求偏导数,并令其等于零,得

$$\begin{cases} \dfrac{\partial e}{\partial a} = 2a + 2bE(X) - 2E(Y) = 0 \\ \dfrac{\partial e}{\partial b} = 2bE(X^2) - 2E(XY) + 2aE(X) = 0 \end{cases}$$

解得

$$b_0 = \frac{\text{Cov}(X,Y)}{D(X)}$$

$$a_0 = E(Y) - b_0 E(X) = E(Y) - E(X)\frac{\text{Cov}(X,Y)}{D(X)}$$

将 a_0, b_0 代入 e,得

$$\min_{a,b} E\{[Y-(a+bX)]^2\} = E\{[Y-(a_0+b_0X)]^2\} = (1-\rho_{XY}^2)D(Y) \tag{4.15}$$

由式(4.15)得到下述定理.

定理 4.5 设随机变量 X 与 Y 的相关系数为 ρ_{XY},则

(1) $|\rho_{XY}| \leq 1$;

(2) $|\rho_{XY}| = 1$ 的充分必要条件是,存在常数 a,b 使 $P\{Y = a+bX\} = 1$.

当 $\rho_{XY} = 0$ 时, X 与 Y 不相关;当 $|\rho_{XY}| = 1$ 时, X 与 Y 具有线性关系.

由定理 4.5 可知, ρ_{XY} 是一个可以表征 X 与 Y 之间线性关系紧密程度的量. 当 $|\rho_{XY}|$ 接近于 1 时, X 与 Y 线性相关程度较好;当 $|\rho_{XY}|$ 接近于 0 时, X 与 Y 线性相关程度较差. 若 X 与 Y 不相关,则认为 X 与 Y 之间不存在线性关系,但不能排除 X 与 Y 之间可能有其他关系.

【例 4.27】 结合例 4.15 和例 4.24 求例 4.15 中二维随机变量 (X,Y) 的 $\text{Cov}(X,Y)$ 及 ρ_{XY}.

解 由例 4.15 和例 4.24 知

$$E(X) = \frac{4}{5}, E(Y) = \frac{8}{15}, D(X) = \frac{2}{75}, D(Y) = \frac{11}{225}$$

$$E(XY) = \int_{-\infty}^{+\infty}\int_{-\infty}^{+\infty} xyf(x,y)\,dxdy = \int_0^1 dx\int_0^x 8x^2y^2\,dy = \int_0^1 \frac{8x^5}{3}dx = \frac{4}{9}$$

$$\text{Cov}(X,Y) = E(XY) - E(X)E(Y) = \frac{4}{9} - \frac{4}{5} \times \frac{8}{15} = \frac{4}{225}$$

$$\rho_{XY} = \frac{\text{Cov}(X,Y)}{\sqrt{D(X)}\sqrt{D(Y)}} = \frac{\dfrac{4}{225}}{\sqrt{\dfrac{2}{75}} \times \sqrt{\dfrac{11}{225}}} = \frac{2\sqrt{66}}{33}$$

【例 4.28】 设二维随机变量 (X,Y) 的概率分布见表 4.11.

表 4.11

X	Y	
	0	1
-1	0	$\frac{1}{3}$
0	$\frac{1}{3}$	0
1	0	$\frac{1}{3}$

证明 X 与 Y 不相关,但不相互独立.

证明 X 与 Y 的概率分布分别见表 4.12、表 4.13.

表 4.12

X	-1	0	1
$p_{i\cdot}$	$\frac{1}{3}$	$\frac{1}{3}$	$\frac{1}{3}$

表 4.13

Y	0	1
$p_{\cdot j}$	$\frac{1}{3}$	$\frac{2}{3}$

利用式(4.13) 有

$$\text{Cov}(X,Y) = (-1) \times 1 \times \frac{1}{3} + 0 \times 0 \times \frac{1}{3} + 1 \times 1 \times \frac{1}{3} - $$
$$\left[(-1) \times \frac{1}{3} + 0 \times \frac{1}{3} + 1 \times \frac{1}{3}\right]\left(0 \times \frac{1}{3} + 1 \times \frac{2}{3}\right) = 0$$

所以 X 与 Y 是不相关的. 但是,因为

$$P\{X=0, Y=0\} = \frac{1}{3}, P\{X=0\}P\{Y=0\} = \frac{1}{3} \times \frac{1}{3} = \frac{1}{9}$$

由此可见

$$P\{X=0, Y=0\} \neq P\{X=0\}P\{Y=0\}$$

所以 X 与 Y 不是相互独立的.

【例 4.29】 设随机变量 $Z \sim U(0, 2\pi)$，且 $X = \sin Z, Y = \sin(Z + k)$，$k$ 为常数，求 X 与 Y 的相关系数 ρ_{XY}.

解 Z 的概率密度为

$$f_Z(z) = \begin{cases} \dfrac{1}{2\pi}, & 0 < z < 2\pi \\ 0, & \text{其他} \end{cases}$$

则

$$E(X) = E(\sin Z) = \frac{1}{2\pi} \int_0^{2\pi} \sin z \, dz = 0$$

$$E(Y) = E[\sin(Z + k)] = \frac{1}{2\pi} \int_0^{2\pi} \sin(z + k) \, dz = 0$$

$$E(XY) = E[\sin Z \sin(Z + k)] = \frac{1}{2\pi} \int_0^{2\pi} \sin z \sin(z + k) \, dz =$$

$$\frac{1}{4\pi} \int_0^{2\pi} [\cos k - \cos(2z + k)] \, dz = \frac{\cos k}{2}$$

$$\mathrm{Cov}(X, Y) = E(XY) - E(X)E(Y) = \frac{\cos k}{2}$$

$$D(X) = E(X^2) = \frac{1}{2\pi} \int_0^{2\pi} \sin^2 z \, dz = \frac{1}{2}$$

$$D(Y) = E(Y^2) = \int_0^{2\pi} \frac{1}{2\pi} \sin^2(z + k) \, dz = \frac{1}{2}$$

$$\rho_{XY} = \frac{\mathrm{Cov}(X, Y)}{\sqrt{D(X)}\sqrt{D(Y)}} = \frac{\dfrac{\cos k}{2}}{\sqrt{\dfrac{1}{2}} \times \sqrt{\dfrac{1}{2}}} = \cos k$$

若 $k = \dfrac{\pi}{2}$，则有 $\rho_{XY} = 0$，而此时 $Y = \sin\left(Z + \dfrac{\pi}{2}\right) = \cos Z, X = \sin Z, X$ 与 Y 之间满足关系式

$$X^2 + Y^2 = 1$$

由以上例题可以看出，X 与 Y 相互独立，则 $\rho_{XY} = 0$，因而不相关；反之，X 与 Y 不相关，X 与 Y 不一定相互独立.

【例 4.30】 设随机变量 $X \sim N(1, 3^2), Y \sim N(1, 4^2)$，且 $\rho_{XY} = -\dfrac{1}{2}$，设 $Z = \dfrac{X}{3} + \dfrac{Y}{2}$，求 $E(Z), D(Z), \rho_{XZ}$.

解 根据题意知

$$E(X) = 1, E(Y) = 1, D(X) = 9, D(Y) = 16$$

则

$$E(Z) = E\left(\frac{X}{3} + \frac{Y}{2}\right) = \frac{1}{3}E(X) + \frac{1}{2}E(Y) = \frac{5}{6}$$

$$D(Z) = D\left(\frac{X}{3} + \frac{Y}{2}\right) = D\left(\frac{X}{3}\right) + D\left(\frac{Y}{2}\right) + 2\mathrm{Cov}\left(\frac{X}{3}, \frac{Y}{2}\right) =$$

$$\frac{1}{9}D(X) + \frac{1}{4}D(Y) + \frac{1}{3}\mathrm{Cov}(X, Y) =$$

$$5 + \frac{1}{3}\rho_{XY}\sqrt{D(X)}\sqrt{D(Y)} = 3$$

因为
$$\rho_{XZ} = \frac{\text{Cov}(X,Z)}{\sqrt{D(X)}\sqrt{D(Z)}}$$

其中
$$\text{Cov}(X,Z) = \text{Cov}\left(X,\frac{X}{3}+\frac{Y}{2}\right) = \frac{1}{3}\text{Cov}(X,X) + \frac{1}{2}\text{Cov}(X,Y) =$$
$$\frac{1}{3}D(X) + \frac{1}{2}\rho_{XY}\sqrt{D(X)}\sqrt{D(Y)} = 0$$

则
$$\rho_{XZ} = 0$$

习题 4.3

1. 设二维随机变量 (X,Y) 的概率分布见下表.

1 题表

X	Y		
	-1	0	1
0	0.07	0.18	0.15
1	0.08	0.32	0.20

则 X 与 Y 的相关系数 $\rho =$ _____;X^2 与 Y^2 的协方差 $\text{Cov}(X^2,Y^2) =$ _____.

2. 已知随机变量 X 和 Y 的概率分布分别见下表.

2 题表 1				2 题表 2		
X	-1	1		Y	0	1
p_k	0.5	0.5		p_k	0.25	0.75

且 $P\{X=Y\} = 0.25$,则 $\rho_{XY} =$ _____.

3. 已知 $D(X)=4, D(Y)=9, \rho_{XY}=0.6$,则 $D(3X-2Y) =$ _____.

4. 将一枚硬币抛 n 次,用随机变量 X 和 Y 分别表示正面向上和反面向上的次数,则 X 和 Y 的相关系数 $\rho_{XY} =$ _____.

5. 设随机变量 X 服从区间 $\left(-\frac{\pi}{2},\frac{\pi}{2}\right)$ 上的均匀分布,$Y = \sin X$,则 $\text{Cov}(X,Y) =$ _____.

6. 设二维随机变量 (X,Y) 的概率密度为
$$f(x,y) = \begin{cases} 1, & 0<x<1, |y|<x \\ 0, & \text{其他} \end{cases}$$

求 $E(X), E(Y), \text{Cov}(X,Y)$.

7. 设随机变量 X 的方差 $D(X) = 25$，随机变量 Y 的方差 $D(Y) = 36$，且 X 与 Y 的相关系数 $\rho_{XY} = 0.4$，求 $D(X+Y)$，$D(X-Y)$。

8. 设二维随机变量 (X,Y) 的概率密度为
$$f(x,y) = \begin{cases} A(x+y), & 0 < x < 2, 0 < y < 2 \\ 0, & 其他 \end{cases}$$
求 (1) 常数 A；(2) $E(X)$，$E(Y)$；(3) $D(X)$，$D(Y)$；(4) $\mathrm{Cov}(X,Y)$；(5) ρ_{XY}。

4.4 经济应用实例：减少验血的工作量与马克维茨均值-方差投资组合方法

4.4.1 减少验血的工作量

在有 N 个人的团体中普查某种疾病需要逐个验血。一般来说，若血样呈阳性，则有此种疾病；若呈阴性，则无此种疾病。逐个验血需要 N 次，若 N 值很大，验血的工作量也很大。为了能减少验血的工作量，有位统计学家提出一种想法：把 $k(k \geq 2)$ 个人的血样混合后再检验，若呈阴性，则 k 个人都无此疾病，这时 k 个人只需要做一次检验；若呈阳性，则对 k 个人再分别检验，这时为弄明白谁有此种疾病共需检验 $k+1$ 次。若该团体中患此疾病的概率为 p，且个人得此种疾病相互独立，那么此种方法能否减少验血次数？若能减少，则能减少多少工作量？

令 X 表示"该团体中每个人需要验血的次数"，则 X 是只取 2 个值的离散型随机变量，其概率分布见表 4.14。

表 4.14

X	$\frac{1}{k}$	$1 + \frac{1}{k}$
p_k	$(1-p)^k$	$1 - (1-p)^k$

则每人平均验血次数为
$$E(X) = \frac{1}{k}(1-p)^k + \left(1 + \frac{1}{k}\right)[1-(1-p)^k] = 1 + \frac{1}{k} - (1-p)^k$$

而新的验血方法比逐个验血方法平均能减少验血的次数为
$$1 - E(X) = (1-p)^k - \frac{1}{k}$$

只要 $E(X) < 1$，即 $(1-p)^k > \frac{1}{k}$，就能减少验血的工作量。比如，当 $p = 0.1$，$k = 2$ 时，这时
$$1 - E(X) = 0.9^2 - \frac{1}{2} = 0.31 (次)$$

若该团体有 10 000 人，则可减少 3 100 次，即减少 31% 的工作量。

类似地，可以进行如下计算：当 $p = 0.1$，$k = 4$ 时，使得 $E(X)$ 的值最小，这时可以减少 40.61% 的工作量，然后又逐渐增加，当 $k = 34$ 时，$E(X) > 1$，这种方法反而增加工作量；当 $p = 0.01$，$k = 11$ 时，$E(X)$ 的值最小，这时可以减少 80.44% 的工作量；当 $p = 0.001$，$k = 28$ 时，$E(X)$

的值最小,这时可以减少93.67%的工作量. 可见,患某种疾病的概率p越小,使$E(X)$取到最小值的k值越大,减少验血的工作量的期望值$1-E(X)=(1-p)^k-\frac{1}{k}$就越大. 对于$p,k$不同值的$1-E(X)$数值计算见表4.15.

表4.15

k	$p=0.1$	$p=0.05$	$p=0.01$	$p=0.005$	$p=0.001$
2	0.310 0	0.402 5	0.480 1	0.490 0	0.498 0
4	0.406 1	0.564 5	0.710 6	0.730 1	0.746 0
5	0.390 5	0.573 8	0.751 0	0.775 2	0.795 0
8	0.305 5	0.538 4	0.797 7	0.835 7	0.867 0
10	0.248 7	0.498 7	0.804 4	0.851 1	0.890 0
13	0.177 3	0.436 4	0.800 6	0.860 0	0.910 2
16	0.122 8	0.377 6	0.789 0	0.860 4	0.921 6
20	0.071 6	0.308 5	0.767 9	0.854 6	0.930 2
25	0.031 8	0.237 4	0.737 8	0.842 2	0.935 3
30	0.009 1	0.181 3	0.706 4	0.827 1	0.937 1
35	-0.003 5	0.137 5	0.674 9	0.810 5	0.937 0
40	-0.010 2	0.103 5	0.644 0	0.793 3	0.935 8
45	-0.013 5	0.077 2	0.614 0	0.775 8	0.933 8
50	-0.014 8	0.056 9	0.585 0	0.758 3	0.931 2

根据随机变量的期望值进行决策是风险型决策的常用方法,决策的依据往往是期望收益最大或者期望支出最小等. 类似的方法有综合使用人力、物力和财力,使其发挥最大效用或者使得效果最显著,这在经济管理决策中有着重要的应用.

4.4.2 马克维茨均值 – 方差投资组合方法

马克维茨在1959年出版的著作《证券组合的选择》中提出的均值 – 方差投资组合方法可以说是20世纪50年代证券组合投资理论的一项最有意义的工作. 他的理论的独特之处在于,他认为分散化投资可有效降低投资风险,但一般不能消除风险,而且在其论文中证券组合的风险用方差来度量. 另外,他第一个给出了分散化投资理念的数学形式,即"整体风险不低于各部分风险之和"的金融版本.

马克维茨的投资组合理论基于一些基本的假设:

(1)投资者事先就已经知道投资证券的收益率的概率分布. 这个假设蕴涵证券市场是有效的.

(2)投资风险用证券收益率的方差或标准差来度量.

(3)投资者都遵守占优原则,即同一风险水平下,选择收益率较高的证券;同一收益率水平下,选择风险较低的证券.

(4) 各种证券的收益率之间有一定的相关性,它们之间的相关程度可以用相关系数或收益率之间的协方差来表示.

(5) 每种证券的收益率都服从正态分布.

(6) 每一个证券都是无限可分的,这意味着,如果投资者愿意,他可以购买一个股份的一部分.

(7) 投资者可以以一个无风险利率贷出或借入资金.

(8) 税收和交易成本均忽略不计,即认为市场是一个无摩擦的市场.

以上假设条件中,(1)～(4)为马克维茨的假设,(5)～(8)为其隐含的假设.

假如从金融市场上已经选出了 N 种证券,x_i 表示投资到第 $i(i=1,2,\cdots,N)$ 种证券的价值比率,即权数. p 表示由这 N 种证券构成的一个证券组合,组合中的权数可以为负,例如 $x_i < 0$ 就表示该组合投资者卖空了第 i 种证券,将所得资金连同自筹资金买入其他的证券. r_i 表示第 i 种证券的收益率,r_p 表示证券组合 p 的收益率. 由于 $r_i(i=1,2,\cdots,N)$ 受金融市场波动及投资者个人理财行为等多种因素的影响,从而 r_p 一般呈现随机变化,从概率统计的角度来看,它们均是随机变量. 现在进一步假设 $\boldsymbol{X}=(x_1,x_2,\cdots,x_N)^{\mathrm{T}}$ 为证券组合 p 的资金投资比例系数向量(即权重向量),在一般的数理金融分析中也称 $\boldsymbol{X}=(x_1,x_2,\cdots,x_N)^{\mathrm{T}}$ 为一个投资组合;$\boldsymbol{r}=(r_1,r_2,\cdots,r_N)^{\mathrm{T}}$ 为证券组合投资的收益率向量;$\boldsymbol{\mu}=(\mu_1,\mu_2,\cdots,\mu_N)^{\mathrm{T}}$ 为 $\boldsymbol{r}$ 的期望向量,即 $\boldsymbol{\mu}=E(\boldsymbol{r})$;$\boldsymbol{\Sigma}=(\sigma_{ij})_{N\times N}=(\mathrm{Cov}(r_i,r_j))_{N\times N},i,j=1,2,\cdots,N$. 下面定义几个基于均值-方差的计量指标:

平均指标:用来度量证券组合的平均收益水平;

期望收益率:$\mu_p = E(r_p) = \sum_{i=1}^{N} x_i E(r_i) = \boldsymbol{X}^{\mathrm{T}} \boldsymbol{\mu}$;

变异指标:用来度量证券组合投资的风险:

$$\sigma_p^2 = \sum_{i,j=1}^{N} x_i x_j \sigma_{ij} = \sum_{i=1}^{N} x_i^2 \sigma_i^2 + 2 \sum_{1 \leq i < j \leq N} x_i x_j \sigma_{ij} = \boldsymbol{X}^{\mathrm{T}} \boldsymbol{\Sigma} \boldsymbol{X}$$

基于以上假设,马克维茨的组合投资模型为:

(1) 允许卖空时的数学模型

$$\begin{cases} \min \sigma_p^2 = \boldsymbol{X}^{\mathrm{T}} \boldsymbol{\Sigma} \boldsymbol{X} \\ \boldsymbol{X}^{\mathrm{T}} \boldsymbol{\mu} \geq r \\ \boldsymbol{X}^{\mathrm{T}} \boldsymbol{\iota} = 1 \end{cases}$$

其中 r_0 为证券组合的预期收益率;$\boldsymbol{\iota}=(1,1,\cdots,1)^{\mathrm{T}}$. 这个模型有唯一的最优解

$$\boldsymbol{X}^* = \boldsymbol{\Sigma}^{-1} \boldsymbol{A}^{\mathrm{T}} (\boldsymbol{A} \boldsymbol{\Sigma}^{-1} \boldsymbol{A}^{\mathrm{T}})^{-1} \boldsymbol{B}$$

其中,$\boldsymbol{A} = \begin{pmatrix} \mu_1 & \mu_2 & \cdots & \mu_N \\ 1 & 1 & \cdots & 1 \end{pmatrix}, \boldsymbol{B} = \begin{pmatrix} r_0 \\ 1 \end{pmatrix}$.

(2) 不允许卖空时的数学模型

$$\begin{cases} \min \sigma_p^2 = \boldsymbol{X}^{\mathrm{T}} \boldsymbol{\Sigma} \boldsymbol{X} \\ \boldsymbol{X}^{\mathrm{T}} \boldsymbol{r} \geq r \\ \boldsymbol{X}^{\mathrm{T}} \boldsymbol{\iota} = 1 \\ x_i \geq 0, i = 1, 2, \cdots, N \end{cases}$$

其中 r_0 为投资者所需的最低收益率;$\iota = (1,1,\cdots,1)^{\mathrm{T}}$. 这个模型比(1)中的模型多了一个非负限制,也可以得到相应的解和有效边界,其中有效边界为由一系列开口向右的抛物线连接而成.

资产本身的方差因为可借着分散投资而消减,因此不是风险,交易的对方也不会对之给予任何补偿;另外,当资产数目增加时,投资组合的标准差下降,但至某程度即停止下降,此时的标准差为系统风险.一般认为当投资组合内的股票数目增加至 20 以上时,投资组合的标准差就下降得十分有限.

知识结构思维导图

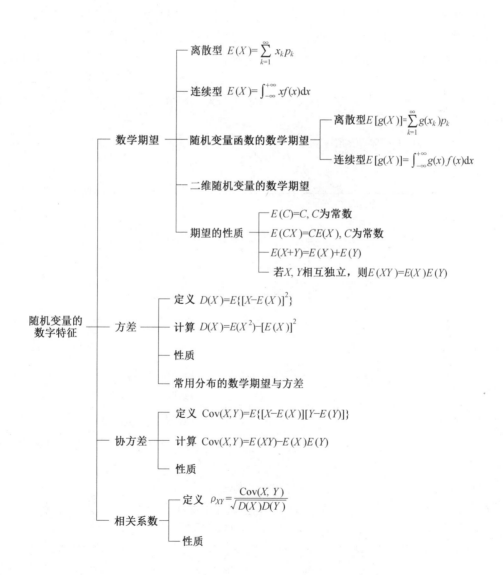

延伸阅读：典故"杯酒释兵权"的解读

杯酒释兵权发生在宋朝初期，宋太祖赵匡胤为了加强中央集权，同时避免别的将领也"黄袍加身"篡夺自己的政权，接受了宰相赵普的建议，通过一次酒宴，在酒宴中通过威胁利诱的方式"人生苦短，白驹过隙．众爱卿不如多积金宝，广置良田美宅，歌儿舞女以终天年．如此，君臣之间再无嫌猜，可以两全．"要求他的高阶军官石守信等交出兵权．

一代明君赵匡胤为什么对自己的将领（其中不少将领都是他的心腹，为了大宋江山立下了汗马功劳）不惜"痛下杀手"呢？

我们用概率知识来解释一下：假设开除一个篡位之心的大臣（方案设为 M），则赵保住了他的皇位，利益没有受到任何损失；开除了一个没有篡位之心的大臣，赵保住了皇位，但失去了一位贤臣．利益损失 A（A 的大小和这位贤臣的能力强弱成正比）；如果放任（即不开除）一个有篡位之心的大臣（方案设为 N），则他有可能被篡位，由于"皇帝"这个职业的特殊性（这个位置几乎掌握了全国所有的政治、经济、文化资源），从皇位上下岗，往往是丢国丢家甚至丢命，则其损失值 B 接近 $+\infty$．由于杯酒释兵权等于皇帝兵不血刃地开除了大臣们的公职，皇帝并没有其他效益方面的损失．

设 p_1 是大臣篡位成功的概率．总体来说，p_1 这个概率是很小的．则皇帝的决策收益见表 4.16．

表 4.16

皇帝	大臣	
	篡位	不篡位
M（开除）	0	$-A$
N（不开除）	$-B$	A
概率	p_1	$1-p_1$

根据期望计算公式：

$$E(M) = 0 \times p_1 + (-A) \times (1-p_1) = -A + Ap_1$$

$$E(N) = -B \times p_1 + A \times (1-p_1) = \begin{cases} A, & p_1 = 0 \\ -\infty, & p_1 > 0 \end{cases}$$

若 $p_1 = 0, E(N) > E(M)$，则不开除是最佳方案；若 $p_1 > 0, E(M) > E(N)$，则开除是最佳方案．

本身就是通过"黄袍加身"篡夺了后周江山的赵匡胤，吸取了后周灭亡的教训，深刻懂得"兵权所在，则随以兴；兵权所去，则随以亡"，也难免养成他多疑的性格．对于他来说，废不废掉一个大臣，关键在于他对 p_1 的判断。

如果他认为一个将军篡位的概率 $p_1 = 0, E(N) > E(M)$，即"不开除"是最佳方案，理性的皇帝一般不会无缘无故废掉一个绝无叛逆之心的忠臣的；

对于强势的、多疑的他来说，石守信这些手握重兵的将帅，当年发动"陈桥政变"，拥护自己当上了皇帝,难保以后不会发动类似的政变废掉自己.如果他认为一个将军篡位的概率 p_1 的值不是零,即使 p_1 的值一般很小,比如 $\frac{1}{100}$ 或 $\frac{1}{1\,000}$,但是由于丢失皇位的损失值 B 接近正无穷大,所以不开除的期望可看作 $-\infty$. 即开除是最优方案,这时"宁可错杀一千,不可放过一个".

开除这些掌握兵权的老资格将军而提拔一些资历浅、个人威望不高、容易控制的人担任将领,这就意味着皇权对军队控制的加强,在此后大宋帝国内部 300 多年间再也没有发生过一起类似的"黄袍加身"的政治事变.

数学期望是现代概率论中最重要的基本概念之一,无论在理论上还是运用上都具有重要地位和作用.通过以上的案例分析,概率论的数学期望与我们的生活息息相关,历史典故也可以从数学的角度来解读,从而让我们从中吸取经验教训,创造更好的生活.

> **建模直通车:数学期望在生活中的应用**

南锣鼓巷这条胡同位于北京中轴线东侧的交道口地区,至今已有 700 多年的历史. 该胡同是北京最古老的街区之一,因其地势中间高、南北低,如一驼背人,故名罗锅巷. 到了清朝,乾隆十五年(1750 年)绘制的《京城全图》中将该胡同改称为南锣鼓巷. 为了给游客更好的体验,南锣鼓巷商会会长、副会长和负责人经常带人到胡同清扫卫生,其中南锣鼓巷商会会长每天带人到胡同清扫卫生的概率为 $\frac{1}{4}$,副会长每天带人到胡同清扫卫生的概率为 $\frac{1}{3}$,负责人每天带人到胡同清扫卫生的概率为 $\frac{1}{2}$.

居住在南锣鼓巷的小张对南锣鼓巷商会会长、副会长、负责人非常满意,他对别人说:"南锣鼓巷平均每天至少有 1 人(会长、副会长、负责人之一)带人清扫卫生." 请问,小张说的是真的吗?

数学期望在生活中的应用详解

第 4 章总复习题

一、填空题

1. 设随机变量 X 与 Y 相互独立,且 $X \sim N(1,2)$,$Y \sim N(2,2)$,则 $E(X-Y+3) = $ _____.

2. 设随机变量 X 与 Y 相互独立,X 在区间 $(0,3)$ 上服从均匀分布,Y 服从参数为 2 的指数分布,则 $D(X+Y) = $ _____.

3. (1995 年数学一) 设随机变量 X 表示 10 次独立重复射击命中目标的次数,每次射中目标的概率为 0.4,则 X^2 的数学期望 $E(X^2)=$ _____.

4. (2008 年数学一) 设随机变量 X 服从参数为 1 的泊松分布,则 $P\{X=E(X^2)\}=$ _____.

5. (1990 年数学一) 设随机变量 X 服从参数为 2 的泊松分布,即 $P\{X=k\}=\dfrac{2^k}{k!}e^{-2}, k=0,1,2,\cdots$,则随机变量 $Z=3X-2$ 的数学期望 $E(Z)=$ _____.

6. (2017 年数学三) 设随机变量 X 的概率分布为 $P\{X=-2\}=\dfrac{1}{2}, P\{X=1\}=a$, $P\{X=3\}=b$,若 $E(X)=0$,则 $D(X)=$ _____.

7. 重庆奉节县柑橘栽培始于汉代,历史悠久. 奉节脐橙果皮中厚、脆而易剥,酸甜适度,汁多爽口,余味清香,荣获农业部优质水果、中国国际农业博览会金奖等荣誉. 据统计,奉节脐橙的果实横径(单位:mm)服从正态分布 $N(80,5^2)$,现任取 10 个奉节脐橙,设其果实横径在 $[75,90)$ 的个数为 X,则 $E(X)=$ _____.

二、选择题

1. 对任意随机变量 X,若 $E(X)$ 存在,则 $E\{E[E(X)]\}$ 等于( ).
A. 0　　　　B. X　　　　C. $E(X)$　　　　D. $[E(X)]^3$

2. 已知随机变量 X 的概率密度为 $f(x)=\begin{cases}\dfrac{1}{2}, & 2<x<4 \\ 0, & \text{其他}\end{cases}$,则 $E(X)=$ ( ).

A. 6　　　　B. 3　　　　C. 1　　　　D. $\dfrac{1}{2}$

3. 若 $D(X-Y)=D(X+Y)$,则( ).
A. X 与 Y 独立　　B. $D(X)=D(Y)$　　C. $D(X+Y)=0$　　D. X 与 Y 不相关

4. 设随机变量 X,Y,且 $D(X)=4, D(Y)=16, \text{Cov}(X,Y)=2$,则 $\rho_{XY}=$ ( ).

A. $\dfrac{1}{32}$　　　　B. $\dfrac{1}{16}$　　　　C. $\dfrac{1}{8}$　　　　D. $\dfrac{1}{4}$

5. 设随机变量 $X\sim B(n,p)$,则 $E(X^2)=$ ( ).
A. np　　　　B. npq　　　　C. $np(np+1-p)$　　　　D. 以上答案都不对

6. (2015 年数学一) 设随机变量 X 与 Y 不相关,且 $E(X)=2, E(Y)=1, D(X)=3$,则 $E[X(X+Y-2)]=$ ( ).
A. -3　　　　B. 3　　　　C. -5　　　　D. 5

7. 设随机变量 X,Y,且 $D(X)=4, D(Y)=9, \rho_{XY}=0.5$,则 $D(X+2Y+5)=$ ( ).
A. 52　　　　B. 45　　　　C. 40　　　　D. 22

三、计算题

1. 设二维离散型随机变量 (X,Y) 的概率分布见下表.

1 题表

X \ Y	0	1	2
0	0.25	0.10	0.30
1	0.15	0.15	0.05

定义 $Z = \max\{X, Y\}$. 求 (1) $E(X), E(Y)$; (2) $E(X^2), E(Y^2)$; (3) $E(Z)$.

2. (2012 年数学一) 设二维离散型随机变量 (X, Y) 的概率分布见下表.

2 题表

X \ Y	0	1	2
0	$\frac{1}{4}$	0	$\frac{1}{4}$
1	0	$\frac{1}{3}$	0
2	$\frac{1}{12}$	0	$\frac{1}{12}$

求 $\mathrm{Cov}(X - Y, Y)$.

3. 设随机变量 X 的概率密度为 $f(x) = \begin{cases} ax(1-x), & 0 \leq x \leq 1 \\ 0, & \text{其他} \end{cases}$, 求 $a, E(X)$.

4. 设随机变量 X 的概率密度为 $f(x) = \begin{cases} ax^2 + bx + c, & 0 \leq x \leq 1 \\ 0, & \text{其他} \end{cases}$, 且 $E(X) = 0.5, D(X) = 0.15$, 求 a, b, c.

5. 设随机变量 X 的概率密度为 $f(x) = \begin{cases} \frac{1}{4}(x+1), & 0 < x < 2 \\ 0, & \text{其他} \end{cases}$, 今对 X 进行 8 次独立观测, 随机变量 Y 表示观测值大于 1 的观测次数, 求 $D(Y)$.

四、应用题

1. 袋中有 5 只乒乓球, 编号分别为 1, 2, 3, 4, 5, 现从中任取 3 只, 求取出的 3 只乒乓球的最大编号的数学期望.

2. 某学校组织"一带一路"知识竞赛, 有 A, B 两类问题, 每位参加比赛的学生在两类问题中选择一类并从中随机抽取一个问题回答, 若回答错误则该同学结束比赛; 若回答正确则从另一类问题中再随机抽取一个问题回答, 无论回答正确与否, 该同学结束比赛. A 类问题中的每个问题回答正确得 20 分, 否则得 0 分; B 类问题中的每个问题回答正确得 80 分, 否则得 0 分, 已知小明能正确回答 A 类问题的概率为 0.8, 正确回答 B 类问题的概率为 0.6, 且能正确回答问题的概率与回答次序无关.

(1) 若小明先回答 A 类问题, 设随机变量 X 表示小明的累计得分, 求 X 的概率分布;

（2）为使累计得分的期望最大，小明应选择先回答哪类问题？

3. 一批零件中有 9 个合格品和 3 个次品，从这批零件中任取一个，如果每次取出的次品不再放回，求在取得合格品以前已取出的次品数的期望、方差和标准差.

4. 已知随机试验 E 有 3 种两两互不相容的结果 A_1, A_2, A_3，且 3 种结果发生的概率均为 $\dfrac{1}{3}$，将试验 E 独立重复做 2 次，X 表示 2 次试验中结果 A_1 发生的次数，Y 表示 2 次试验中结果 A_2 发生的次数，求 X 与 Y 的相关系数.

第 5 章

Chapter 5

大数定律与中心极限定理

> **学习目标和要求**

(1) 了解大数定律产生的理论背景,理解几个大数定律的理论阐述.

(2) 了解中心极限定理的含义及其客观背景,掌握独立同分布的中心极限定理和棣莫佛-拉普拉斯中心极限定理的内容.

(3) 会利用中心极限定理解决一般实际应用问题,了解它们在应用中的实际意义.

概率论与数理统计是研究随机现象的统计规律的学科,在随机现象统计规律中,频率的稳定性引人注目,由此可以揭示随机现象本身许多固有的规律性. 极限定理中的大数定律就是刻画频率稳定性的理论. 而在概率论与数理统计的基础理论与应用中,中心极限定理占有极其重要的地位. 本章主要介绍大数定律与中心极限定理.

5.1 切比雪夫*不等式

5.1.1 依概率收敛

定义 5.1 设 $X_1, X_2, \cdots, X_n, \cdots$ 是一个随机变量序列,a 是一个常数. 若对于任意的 $\varepsilon > 0$,

---

* 数学家小传

切比雪夫(1821—1894),俄罗斯数学家、力学家. 他一生发表了 70 多篇科学论文,内容涉及数论、概率论、函数逼近论、积分学等方面. 他证明了贝尔特兰公式,自然数列中素数分布的定理,大数定律的一般公式以及中心极限定理. 他不仅重视纯数学,而且十分重视数学的应用.

有

$$\lim_{n\to\infty} P\{|X_n - a| \geq \varepsilon\} = 0$$

或

$$\lim_{n\to\infty} P\{|X_n - a| < \varepsilon\} = 1 \tag{5.1}$$

则称序列 $X_1, X_2, \cdots, X_n, \cdots$ 依概率收敛于 a. 记为

$$X_n \xrightarrow{P} a \tag{5.2}$$

定理 5.1 设随机变量序列 $X_n \xrightarrow{P} a, Y_n \xrightarrow{P} b$, 函数 $g(x,y)$ 在点 (a,b) 处连续, 则随机变量序列

$$g(X_n, Y_n) \xrightarrow{P} g(a,b) \tag{5.3}$$

5.1.2 切比雪夫不等式

定理 5.2(切比雪夫不等式) 设随机变量 X 的数学期望 $E(X)$ 和方差 $D(X)$ 都存在,则对于任意的 $\varepsilon > 0$,有

$$P\{|X - E(X)| \geq \varepsilon\} \leq \frac{D(X)}{\varepsilon^2}$$

或

$$P\{|X - E(X)| < \varepsilon\} \geq 1 - \frac{D(X)}{\varepsilon^2} \tag{5.4}$$

证明 以连续型随机变量为例.

设 X 为连续型随机变量,其概率密度为 $f(x)$,则

$$P\{|X - E(X)| \geq \varepsilon\} = \int_{|x-E(X)|\geq \varepsilon} f(x)\mathrm{d}x \leq \int_{|x-E(X)|\geq \varepsilon} \frac{|x-E(X)|^2}{\varepsilon^2} f(x)\mathrm{d}x \leq \frac{1}{\varepsilon^2}\int_{-\infty}^{+\infty} [x-E(X)]^2 f(x)\mathrm{d}x = \frac{D(X)}{\varepsilon^2}$$

切比雪夫不等式反映了随机变量离差与方差间的关系,在概率统计理论和应用中具有重要地位.

【例 5.1】 设随机变量 X 的数学期望为 μ,方差为 $\sigma^2 > 0$,利用切比雪夫不等式估计 $P\{\mu - 3\sigma < X < \mu + 3\sigma\}$.

解 由切比雪夫不等式得

$$P\{\mu - 3\sigma < X < \mu + 3\sigma\} = P\{|X - \mu| < 3\sigma\} \geq 1 - \frac{\sigma^2}{(3\sigma)^2} = \frac{8}{9}$$

【例 5.2】 已知随机变量 X 的概率分布见表 5.1.

表 5.1

X	1	2	3
p_k	0.2	0.3	0.5

利用切比雪夫不等式估计 $P\{|X - E(X)| < 1.5\}$.

解 由题意可知
$$E(X) = 1 \times 0.2 + 2 \times 0.3 + 3 \times 0.5 = 2.3$$
$$E(X^2) = 1^2 \times 0.2 + 2^2 \times 0.3 + 3^2 \times 0.5 = 5.9$$
$$D(X) = E(X^2) - [E(X)]^2 = 0.61$$

由切比雪夫不等式得
$$P\{|X - E(X)| < 1.5\} \geq 1 - \frac{0.61}{1.5^2} \approx 0.729$$

【**例 5.3**】 设电站电网有 10 000 盏电灯,每晚各灯开着的概率都是 0.7,假设各灯开、关彼此独立. 利用切比雪夫不等式估计,每晚同时开着的灯的数量在 6 800 ~ 7 200 之间的概率.

解 设随机变量 X 表示"10 000 盏电灯中同时开着的数量",则
$$X \sim B(10\ 000, 0.7)$$
$$E(X) = 10\ 000 \times 0.7 = 7\ 000$$
$$D(X) = 10\ 000 \times 0.7 \times 0.3 = 2\ 100$$

由切比雪夫不等式得
$$P\{6\ 800 < X < 7\ 200\} = P\{-200 < X - 7\ 000 < 200\} =$$
$$P\{|X - 7\ 000| < 200\} \geq$$
$$1 - \frac{2\ 100}{200^2} = 0.947\ 5$$

习题 5.1

1. 将一颗骰子重复掷 n 次,n 次掷出点数的算术平均值记为 $\overline{X}_n$,对于 $\forall \varepsilon > 0, \lim\limits_{n \to \infty} P\{|\overline{X}_n - a| < \varepsilon\} = 1$,求 a 的值.

2. 设随机变量 $X \sim B(10, 0.4)$,利用切比雪夫不等式估计 $P\{2 < X < 6\}$.

3. 设每次试验中,事件 A 发生的概率为 0.75,利用切比雪夫不等式估计,n 多大时,才能使 n 次重复独立试验中,事件 A 出现的频率在 0.74 ~ 0.76 之间的概率大于 0.90?

4. 某车间生产一种电子器件,月平均产量为 9 500 个,标准差为 100 个,利用切比雪夫不等式估计车间月产量为 9 000 ~ 10 000 个的概率.

5.2 大数定律

人们在长期实践中发现,事件发生的频率具有稳定性,也就是说随着试验次数的增多,事件发生的频率将稳定于一个确定的常数. 对某个随机变量 X 进行大量重复观测,所得到的大批观测数据的算术平均值也具有稳定性. 由于这类稳定性都是对随机现象进行大量重复试验条件下呈现出来的,因而反映这方面的定理统称为**大数定律**.

5.2.1 切比雪夫大数定律

定理 5.3(切比雪夫大数定律) 设相互独立的随机变量序列 $X_1, X_2, \cdots, X_n, \cdots$ 的数学期

望 $E(X_i)$ 和方差 $D(X_i)$ 都存在 $(i=1,2,\cdots)$,并且方差是一致有界的,即存在某一常数 K,使得
$$D(X_i) < K, i = 1,2,\cdots$$
则对于任意的 $\varepsilon > 0$,有
$$\lim_{n\to\infty} P\left\{\left|\frac{1}{n}\sum_{i=1}^{n}X_i - \frac{1}{n}\sum_{i=1}^{n}E(X_i)\right| < \varepsilon\right\} = 1 \tag{5.5}$$

证明略.

推论(切比雪夫大数定律的特殊情况) 设 $X_1, X_2, \cdots, X_n, \cdots$ 是相互独立的随机变量序列,且具有相同的数学期望和方差.
$$E(X_i) = \mu, D(X_i) = \sigma^2, i = 1,2,\cdots$$
则对于任意的 $\varepsilon > 0$,有
$$\lim_{n\to\infty} P\left\{\left|\frac{1}{n}\sum_{i=1}^{n}X_i - \mu\right| < \varepsilon\right\} = 1 \tag{5.6}$$

证明略.

切比雪夫大数定律表明,在一定条件下,当 n 充分大时,n 个随机变量的算术平均值 $\bar{X} = \frac{1}{n}\sum_{i=1}^{n}X_i$ 与其数学期望 $\frac{1}{n}\sum_{i=1}^{n}E(X_i)$ 的偏差很小的概率接近1,即当 n 充分大时,$\frac{1}{n}\sum_{i=1}^{n}X_i$ 几乎不再是随机的了,而是依概率收敛于其数学期望.

【例5.4】 用某种仪器测量已知量 A 时,设 n 次独立试验得到的测量数据为 $x_1, x_2, \cdots, x_n$. 如果仪器无系统误差,判断当 n 充分大时,$\frac{1}{n}\sum_{i=1}^{n}(x_i - A)^2$ 是否可以作为仪器测量误差的方差近似值.

解 把 x_i 视为 n 个相互独立且具有相同分布的随机变量 $X_i(i=1,2,\cdots)$ 的观察值,且
$$E(X_i) = \mu, D(X_i) = \sigma^2, i = 1,2,\cdots$$
则仪器第 i 次测量的误差 $x_i - A$ 的数学期望为
$$E(X_i - A) = \mu - A$$
方差
$$D(X_i - A) = \sigma^2$$

设 $Y_i = (X_i - A)^2 (i=1,2,\cdots)$,则 Y_i 也相互独立且具有相同的分布,在仪器无系统误差时,$E(X_i - A) = 0$,即有 $\mu = A$. 于是
$$E(Y_i) = E(X_i - A)^2 = E[X_i - E(X_i)]^2 = D(X_i) = \sigma^2, i = 1,2,\cdots,n$$
由切比雪夫大数定律的特殊情况,可得
$$\lim_{n\to\infty} P\left\{\left|\frac{1}{n}\sum_{i=1}^{n}Y_i - \sigma^2\right| < \varepsilon\right\} = 1$$
即
$$\lim_{n\to\infty} P\left\{\left|\frac{1}{n}\sum_{i=1}^{n}(X_i - A)^2 - \sigma^2\right| < \varepsilon\right\} = 1$$

从而确定,当 $n \to \infty$ 时,随机变量 $\frac{1}{n}\sum_{i=1}^{n}(X_i - A)^2$ 依概率收敛于 σ^2,即当 n 充分大时,可以取

$\frac{1}{n}\sum_{i=1}^{n}(x_i - A)^2$ 作为仪器测量误差的方差近似值.

5.2.2 辛钦*大数定律

定理5.4（辛钦大数定律） 设 $X_1, X_2, \cdots, X_n, \cdots$ 是相互独立的随机变量序列，且服从同一分布，$E(X_i) = \mu (i = 1, 2, \cdots)$，则对于任意的 $\varepsilon > 0$，有

$$\lim_{n \to \infty} P\left\{\left|\frac{1}{n}\sum_{i=1}^{n} X_i - \mu\right| < \varepsilon\right\} = 1 \tag{5.7}$$

证明略.

辛钦大数定律表明，对于相互独立且服从同一分布的随机变量序列，只要各随机变量共同的数学期望 μ 存在，则当 n 充分大时，n 个随机变量的算术平均值 $\overline{X}$ 近似等于共同的数学期望 μ，极少例外.

在同一分布下，辛钦大数定律与切比雪夫大数定律二者结论相同，不过辛钦大数定律只要求数学期望存在，而切比雪夫大数定律要求方差也存在. 在许多统计推断问题中，应用辛钦大数定律更为方便，伯努利大数定律是辛钦大数定律的特殊情况，即由辛钦大数定律可以推出伯努利大数定律.

5.2.3 伯努利大数定律

定理5.5（伯努利大数定律） 设 n_A 是事件 A 在 n 次独立重复试验中发生的次数，事件 A 在每次试验中发生的概率是 p. 则对于任意的 $\varepsilon > 0$，有

$$\lim_{n \to \infty} P\left\{\left|\frac{n_A}{n} - p\right| < \varepsilon\right\} = 1 \tag{5.8}$$

证明略.

伯努利大数定律给出了当 n 充分大时，A 发生的频率 n_A/n 依概率收敛于每次试验中 A 发生的概率 p 这一结论，同时也证明了频率具有稳定性. 也就是说，当试验次数 n 充分大时，某一事件发生的频率与概率有较大偏差的可能性很小. 在实际中，也是用频率来认识概率的.

【例5.5】 利用辛钦大数定律证明伯努利大数定律.

证明 设相互独立的随机变量 $X_1, X_2, \cdots, X_n$ 均服从参数为 p 的 $(0-1)$ 分布，且 $n_A = \sum_{i=1}^{n} X_i$，则 $E(X_i) = p, D(X_i) = p(1-p) \leqslant \frac{1}{4}(i = 1, 2, \cdots, n)$ 存在. $X_1, X_2, \cdots, X_n$ 显然满足辛钦大

---

* **数学家小传**

辛钦（1894—1959），苏联数学家和数学教育家，现代概率论的奠基者之一. 1916 年毕业于莫斯科大学，先后在莫斯科大学和苏联科学院斯捷克洛夫数学研究所等处工作. 1927 年成为教授. 1935 年获得物理数学博士学位. 1939 年被选为苏联科学院通讯院士. 辛钦在分析学、数论、概率论及对统计学力学的应用等方面有重要贡献.

数定律的条件,根据辛钦大数定律,有

$$\lim_{n\to\infty} P\left\{\left|\frac{n_A}{n} - p\right| < \varepsilon\right\} = 1$$

习题 5.2

1. 设随机变量 X 在区间 $(-1,2)$ 上服从均匀分布,$X_1,X_2,\cdots,X_n$ 是相互独立且与 X 具有相同分布的随机变量. 证明 $\frac{1}{n}\sum_{i=1}^{n} X_i^2 \xrightarrow{P} 1$.

2. 设随机变量序列 $X_1,X_2,\cdots,X_n,\cdots$ 相互独立且服从相同分布,$E(X_i) = \mu, D(X_i) = \sigma^2 > 0 (i=1,2,\cdots)$ 存在,求 $X_1,X_2,\cdots,X_n,\cdots$ 的算术平均值依概率收敛的极限.

5.3 中心极限定理

有许多随机变量,它们由大量的相互独立的随机变量的综合影响所形成,而其中每个个别因素作用都很小,这种随机变量往往服从或近似服从正态分布,或者说它的极限分布是正态分布. 在概率论里,把研究在某些条件下,大量相互独立的随机变量和的分布服从或近似服从正态分布的一类定理称为**中心极限定理**.

下面介绍两个常用的中心极限定理:

定理 5.6(独立同分布中心极限定理) 设随机变量 $X_1,X_2,\cdots,X_n,\cdots$ 相互独立且具有相同分布

$$E(X_i) = \mu, D(X_i) = \sigma^2 > 0, i = 1,2,\cdots$$

且随机变量 $Y_n = \dfrac{\sum\limits_{i=1}^{n} X_i - n\mu}{\sqrt{n}\sigma}$ 的分布函数为 $F_n(x)$,则对于任意实数 x,有

$$\lim_{n\to\infty} F_n(x) = \lim_{n\to\infty} P\{Y_n \leqslant x\} = \lim_{n\to\infty} P\left\{\frac{\sum\limits_{i=1}^{n} X_i - n\mu}{\sqrt{n}\sigma} \leqslant x\right\} = \int_{-\infty}^{x} \frac{1}{\sqrt{2\pi}} e^{-\frac{t^2}{2}} dt = \Phi(x) \tag{5.9}$$

此定理表明,当 n 充分大时,Y_n 近似服从标准正态分布 $N(0,1)$,随机变量

$$\sum_{i=1}^{n} X_i = \sqrt{n}\sigma Y_n + n\mu$$

近似服从正态分布 $N(n\mu, n\sigma^2)$,即

$$E\left(\sum_{i=1}^{n} X_i\right) = n\mu, D\left(\sum_{i=1}^{n} X_i\right) = n\sigma^2$$

故 Y_n 实际上是 $\sum\limits_{i=1}^{n} X_i$ 的**标准化随机变量**.

证明略.

此定理也称**列维 - 林德伯格定理**. 它说明如果一个随机现象受多个随机因素的影响,这些随机变量都服从同一分布且具有相同的数学期望和方差,并且每种因素都不起主要作用,则描述这一随机现象的随机变量的和近似服从正态分布. 在实际问题中,当 n 充分大时(一般指 $n \geq 50$,有时也放宽到 $n \geq 30$)都可用此定理.

【例 5.6】 袋装味精用机器包装,每袋味精净重为随机变量,规定每袋的标准净重为 100 g,标准差为 4 g,一箱内装 100 袋. 求一箱味精净重大于 10 100 g 的概率.

解 设随机变量 X_i 表示"第 i 袋味精的净重"($i = 1,2,\cdots,100$),X 表示"一箱味精的净重",则

$$X = \sum_{i=1}^{100} X_i$$

由于 X_i 相互独立且具有相同分布,且

$$E(X_i) = 100, D(X_i) = 4^2 = 16, i = 1,2,\cdots,100$$

则

$$E(X) = 100 E(X_i) = 100 \times 100 = 10\ 000, D(X) = 100 D(X_i) = 100 \times 16 = 1\ 600$$

$$\sqrt{D(X)} = 40$$

由独立同分布中心极限定理得

$$P\{X > 10\ 100\} = 1 - P\{X \leq 10\ 100\} = 1 - P\left\{\frac{X - 10\ 000}{40} \leq \frac{10\ 100 - 10\ 000}{40}\right\} =$$
$$1 - \Phi(2.5) = 1 - 0.993\ 79 = 0.006\ 21$$

【例 5.7】 某餐厅每天接待 400 名顾客,设每位顾客的消费额(单位:元)服从区间(20,100)上的均匀分布,顾客的消费额是相互独立的. 求(1)该餐厅的日平均营业额;(2)日营业额在平均营业额上下不超过 760 元的概率.

解 (1)设随机变量 X_i 表示"第 i 位顾客的消费额"($i = 1,2,\cdots,400$),则 $X_i \sim U(20,100)$,$X = \sum_{i=1}^{400} X_i$,则 X 表示餐厅的日营业额,由于 $X_1, X_2, \cdots, X_{400}$ 相互独立且具有相同分布,则

$$E(X_i) = \frac{a+b}{2} = \frac{20+100}{2} = 60, D(X_i) = \frac{(b-a)^2}{12} = \frac{(100-20)^2}{12} = \frac{1\ 600}{3}, i = 1,2,\cdots,400$$

$$E(X) = E\left(\sum_{i=1}^{400} X_i\right) = \sum_{i=1}^{400} E(X_i) = 400 \times 60 = 24\ 000$$

(2)因为 $X_1, X_2, \cdots, X_{400}$ 相互独立且具有相同分布,所以

$$D(X) = D\left(\sum_{i=1}^{400} X_i\right) = \sum_{i=1}^{400} D(X_i) = 400 \times \frac{1\ 600}{3} = \frac{800^2}{3}$$

由独立同分布中心极限定理得

$$P\{|X - E(X)| \leq 760\} = P\left\{\frac{|X - E(X)|}{\sqrt{D(X)}} \leq \frac{760}{\sqrt{D(X)}}\right\} \approx$$
$$P\left\{\frac{|X - E(X)|}{\sqrt{D(X)}} \leq 1.65\right\} =$$
$$2\Phi(1.65) - 1 = 0.901\ 06$$

【例 5.8】 一生产线生产的产品成箱包装,每箱的质量是随机变量. 假设每箱平均重

50 kg,标准差为 5 kg. 若用最大载重量为 5 t 的汽车承运. 问利用中心极限定理说明每辆车最多可以装多少箱,才能保障不超载的概率大于 0.977 25?

解 设随机变量 X_i 表示"装运的第 i 箱的质量"($i=1,2,\cdots,n$),由题意可知 $X_1,X_2,\cdots,X_n$ 相互独立且具有相同分布,X 表示"n 箱总质量",n 为所求的箱数,则 $X=\sum_{i=1}^{n}X_i$.

由已知 $E(X_i)=50, D(X_i)=5^2, i=1,2,\cdots,n$

则 $E(X)=50n, D(X)=25n$,由独立同分布中心极限定理

$$P\{X \leq 5\,000\} = P\left\{\frac{X-50n}{5\sqrt{n}} \leq \frac{5\,000-50n}{5\sqrt{n}}\right\} =$$

$$\Phi\left(\frac{1\,000-10n}{\sqrt{n}}\right) > 0.977\,25$$

因为

$$\Phi(2)=0.977\,25$$

所以

$$(1\,000-10n)/\sqrt{n} > 2$$

解得

$$n < 98.019\,9$$

即最多可以装 98 箱.

定理 5.7(棣莫佛* – 拉普拉斯中心极限定理)** 设随机变量 $X_n \sim B(n,p), n=1,2,3,\cdots$,且随机变量

$$Y_n = \frac{X_n - np}{\sqrt{np(1-p)}}$$

的分布函数为 $F_n(x)$,则对于任意的 x,有

$$\lim_{n\to\infty} F_n(x) = \lim_{n\to\infty} P\{Y_n \leq x\} = \lim_{n\to\infty} P\left\{\frac{X_n-np}{\sqrt{np(1-p)}} \leq x\right\} =$$

* **数学家小传**

棣莫佛(1667—1754),分析三角和概率论的先驱. 他和牛顿及天文学家哈雷友善,谙熟牛顿的流数术,1697 年被选入英国皇家学会. 1718 年发表《机遇论》,这是早期概率论的重要著作,其中第一次定义独立事件的乘法定理. 在《分析杂录》(1730) 中给出 $n!$ 的近似公式. 1733 年,棣莫佛用 $n!$ 的近似公式导出正态分布的频率曲线作为二项分布的近似. 他是最早给出棣莫佛公式的学者之一.

** **数学家小传**

拉普拉斯(1749—1827),法国分析学家、概率论学家和物理学家,法国科学院院士. 1812 年其重要的《概率分析理论》一书出版,在该书中总结了当时整个概率论的研究,论述了概率在选举审判调查、气象等方面的应用,导入拉普拉斯变换等. 他致力于挽救世袭制的没落:他当了六个星期的拿破仑的内政部长,后来成为元老院的掌玺大臣,并在拿破仑皇帝时期和路易十八时期两度获颁爵位,后被选为法兰西学院院长. 拉普拉斯曾任拿破仑的老师,所以和拿破仑结下不解之缘.

$$\int_{-\infty}^{x} \frac{1}{\sqrt{2\pi}} e^{-\frac{t^2}{2}} dt = \Phi(x) \tag{5.10}$$

证明略.

这个定理说明了二项分布以正态分布为极限. 若 $X_n \sim B(n,p)$,则当 n 充分大时($n \geq 50$),随机变量 $Y_n = \dfrac{X_n - np}{\sqrt{np(1-p)}}$ 近似服从标准正态分布,即 $Y_n \sim N(0,1)$.

【**例 5.9**】 某出租车公司有 500 辆出租车参加保险. 据统计,在一年里每台出租车出事故的概率为 0.006,参加保险的出租车每年需交 800 元的保险费. 若出事故,保险公司最多赔偿 50 000 元,利用棣莫佛 - 拉普拉斯中心极限定理,计算保险公司一年盈利不小于 200 000 元的概率.

解 设随机变量 X 表示"500 辆出租车出事故的车辆数",则
$$X \sim B(500, 0.006)$$
则
$$E(X) = np = 3, D(X) = np(1-p) = 2.982$$
保险公司一年盈利不小于 200 000 元的概率为
$$P\{200\,000 \leq 500 \times 800 - 50\,000 X \leq 500 \times 800\} =$$
$$P\{0 \leq X \leq 4\} = P\left\{\frac{0-3}{\sqrt{2.982}} \leq \frac{X-3}{\sqrt{2.982}} \leq \frac{4-3}{\sqrt{2.982}}\right\} \approx$$
$$\Phi(0.58) - \Phi(-1.74) = 0.719\,0 + 0.959\,07 - 1 = 0.678\,07$$

习题 5.3

1. 设随机变量 X 表示一次射击中命中的环数,其概率分布见下表.

1 题表

X	10	9	8	7	6
p_k	0.5	0.3	0.1	0.05	0.05

求 100 次射击中命中环数在 900 ~ 930 环之间的概率.

2. 计算机进行数值计算时,遵从四舍五入的原则. 为简化计算,现对小数点后第一位进行舍入运算,则误差 X 可以认为服从均匀分布 $U(-0.5, 0.5)$,若在一项计算中进行了 100 次数值计算,求平均误差落在区间 $\left(-\dfrac{\sqrt{3}}{20}, \dfrac{\sqrt{3}}{20}\right)$ 上的概率.

3. 设某种商品的合格率为 90%,某单位想给 100 名职工每人一件这种商品,求该单位至少购买多少件这种商品才能以 97.5% 的概率保证每个人都可以得到一件合格品?

4. 在抽样检查某种产品的质量时,如果发现次品数多于 10 个,则拒绝接受这批产品. 设产品次品率为 0.1,求至少应抽查多少个产品进行检查才能保证拒绝这批产品的概率达到 0.9?

5. 袋装食盐,每袋净重为随机变量,规定每袋标准净重为 400 g. 标准差为 10 g,一箱内装 100 袋,求一箱食盐净重超过 40 150 g 的概率.

6. 分别用切比雪夫不等式和中心极限定理确定,当抛一枚均匀硬币时,需抛多少次才能保证正面向上的频率在 0.4 ~ 0.6 之间的概率不少于 0.9?

5.4 经济应用实例:如何有效安排人力与股票瞬时价格的分布

5.4.1 如何有效安排人力

某研究中心有同种类型仪器300台,各仪器工作相互独立,而且发生故障的概率均为0.01,通常一台仪器的故障由一人即可排除.问:(1)为保证当仪器发生故障时,不能及时排除的概率小于0.01,至少要配多少名维修工人?(2)若一人包修20台仪器,仪器发生故障时不能及时排除的概率是多少?(3)若由3人共同负责维修80台仪器,仪器发生故障时不能及时排除的概率是多少?

解 (1) 设随机变量 X 表示"300台仪器中发生故障的台数",则 $X \sim B(300,0.01)$,a 表示"需要配备的维修工人数",则

$$P\{X > a\} \leqslant 0.01$$

又

$$P\{X > a\} = 1 - P\{X \leqslant a\} = 1 - \sum_{k=0}^{a} C_{300}^{k} 0.01^{k} 0.99^{300-k}$$

由于 $n = 300$ 较大,$p = 0.01$ 又较小,根据泊松定理,可以用 $\lambda = np = 3$ 的泊松分布近似计算.

$$P\{X > a\} \approx \sum_{k=a+1}^{+\infty} \frac{3^k}{k!} e^{-3} = 1 - \sum_{k=0}^{a} \frac{3^k}{k!} e^{-3} \leqslant 0.01$$

查表得

$$\sum_{k=0}^{8} \frac{3^k}{k!} e^{-3} = 0.9962$$

所以

$$P\{X \geqslant 9\} < 0.01$$

故为达到要求,只需配8名维修工人.

(2) 设随机变量 Y 表示"20台仪器中发生故障的台数",则 $Y \sim B(20,0.01)$,若在同一时刻发生故障的仪器数 $Y \geqslant 2$,则一名维修工不能及时维修. 因此,所求的概率为

$$P\{Y \geqslant 2\} = 1 - P\{Y = 0\} - P\{Y = 1\} =$$
$$1 - 0.99^{20} - 20 \times 0.01 \times 0.99^{19} \approx$$
$$0.0169$$

(3) 设随机变量 Z 表示"80台仪器中发生故障的台数",则 $Z \sim B(80,0.01)$,若在同一时刻发生故障的仪器数 $Z \geqslant 4$,则由3名工人共同负责包修时不能及时维修. 由于 $n = 80$ 较大,$p = 0.01$ 较小,可以用 $\lambda = np = 0.8$ 的泊松分布对二项分布作近似计算,即

$$P\{Z \geqslant 4\} = 1 - P\{Z \leqslant 3\} = 1 - \sum_{k=0}^{3} C_{80}^{k} 0.01^{k} 0.99^{80-k} \approx$$
$$1 - \sum_{k=0}^{3} \frac{0.8^k}{k!} e^{-0.8} = 1 - 0.9909 = 0.0091 < 0.0169$$

本题涉及的是如何有效地使用人力问题,其中包括合理确定人员数和安排工作方式. 如按(1)的要求,配备8人即可达到要求,若安排人员过多,就会造成人力资源的浪费;比较(2)和

(3)的结果可以看出:虽然3人共同负责80台仪器,每人的任务比(2)中一人负责20台仪器的任务大,但(3)的安排是合理的,工作质量不但没有降低,反而提升了,能够保证机器的正常运转.

在该问题中(1)和(3)的计算中,由于 $n \geq 30$,满足中心极限定理的条件,用棣莫佛－拉普拉斯中心极限定理计算会更简便.

(1)设随机变量 X 表示"300台仪器中发生故障的台数",则 $X \sim B(300,0.01)$,a 表示"需要配备的维修工人数",则 $E(X) = np = 3$,$D(X) = npq = 2.97$. 又

$$P\{X > a\} \leq 0.01$$

由于 n 较大,满足中心极限定理的条件,由棣莫佛－拉普拉斯中心极限定理得

$$P\{X > a\} = 1 - P\{X \leq a\} = 1 - P\left\{\frac{X-3}{\sqrt{2.97}} \leq \frac{a-3}{\sqrt{2.97}}\right\} = 1 - \Phi\left(\frac{a-3}{\sqrt{2.97}}\right) \leq 0.01$$

即

$$\Phi\left(\frac{a-3}{\sqrt{2.97}}\right) \geq 0.99$$

因为

$$\Phi(2.33) = 0.990\ 10$$

所以

$$\frac{a-3}{\sqrt{2.97}} \geq 2.33$$

解得

$$a \geq 7.015\ 4$$

即为达到要求,只需配8名维修工人.

(3)设随机变量 Z 表示"80台仪器中发生故障的台数",则 $Z \sim B(80,0.01)$,若在同一时刻发生故障的仪器数 $Z \geq 4$,则由3名工人共同负责包修时不能及时维修. 由于 $n = 80$ 较大,$p = 0.01$ 较小,满足中心极限定理的条件,由棣莫佛－拉普拉斯中心极限定理得

$$E(Z) = np = 0.8$$
$$D(Z) = npq = 0.792$$

所以

$$P\{Z \geq 4\} = 1 - P\{Z < 4\} = 1 - P\left\{\frac{Z-0.8}{\sqrt{0.792}} < \frac{4-0.8}{\sqrt{0.792}}\right\} \approx 1 - \Phi(3.60) = 0.000\ 16$$

5.4.2 股票瞬时价格的分布

股票的价格运动有无规律性是金融中的一个基本问题,股票价格的随机游动理论在金融数学中有着重要意义,它的基本思想是概率论思想应用的一个范例.

设某股票初始时刻的价格为 S_0,考察它在时间段 $[0,t]$ 间的变化,将该时间段分成长度为

Δ 的 $n = \left[\dfrac{t}{\Delta}\right]$ 等分,并记 $\{S_{1\Delta}, S_{2\Delta}, \cdots, S_{n\Delta}\}$ 为在各小时间段末股票的价格,即 $S_{i\Delta}$ 为在时刻 $i\Delta$ 股票的价格,则股票在 t 时刻的对数收益率为

$$X = \ln \frac{S_{n\Delta}}{S_0}$$

或等价地

$$S_t = S_{n\Delta} = S_0 \mathrm{e}^X$$

X 可以表示为

$$X = \ln \frac{S_{n\Delta}}{S_0} = \ln \frac{S_{n\Delta} S_{(n-1)\Delta} \cdots S_{1\Delta}}{S_{(n-1)\Delta} \cdots S_{1\Delta} S_0} = \sum_{i=1}^n \ln \frac{S_{i\Delta}}{S_{(i-1)\Delta}} = \sum_{i=1}^n X_i$$

其中 $X_i = \ln \dfrac{S_{i\Delta}}{S_{(i-1)\Delta}}$ 为股票在第 i 个小时段 $[(i-1)\Delta, i\Delta]$ 的对数收益率,如果假设它们是独立同分布,有公共的均值 $E(X_i) = \mu_\Delta$ 和有限方差 $D(X_i) = \sigma_\Delta^2 < +\infty$ $(i=1,2,\cdots,n)$,由中心极限定理知,当 n 充分大时,无论各个 X_i 的分布是什么,它们的和 X 的分布是近似正态的,更严格地说,考虑 X 的标准化变量,由独立性假设可知

$$E(X) = \sum_{i=1}^n E(X_i) = n\mu_\Delta, \quad D(X) = \sum_{i=1}^n D(X_i) = n\sigma_\Delta^2$$

标准化后的随机变量

$$Z = \frac{X - E(X)}{\sqrt{D(X)}} = \frac{X - n\mu_\Delta}{\sqrt{n}\,\sigma_\Delta}$$

近似地服从标准正态分布 $N(0,1)$. 通过在概率论中某种收敛意义下的极限,极限 $\lim\limits_{\Delta \to 0} Z$ 服从正态分布,进而得到股票在 t 时刻的瞬时价格

$$S_t = \lim_{\Delta \to 0} S_{n\Delta}$$

由此可以得到结论:股票在 t 时刻的瞬时价格 S_t 本身不服从正态分布,但价格的对数服从正态分布,用连续时间金融的术语来说,就是服从(带漂移的)布朗运动.

知识结构思维导图

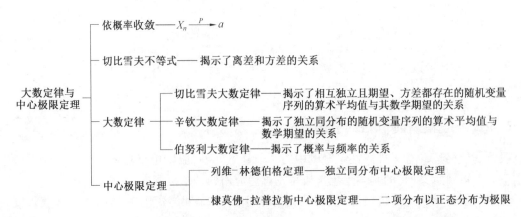

延伸阅读:中心极限定理的创立与发展

在生产和生活中,有许多随机变量的取值呈现出"中间多,两头少,左右对称"的特点.例如,一般来说我国北方男性身高在170 cm左右的居多,而高于180 cm和低于160 cm的较少;或者在生产条件不变的情况下产品的抗压强度、长度等许多随机变量指标也都存在这样类似的情况.这样的随机变量所服从的分布就是所谓的"正态分布".许多随机变量服从正态分布.

历史上有不少数学家对中心极限定理的研究做出了贡献.中心极限定理的发展主要分为3个阶段.

1. 创立阶段:1733—1853 年

人们通常认为,法国数学家棣莫佛在1733年首次证明了二项分布近似正态分布.然而,当时棣莫佛并不知道自己本质上证明了"中心极限定理".

法国数学家拉普拉斯写了很多论文,想推广棣莫佛的工作.他意识到需要一种新的数学技巧,并在1785年成功地发明了这个技巧:特征函数的简单形式和反演公式.在1812年,他先后考虑了对称的、离散的均匀分布,对称的连续分布,任意分布情形.最后,拉普拉斯在他的名著《概率的分析理论》中证明了中心极限定理.

泊松完善和推广了拉普拉斯关于中心极限定理的证明.其他数学家也做了这方面工作,比如贝塞尔和柯西.拉普拉斯等人给出证明的前提假设是,和的分布是有限的,因此所有的矩都存在.他们把结果推广到无限情形,但没有给出证明,并隐含假定了矩的存在.

2. 严格证明阶段:1887—1910 年

俄国数学家切比雪夫受到布拉什曼的影响,对概率论产生了兴趣,后来接替布尼亚可夫斯基在圣彼得堡大学讲授概率论.1866年切比雪夫发表了《论平均数》,讨论了作为大数定律极限值的平均数问题.1884年,他的学生马尔可夫对矩方法所涉及的切比雪夫不等式给出了证明之后,切比雪夫于1887年发表了《概率论中的两个定理》,开始对随机变量和收敛到正态分布的条件即中心极限定理进行讨论,给出一般随机变量的切比雪夫定理.

3. 新的发展:1919 年以后

在俄罗斯数学家工作的基础上,芬兰数学家林德贝尔格把李雅普诺夫条件换成了弱一些的条件,于1922年证明了更一般的定理,即林德贝尔格定理.林德贝尔格条件是相当一般的.如果一族随机变量序列满足李雅普诺夫条件,则它一定满足林德贝尔格条件;但反之不成立.

以现在的眼光来看,林德贝尔格的证明是简单的.但在当时对大多数概率论学家而言,林德贝尔格的方法显得错综复杂.因为那时线性算子的概念还没有成为人们普遍接受的语言,所以林德贝尔格需要几页的篇幅去建立基本事实.而现在这些可以用一句话来说,论证是清楚的,简单易懂.因此,林德贝尔格的研究很长时间以来被置于人们的视野之外.

此后中心极限定理从实值情形推广到了向量情形、巴拿赫空间和鞅等情形.通过中心极限定理的主要3个发展阶段可看出,每个时期都有各自不同的特点,这不仅与数学工具的发展有关,而且受到人们当时的数学观念的影响.

建模直通车：中心极限定理在生活中的应用

随着互联网和移动通信的迅猛发展，带来了在任何时间、任何地点都能用互联网业务与其他人进行自由联系的需求，这就是个人通信．移动计算网络是实现个人通信的一条有效途径．在宽带 IP 网中实现移动计算主要有两种发展方向：一是以蜂窝移动通信系统为基础向全 IP 网过渡，这是广域方案；二是无线局域网构成全 IP 网络，这是局域方案．

某单位的局域网有 120 个终端，每个终端有 10% 的时间在与主机交换数据，如果各个终端与主机交换数据与否是相互独立的．（1）用中心极限定理计算在任何时刻同时最多有 15 个终端在使用的概率的近似值；（2）如果同一时刻有超过 20 台终端要与主机交换数据，系统将发生数据传送堵塞，那么，系统发生堵塞现象的概率是多少？

中心极限定理在生活中的应用详解

第 5 章总复习题

一、填空题

1.（2001 数学三）设随机变量 X 和 Y 的数学期望分别为 -2 和 2，方差分别为 1 和 4，而相关系数为 -0.5，则根据切比雪夫不等式，$P\{|X+Y| \geq 6\} \leq$ _____．

2. 已知正常男性成人血液中，每毫升白细胞数平均是 $7\,300$，标准差是 700，利用切比雪夫不等式估计每毫升含白细胞数在 $5\,200 \sim 9\,400$ 的概率大于等于_____．

3. 在每次试验中事件 A 发生的概率等于 0.5，利用切比雪夫不等式，则在 $1\,000$ 次独立试验中事件 A 发生的次数在 $450 \sim 550$ 之间的概率不低于_____．

4. 伯努利大数定律描述的是：事件 A 发生的_____在一定条件下依概率收敛于事件 A 发生的_____．

5. 设随机变量序列 $X_1, X_2, \cdots, X_n, \cdots$ 独立同分布且 $X_i(i=1,2,\cdots)$ 的概率密度为
$$f(x) = \begin{cases} 1-|x|, & |x| < 1 \\ 0, & \text{其他} \end{cases}$$
则当 $n \to \infty$ 时，$\dfrac{1}{n}\sum\limits_{i=1}^{n} X_i^2$ 依概率收敛于_____．

二、选择题

1. 设随机变量 $X_1, X_2, \cdots, X_n$ 相互独立且服从参数为 λ 的泊松分布，则下列随机变量序列中不满足切比雪夫大数定律条件的是（　　）．

A. $X_1, X_2, \cdots, X_n$ 　　　　B. $X_1+1, X_2+2, \cdots, X_n+n$

C. $X_1, 2X_2, \cdots, nX_n$ 　　　　D. $X_1, \dfrac{1}{2}X_2, \cdots, \dfrac{1}{n}X_n$

2. 设随机变量 $X_1, X_2, \cdots, X_n$ 相互独立，$S_n = X_1 + X_2 + \cdots + X_n$，则根据列维-林德伯格中心极限定理，当 n 充分大时，S_n 近似服从正态分布，只要 $X_1, X_2, \cdots, X_n$（　　）.

　　A. 有相同的数学期望　　　　　　B. 有相同的方差
　　C. 服从同一指数分布　　　　　　D. 服从同一离散型分布

3. (2020 数学一) 设随机变量 $X_1, X_2, \cdots, X_{100}$ 为来自总体 X 的样本，其中 $P\{X=0\} = P\{X=1\} = \frac{1}{2}$，则利用中心极限定理可得 $P\left\{\sum_{i=1}^{100} X_i \leq 55\right\}$ 的近似值为（　　）.

　　A. $1 - \Phi(1)$　　　　B. $\Phi(1)$　　　　C. $1 - \Phi(0.2)$　　　　D. $\Phi(0.2)$

4. 设随机变量 $X_1, X_2, \cdots, X_n, \cdots$ 相互独立，且 $X_i (i=1,2,\cdots)$ 都服从参数为 $\frac{1}{2}$ 的指数分布，则当 n 充分大时，随机变量 $Z_n = \frac{1}{n}\sum_{i=1}^{n} X_i$ 近似服从（　　）.

　　A. $N(2,4)$　　　　B. $N\left(2, \frac{4}{n}\right)$　　　　C. $N\left(\frac{1}{2}, \frac{1}{4n}\right)$　　　　D. $N(2n, 4n)$

5. 设 $X_i = \begin{cases} 0, A \text{ 不发生} \\ 1, A \text{ 发生} \end{cases} (i=1,2,\cdots,100)$ 且 $P(A) = 0.8$，$X_1, X_2, \cdots, X_{100}$ 相互独立. 令 $Y = \sum_{i=1}^{100} X_i$，则由中心极限定理知 Y 的分布函数 $F(y)$ 近似于（　　）.

　　A. $\Phi(y)$　　　　B. $\Phi\left(\dfrac{y-80}{4}\right)$　　　　C. $\Phi(16y+8)$　　　　D. $\Phi(4y+80)$

三、计算题

1. 某市有 50 个服务呼叫台，每个呼叫台在每分钟内收到的电话呼叫次数服从参数 $\lambda = 0.05$ 的泊松分布，求该市在某时刻一分钟内的呼叫次数大于 3 次的概率.

2. 在一家保险公司里有 10 000 人参加保险，每人每年付 12 元保险费. 在一年内一人死亡的概率为 0.006，死亡后家属可向保险公司领取 1 000 元. 求

（1）保险公司亏本的概率；

（2）保险公司一年内的利润不少于 60 000 元的概率.

3. 根据以往经验，某种电气元件的使用寿命服从均值为 100 h 的指数分布，现随机地取 16 只，设它们的使用寿命是相互独立的，求这 16 只元件的使用寿命的总和大于 1 920 h 的概率.

4. 现有一大批种子，其中良种占 $\frac{1}{6}$，现从中任取 6 000 粒. 分别用（1）切比雪夫不等式估计；

（2）中心极限定理计算：这 6 000 粒良种所占的比例与 $\frac{1}{6}$ 之差的绝对值不超过 0.01 的概率.

5. 设某单位内部有 1 000 台电话分机，每台电话分机有 5% 的时间使用外线通话，假设各个电话分机是否使用外线是相互独立的，求该单位总机至少需要安装多少条外线才能以 95% 以上的概率保证每台分机需要使用外线时不被占用？

第6章
Chapter 6

样本分布

> **学习目标和要求**

(1) 理解数理统计中的基本概念:总体,个体,样本和统计量,会正确判断统计量.

(2) 掌握样本均值、样本方差、样本标准差和样本矩的计算方法.

(3) 了解两个重要抽样分布:χ^2 分布、t 分布的定义及其性质,了解常用抽样分布上 α 分位点的概念,并会查表求上 α 分位点.

在前 5 章里已经讨论了概率论的基本概念和方法,为学习数理统计建立了重要的理论基础. 数理统计所研究的问题概括起来可以分为两大类:其一,试验的设计和研究,即研究如何更合理、更有效地获得观察资料的方法;其二,统计推断,即研究如何利用已知的数据资料,对所关心的问题做出尽可能精确、可靠的推断. 归纳起来,就是抽样方法和统计方法这两个方面的内容.

在概率论中,随机变量的分布通常是已知的,并在此基础上进行计算和推断,但在数理统计中,研究的随机变量的分布是未知的,或者是不完全知道的,人们是通过对所研究的随机变量进行重复独立的观察,得到许多观察值,对这些数据进行分析,从而对所研究的随机变量的分布做出种种推断.

为了更有效地介绍数理统计所研究的问题,本章引入一些数理统计中常用的基本概念和术语,其次着重介绍统计学中常用的统计量及抽样分布.

6.1 统 计 量

6.1.1 总体与样本

定义 6.1 某一特定研究过程中的研究对象的全体称为总体,一般记为 X. 组成总体的每个基本单元称为个体,总体中所含个体的数目称为总体容量.

总体通常是所关心对象的全部. 如某工厂生产的全部产品,某学校的全部学生等. 而某工厂的每个产品,某学校的每名学生便是个体.

总体根据其所包含的个体数目可以分为有限总体和无限总体. **有限总体**是指总体的范围能够明确确定,而且个体的数目是有限的. 例如,2016 年在里约热内卢举行的奥运会的全体参赛国家是有限总体. **无限总体**是指总体所包含的个体数目是无限的. 例如,空气中所悬浮的固体颗粒的数目.

总体之所以分为有限总体和无限总体,主要是为了判别在抽样中每次抽样的结果是否相互独立. 对于无限总体,每次抽取一个个体,并不影响下次的抽样结果,因此每次抽样可以看作是相互独立的. 对于有限总体,抽取一个个体后,总的元素就会少一个,前一次的抽样结果会影响下一次的抽样结果,因此每次抽取是不相互独立的.

定义 6.2 从总体中抽取一部分个体所构成的集合称为样本,来自总体 X 的样本可记为 $X_1, X_2, \cdots, X_n$. 样本中所含个体的数量称为样本容量. 每一次具体的抽样所得到的数据称为样本值,记为 $x_1, x_2, \cdots, x_n$.

注意,样本具有双重性,即它本身是随机变量,但一经抽取便有一组确定的具体值,即样本值.

若 $X_1, X_2, \cdots, X_n$ 是来自总体 X 的一个样本,且 $X_1, X_2, \cdots, X_n$ 相互独立,它们与总体 X 具有相同的分布函数 $F(x)$,则 $X_1, X_2, \cdots, X_n$ 的联合分布函数为

$$F^*(x_1, x_2, \cdots, x_n) = \prod_{i=1}^{n} F(x_i) = F(x_1) F(x_2) \cdots F(x_n)$$

又若 X 的概率密度函数为 $f(x)$,则 $X_1, X_2, \cdots, X_n$ 的联合概率密度为

$$f^*(x_1, x_2, \cdots, x_n) = \prod_{i=1}^{n} f(x_i) = f(x_1) f(x_2) \cdots f(x_n)$$

6.1.2 统计量

样本是进行统计推断的依据,在应用时,往往不是直接使用样本本身,而是针对不同的问题构造样本的适当函数,利用这些样本的函数进行统计推断.

定义 6.3 设 $X_1, X_2, \cdots, X_n$ 为来自总体 X 的一个样本,$g(X_1, X_2, \cdots, X_n)$ 是一个连续函数,若 $g(X_1, X_2, \cdots, X_n)$ 中不含未知参数,则称 $g(X_1, X_2, \cdots, X_n)$ 为一个统计量.

【例 6.1】 设随机变量 $X \sim N(\mu, \sigma^2)$,其中 μ 为已知,σ^2 未知,$X_1, X_2, \cdots, X_n$ 为来自总体 X 的样本,则 $\sum_{i=1}^{n}(X_i - \mu)^2$ 是一个统计量,而 σ^2 未知,所以 $\frac{1}{n}\sum_{i=1}^{n}\left(\frac{X_i - \mu}{\sigma}\right)^2$ 不是统计量.

在许多情况下,往往利用抽样的办法,通过样本的信息来推断总体的情况. 统计量是根据样本计算出的一个量,它是样本的函数. 常用的统计量如下.

1. 样本均值

$$\bar{X} = \frac{1}{n}\sum_{i=1}^{n} X_i$$

2. 样本方差

$$S^2 = \frac{1}{n-1}\sum_{i=1}^{n}(X_i - \overline{X})^2 = \frac{1}{n-1}\left(\sum_{i=1}^{n}X_i^2 - n\overline{X}^2\right)$$

3. 样本标准差

$$S = \sqrt{S^2} = \sqrt{\frac{1}{n-1}\sum_{i=1}^{n}(X_i - \overline{X})^2}$$

4. 样本 k 阶(原点)矩

$$A_k = \frac{1}{n}\sum_{i=1}^{n}X_i^k, \quad k = 1, 2, \cdots$$

当 $k=1$ 时,样本一阶原点矩就是样本均值.

5. 样本 k 阶中心矩

$$B_k = \frac{1}{n}\sum_{i=1}^{n}(X_i - \overline{X})^k, \quad k = 2, 3, \cdots$$

当 $k=2$ 时,样本二阶中心矩与样本方差只相差一个常数倍,即

$$B_2 = \frac{n-1}{n}S^2$$

习题 6.1

1. 若总体 $X \sim N(\mu, \sigma^2)$,其中 σ^2 为已知,但 μ 未知,$X_1, X_2, \cdots, X_n$ 为来自总体 X 的样本,则下列量中,_____是统计量,_____不是统计量.

(1) $\frac{1}{n}\sum_{i=1}^{n}X_i$; (2) $\frac{1}{n}\sum_{i=1}^{n}(X_i - \mu)^2$; (3) $\frac{1}{n}\sum_{i=1}^{n}(X_i - \overline{X})^2$;

(4) $\frac{\overline{X} - 3}{\sigma}\sqrt{n}$; (5) $\frac{\overline{X} - \mu}{\sigma}\sqrt{n}$; (6) $\dfrac{\overline{X} - 5}{\sqrt{\dfrac{1}{n(n-1)}\sum_{i=1}^{n}(X_i - \overline{X})^2}}$.

2. X_1, X_2, X_3 是取自总体 X 的样本,a 是一未知参数,则( )是统计量.

A. $X_1 + aX_2 + X_3$ B. $X_1 X_3$ C. $aX_1 X_2 X_3$ D. $\frac{1}{3}\sum_{i=1}^{3}(X_i - a)^2$

3. $X_1, X_2, \cdots, X_n$ 是取自总体 X 的样本,则 $\frac{1}{n}\sum_{i=1}^{n}(X_i - \overline{X})^2$ 是( ).

A. 样本矩   B. 二阶原点矩   C. 二阶中心矩   D. 样本方差

4. 设总体 X 的一个容量为 5 的样本值是:0,1,0,1,1,求样本均值 $\overline{X}$ 与样本方差 S^2 的值.

5. 抽样得到 100 个观测值见下表.

5 题表

观测值	0	1	2	2	2	2
频数	14	21	26	19	12	8

计算样本均值、样本方差、样本二阶中心距的值.

6.2 抽样分布

统计量的分布称为**抽样分布**. 一般来说,要确定一个统计量的抽样分布是非常复杂的. 但对于一些特殊情形,如正态总体,就有较为简单的方法. 而且中心极限定理也保证了在统计研究中所遇到的总体可由正态分布作为它的一个很好的近似,许多重要的统计量也是由正态总体导出的,这些都决定了正态总体有特别重要的地位. 本节主要介绍由正态总体导出的 χ^2 分布和 t 分布.

6.2.1 样本均值的分布

对于正态总体,样本均值服从正态分布. 对于任意总体,只要 n 充分大,样本均值近似服从正态分布.

定理 6.1 设总体 $X \sim N(\mu, \sigma^2)$,$X_1, X_2, \cdots, X_n$ 为来自总体 X 的一个样本,则样本均值 $\overline{X} = \frac{1}{n}\sum_{i=1}^{n} X_i$ 服从数学期望为 μ、方差为 $\frac{\sigma^2}{n}$ 的正态分布,即 $\overline{X} \sim N\left(\mu, \frac{\sigma^2}{n}\right)$.

证明 由于相互独立的服从正态分布的随机变量的线性组合仍服从正态分布,所以样本均值 $\overline{X} = \frac{1}{n}\sum_{i=1}^{n} X_i$ 服从正态分布,其数学期望和方差分别为

$$E(\overline{X}) = E\left(\frac{1}{n}\sum_{i=1}^{n} X_i\right) = \frac{1}{n}\sum_{i=1}^{n} E(X_i) = \frac{n\mu}{n} = \mu$$

$$D(\overline{X}) = D\left(\frac{1}{n}\sum_{i=1}^{n} X_i\right) = \frac{1}{n^2}\sum_{i=1}^{n} D(X_i) = \frac{n\sigma^2}{n^2} = \frac{\sigma^2}{n}$$

所以 $\overline{X} \sim N\left(\mu, \frac{\sigma^2}{n}\right)$.

定理 6.2 设 X 为任意总体,其期望 $E(X) = \mu$,方差 $D(X) = \sigma^2$,$X_1, X_2, \cdots, X_n$ 为来自总体 X 的一个样本. 则当 n 值充分大时,样本均值 $\overline{X} = \frac{1}{n}\sum_{i=1}^{n} X_i$ 近似地服从期望为 μ、方差为 $\frac{\sigma^2}{n}$ 的正态分布,即 $\overline{X} \sim N\left(\mu, \frac{\sigma^2}{n}\right)$.

利用中心极限定理,易证此定理,故证明略.

6.2.2 χ^2 分布

χ^2 分布是统计推断中最重要的连续型分布之一,服从 χ^2 分布的随机变量,可以表示为相互独立的标准正态随机变量的平方和,正态总体的样本方差服从 χ^2 分布,许多重要统计量的极限分布也是 χ^2 分布.

定义 6.4 若随机变量 X 的概率密度函数为

$$f(x) = \begin{cases} \dfrac{1}{2^{\frac{n}{2}}\Gamma\left(\dfrac{n}{2}\right)} x^{\frac{n}{2}-1} e^{-\frac{x}{2}}, & x > 0 \\ 0, & x \leq 0 \end{cases}$$

其中 $\Gamma\left(\dfrac{n}{2}\right) = \int_0^{+\infty} x^{\frac{n}{2}-1} e^{-x} dx$，$\Gamma\left(\dfrac{1}{2}\right) = \sqrt{\pi}$，则称随机变量 X 服从自由度为 n 的 χ^2 分布，记为 $X \sim \chi^2(n)$.

定理 6.3 设随机变量 $X_1, X_2, \cdots, X_n$ 相互独立，且都服从标准正态分布，则

$$X = \sum_{i=1}^n X_i^2 \sim \chi^2(n)$$

特别地，若 $X \sim N(0,1)$，则 $X \sim \chi^2(1)$.

证明略.

$\chi^2(n)$ 的概率密度函数的图形如图 6.1 所示，注意到该函数的图像总在第一象限.

从图 6.1 可以看出 χ^2 分布曲线与自由度有关，当自由度很小时，χ^2 分布曲线向右伸展，随着自由度的增加，χ^2 分布曲线变得越来越对称，当自由度达到相当大时，χ^2 分布曲线接近正态分布曲线.

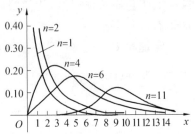

图 6.1

由 χ^2 分布的定义，不难推得如下性质：

(1) $X_1, X_2, \cdots, X_n$ 为来自总体 $X \sim N(\mu, \sigma^2)$ 的一个样本，则

$$\dfrac{\sum_{i=1}^n (X_i - \mu)^2}{\sigma^2} \sim \chi^2(n)$$

(2) 若 $X \sim \chi^2(n)$，则

$$E(X) = n, D(X) = 2n$$

(3) 设 $X_1 \sim \chi^2(n_1)$，$X_2 \sim \chi^2(n_2)$，且 X_1 与 X_2 相互独立，则

$$X_1 + X_2 \sim \chi^2(n_1 + n_2)$$

即 χ^2 分布满足可加性. 这一性质可推广到有限个 χ^2 分布的情形.

设 $X_i \sim \chi^2(n_i)$ $(i = 1, 2, \cdots, k)$，且相互独立，则有

$$\sum_{i=1}^k X_i \sim \chi^2\left(\sum_{i=1}^k n_i\right)$$

定理 6.4 设总体 $X \sim N(\mu, \sigma^2)$，$X_1, X_2, \cdots, X_n$ 为来自总体 X 的一个样本，样本均值

$$\overline{X} = \dfrac{1}{n} \sum_{i=1}^n X_i$$

样本方差

$$S^2 = \dfrac{1}{n-1} \sum_{i=1}^n (X_i - \overline{X})^2$$

则

(1) $\dfrac{(n-1)S^2}{\sigma^2} \sim \chi^2(n-1)$;

(2) $\overline{X}$ 与 S^2 相互独立.

定义 6.5 若 X 服从自由度为 n 的 χ^2 分布,对于给定的正数 $\alpha(0 < \alpha < 1)$,称满足条件
$$P\{X > \chi_\alpha^2(n)\} = \alpha$$
的点 $\chi_\alpha^2(n)$ 为 $\chi^2(n)$ 的上 α 分位点(数).

图 6.2 中阴影部分面积等于 α.

【例 6.2】 已知 $X \sim \chi^2(24)$,求满足
$$P\{X > \lambda_1\} = 0.975, P\{X < \lambda_2\} = 0.25$$
的 λ_1 和 λ_2.

解 对于 $P\{X > \lambda_1\} = 0.975$ 直接查附表 4,$n = 24$,$\alpha = 0.975$,可得 $\lambda_1 = 12.401$. 对于 $P\{X < \lambda_2\} = 0.25$ 无法直接查表,可转化一下形式
$$P\{X < \lambda_2\} = 1 - P\{X \geq \lambda_2\} = 0.25$$
所以 $P\{X \geq \lambda_2\} = 0.75$,查表得 $\lambda_2 = 19.037$.

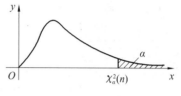

图 6.2

6.2.3 t 分布

定义 6.6 若随机变量 X 的概率密度函数为
$$f(x) = \dfrac{\Gamma\left(\dfrac{n+1}{2}\right)}{\Gamma\left(\dfrac{n}{2}\right)\sqrt{n\pi}}\left(1 + \dfrac{x^2}{n}\right)^{-\frac{n+1}{2}}, -\infty < x < +\infty$$
则称随机变量 X 服从自由度为 n 的 t 分布,记为 $X \sim t(n)$.

定理 6.5 设 $X \sim N(0,1)$,$Y \sim \chi^2(n)$,且 X 与 Y 相互独立,则随机变量
$$T = \dfrac{X}{\sqrt{\dfrac{Y}{n}}}$$
服从自由度为 n 的 t 分布.

t 分布的概率密度函数是偶函数,它关于 y 轴对称,其形状类似于标准正态分布概率密度曲线. 其图像如图 6.3 所示.

事实上,可以证明
$$\lim_{n \to \infty} f(x) = \dfrac{1}{\sqrt{2\pi}} e^{-\frac{x^2}{2}}, -\infty < x < +\infty$$
即当自由度 n 很大时,t 分布接近于标准正态分布.

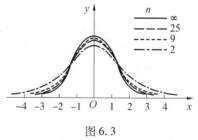

图 6.3

定义 6.7 若 X 服从自由度为 n 的 t 分布,对于给定的正数 $\alpha(0<\alpha<1)$,称满足条件
$$P\{X>t_\alpha(n)\}=\alpha$$
的点 $t_\alpha(n)$ 为分布 $t(n)$ 的上 α 分位点(数).

图 6.4 中阴影部分面积等于 α.

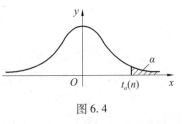

图 6.4

定理 6.6 设 $X_1,X_2,\cdots,X_n$ 为来自总体 $X\sim N(\mu,\sigma^2)$ 的一个样本,样本均值为
$$\overline{X}=\frac{1}{n}\sum_{i=1}^n X_i$$
样本方差为
$$S^2=\frac{1}{n-1}\sum_{i=1}^n\left(X_i-\overline{X}\right)^2$$
则
$$\frac{\overline{X}-\mu}{S/\sqrt{n}}\sim t(n-1)$$

证明略.

关于样本均值 $\overline{X}$,样本方差 S^2,有如下结论:

(1) 设 $X_1,X_2,\cdots,X_n$ 为来自总体 X(不管服从什么分布,只要它的均值和方差存在)的样本,且有 $E(X)=\mu,D(X)=\sigma^2$,则
$$E(\overline{X})=\mu,D(\overline{X})=\frac{\sigma^2}{n}$$

(2) $\dfrac{\overline{X}-\mu}{\sigma/\sqrt{n}}\sim N(0,1)$ 是已知方差 σ^2 的条件下对期望 μ 进行的估计,$\dfrac{\overline{X}-\mu}{S/\sqrt{n}}\sim t(n-1)$ 是未知方差 σ^2 的条件下对期望 μ 进行的估计,而 $\dfrac{(n-1)S^2}{\sigma^2}\sim\chi^2(n-1)$ 是未知期望 μ 的条件下对方差 σ^2 进行的估计.

(3) 设总体 $X\sim N(\mu,\sigma^2)$,$X_1,X_2,\cdots,X_n$ 是来自总体 X 的样本,则

① $\overline{X}\sim N\left(\mu,\dfrac{\sigma^2}{n}\right)$;

② $\dfrac{(n-1)S^2}{\sigma^2}\sim\chi^2(n-1)$;

③ $\overline{X}$ 与 S^2 相互独立;

④ $\dfrac{\overline{X}-\mu}{S/\sqrt{n}}\sim t(n-1)$.

习题 6.2

1. 设 $X_1,X_2,\cdots,X_n$ 为来自总体 X 的样本,且 $X\sim N(0,1)$,则统计量 $\sum_{i=1}^n X_i^2\sim$ _____.

2. 若 $X_1, X_2, \cdots, X_n$ 是正态总体 $N(\mu, \sigma^2)$ 的容量为 n 的样本,则其均值 $\bar{X} = \dfrac{1}{n}\sum\limits_{i=1}^{n} X_i$ 服从的分布是_____.

3. 设总体 $X \sim N(2, 3^2)$,$X_1, X_2, \cdots, X_n$ 为 X 的一个样本,则 $\dfrac{\sum\limits_{i=1}^{n}(X_i - 2)^2}{3^2}$ 服从的分布是_____.

4. 设总体 $X \sim N(\mu, \sigma^2)$,则 $\dfrac{1}{\sigma^2}\sum\limits_{i=1}^{n}(X_i - \bar{X})^2$ 服从的分布是_____.

5. 设 $X_1, X_2, \cdots, X_n$ 是来自正态总体 $N(\mu, \sigma^2)$ 的样本,则 $\sum\limits_{i=1}^{20}\left(\dfrac{X_i - \mu}{\sigma}\right)^2$ 服从( ).

A. $N(0,1)$ B. $N(\mu, \dfrac{\sigma^2}{n})$ C. $\chi^2(19)$ D. $\chi^2(20)$

6. 设总体 $X \sim N(\mu, \sigma^2)$,$X_1, X_2, \cdots, X_n$ 为其样本,则 $Y = \dfrac{\sqrt{n}(\bar{X} - \mu)}{S}$ 服从的分布是( ).

A. $\chi^2(n-1)$ B. $N(0,1)$ C. $t(n-1)$ D. $t(n)$

7. 设总体 $X \sim N(52, 6.3^2)$,随机抽取一个容量为 36 的样本,求(1) 样本均值 $\bar{X}$ 的分布;(2) 样本均值 $\bar{X}$ 落在 50.8 ~ 53.8 之间的概率.

8. 设 $X_1, X_2, \cdots, X_n$ 为来自 $\chi^2(n)$ 的一个样本,$\bar{X} = \dfrac{1}{n}\sum\limits_{i=1}^{n} X_i$ 为其样本均值,求 $E(\bar{X})$ 与 $D(\bar{X})$.

9. 设总体 $X \sim N(20, 3^2)$,抽取样本容量是 $n_1 = 40$ 及 $n_2 = 50$ 的两个样本,求两个样本均值之差的绝对值小于 0.7 的概率.

10. 设 $X_1, X_2, \cdots, X_{10}$ 为来自总体 $X \sim N(0, 0.3^2)$ 的一个样本,求 $P\{\sum\limits_{i=1}^{10} X_i^2 > 1.44\}$.

11. 设总体 $X \sim N(\mu, \sigma^2)$,已知样本容量 $n = 16$,样本均值 $\bar{x} = 12.5$,样本方差 $s^2 = 5$,如果 σ 未知,求 $|\mu - \bar{X}| < 0.5$ 的概率.

12. 设 $X_1, X_2, \cdots, X_n$ 是来自泊松分布 $P(\lambda)$ 的一个样本,$\bar{X}, S^2$ 分别为样本均值和样本方差,求 $E(\bar{X}), D(\bar{X}), E(S^2)$.

13. 设 X_1, X_2, X_3, X_4 为来自总体 $X \sim N(0, 2^2)$ 的一个样本,令 $Y = a(X_1 - 2X_2)^2 + b(3X_3 - 4X_4)^2$,求系数 a, b,使得 Y 服从 χ^2 分布,并求自由度.

14. 根据附表查下列各值:
(1) $\chi^2_{0.05}(20)$;   (2) $\chi^2_{0.95}(20)$;   (3) $t_{0.01}(10)$.

15. 总体 $X \sim N(10, 2^2)$,$X_1, X_2, \cdots, X_8$ 是来自 X 的样本,若 $P\{\bar{X} \geq c\} = 0.05$,试确定 c 的值.

16. 设 X_1, X_2 是来自正态总体 $N(0, 9)$ 的样本,已知 $Y = a(X_1 + X_2)^2$ 服从 χ^2 分布,求 a.

17. 设随机变量 $X \sim N(2, 1)$,随机变量 Y_1, Y_2, Y_3, Y_4 均服从参数为 0,2 的正态分布,且 X,

$Y_i(i=1,\cdots,4)$ 相互独立,令 $T = \dfrac{4(X-2)}{\sqrt{\sum\limits_{i=1}^{4} Y_i^2}}$,求 T 的分布,并确定 t_0 的值,使 $P\{|T|>t_0\}=0.01$.

知识结构思维导图

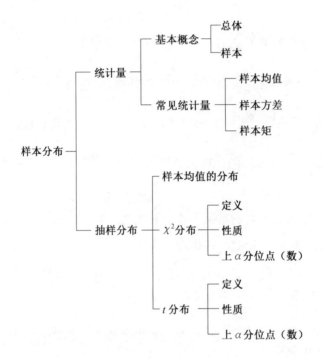

延伸阅读:数理统计的起源

相对于其他许多数学分支而言,数理统计学是一个比较年轻的数学分支,但是它的萌芽却是很早以前的事情. 其特点是以对随机现象观测所取得的资料为出发点,以概率论的理论为基础来研究随机现象.

我国古代典籍中就有"上古结绳而治""伏羲仓精,初造王业,画卦结绳,以理海内"的铭文. 九家易云:"古无文字,其有约誓之事,事大,大其绳;事小,小其绳. 结之多少,随物众寡,执以相考." 这就说明,当时已产生了简单的分组(大事,小事),与简单的分组总量指标(大事件数,小事件数),成为我国统计的萌芽. 统计学与人们的生产生活和社会活动有着密切的联系.

纵观统计学的形成和发展,主要经历了以下三个阶段:古典统计学,统计学的奠基阶段(17 世纪中至 19 世纪末);近代统计学,统计学体系形成的阶段(19 世纪末至 20 世纪中);现代统计学,统计学全面发展的阶段(20 世纪中至今).

1. 古典时期(19 世纪以前)

这是描述性的统计学形成和发展阶段,是数理统计的萌芽时期. 在这一时期里,瑞士数学家雅各布·伯努利较早地系统论证了大数定律. 1763 年,英国数学家贝叶斯提出了一种归纳推理的理论,后被发展为一种统计推断方法——贝叶斯方法,开创了数理统计的先河. 法国数学家棣莫佛于 1733 年首次发现了正态分布的概率密度函数并计算出该曲线在各种不同区间内的概率,为整个大样本理论奠定了基础. 1809 年,德国数学家高斯和法国数学家勒让德各自独立地发现了最小二乘法,并应用于观察数据的误差分析. 在数理统计的理论与应用方面都做出了重要贡献,他不仅将数理统计应用到生物学,而且还应用到教育学和心理学的研究,并且详细地讨论了数理统计应用的广泛性,他曾预言:"统计方法,可应用于各种学科的各个部门".

2. 近代时期(19 世纪末至 20 世纪中)

数理统计的主要分支建立,是数理统计的形成时期. 19 世纪末,概率论的发展从理论上接近完备,加之工农业生产的迫切需要,从而推动着这门学科的蓬勃发展. 1889 年,英国数学家皮尔逊提出了矩估计法,次年又提出了频率曲线的理论. 皮尔逊在伦敦英王学院攻读数学,1884 年任伦敦大学学院的应用数学与力学教授. 1890~1900 年,皮尔逊在高尔顿的指点下,讨论生物进化、返祖、遗传、自然选择、随机交配等问题. 皮尔逊致力于大样本理论的研究,他发现不少生物方面的数据有显著的偏态,不适合用正态分布去刻画,为此他提出了后来以他的名字命名的分布族,为估计这个分布族中的参数,他提出了"矩法". 为考察实际数据与这族分布的拟合分布优劣问题,他引进了著名的"χ^2 检验法",并在理论上研究了其性质. 这个检验法是假设检验最早、最典型的方法,他在理论分布完全给定的情况下求出了检验统计量的极限分布. 1901 年,他创办了《生物统计学》,使数理统计有了自己的阵地,这是 20 世纪初叶数学的重大收获之一.

1908 年皮尔逊的学生戈赛特创始了"精确样本理论". 他署名"Student"在《生物统计学》上发表文章,改进了皮尔逊的方法. 他的发现不仅不再依靠近似计算,而且能用所谓小样本进行统计推断,并使统计学的对象由集团现象转变为随机现象. 现"Student 分布"已成为数理统计学中的常用工具,"Student 氏"也是一个常见的术语.

3. 现代时期(20 世纪中至今)

以费歇尔为代表人物的英国成为数理统计研究的中心时,美国在二战中发展亦快,有三个统计研究组在投弹问题上进行了 9 项研究,其中最有成效的哥伦比亚大学研究小组在理论和实践上都有重大建树,最为著名的是首先系统地研究了"序贯分析",被称为"30 年代最有威力"的统计思想."序贯分析"系统理论的创始人是著名统计学家沃德. 他是原籍罗马尼亚的英国统计学家,他于 1934 年系统发展了早在 20 年代就受到注意的序贯分析法. 沃德在统计方法中引进的"停止规则"的数学描述,是序贯分析的概念基础,并已证明是现代概率论与数理统计学中最富于成果的概念之一.

第 6 章总复习题

一、填空题

1. 设 $X_1, X_2, \cdots, X_n$ 是来自总体 X 的样本,总体 X 的均值 μ 已知,方差 σ^2 未知. 在样本函数 $\sum_{i=1}^{n} X_i, \dfrac{\sum_{i=1}^{n} X_i - \mu}{\sqrt{\sigma}}, \dfrac{\sum_{i=1}^{n} X_i - \mu}{S}, n\mu(X_1^2 + X_2^2 + \cdots + X_n^2)$ 中,_____不是统计量.

2. 有 $n = 10$ 的样本,分别为 $1.2, 1.4, 1.9, 2.0, 1.5, 1.5, 1.6, 1.4, 1.8, 1.4$,则样本均值 $\bar{x} =$ _____,样本标准差 $s =$ _____,样本方差 $s^2 =$ _____.

3. 设总体 $X \sim N(0,1)$,X_1, X_2, X_3, X_4 为来自总体 X 的样本,则统计量 $X_1^2 + X_2^2 + X_3^2 + X_4^2 \sim$ _____.

4. 设 $(X_1, X_2, \cdots, X_n)$ 为来自正态总体 $X \sim N(0, \sigma^2)$ 的一个样本,则 $\dfrac{1}{n\sigma^2}\left(\sum_{i=1}^{n} X_i\right)^2 \sim$ _____.

5. 设 X_1, X_2, X_3, X_4 为总体 $X \sim N(0,1)$ 的样本,则 $\dfrac{X_3 - X_4}{\sqrt{X_1^2 + X_2^2}} \sim$ _____.

6. 设随机变量 X 与 Y 相互独立且 $X \sim N(0, \sigma^2)$,$Y \sim \chi^2(n)$,则 $Z = \dfrac{X - \mu}{\sqrt{Y}\sigma}\sqrt{n} \sim$ _____.

二、选择题

1. 下面关于统计量的说法不正确的是( ).
   A. 统计量与总体同分布 B. 统计量是随机变量
   C. 统计量是样本的函数 D. 统计量不含未知参数

2. 已知 $X_1, X_2, \cdots, X_n$ 是来自总体 $X \sim N(\mu, \sigma^2)$ 的样本,则下列关系中正确的( ).
   A. $E(\bar{X}) = n\mu$ B. $D(\bar{X}) = \sigma^2$ C. $E(S^2) = \sigma^2$ D. $D(S^2) = \sigma^2$

3. 设总体 $X \sim N(\mu, \sigma^2)$,μ 未知,而 σ^2 已知,$X_1, X_2, \cdots, X_n$ 为一个样本,则以下样本的函数不是统计量的是( ).
   A. $\dfrac{1}{\sigma^2}\sum_{i=1}^{n}(X_i - \mu)^2$ B. $\dfrac{1}{\sigma^2}\sum_{i=1}^{n}(X_i - \bar{X})^2$ C. $\dfrac{X_i - \bar{X}}{\sqrt{\dfrac{\sigma^2}{n}}}$ D. $\dfrac{\bar{X} - \mu}{\sqrt{\dfrac{S^2}{n}}}$

4. 设总体 $X \sim N(\mu, \sigma^2)$,其中 μ 已知,σ^2 未知,X_1, X_2, X_3 是从中抽取的样本,下列各项中不是统计量的是( ).
   A. $\dfrac{X_1^2 + X_2^2 + X_3^2}{\sigma^2}$ B. $X_1 + 3\mu$ C. $\max\{X_1, X_2, X_3\}$ D. $\dfrac{X_1 + X_2 + X_3}{3}$

5. (2018 年数学三)设 $X_1, X_2, \cdots, X_n$ 是来自总体 $N(\mu, 1)$ 的样本,则下列结论中不正确的是( ).
   A. $\sum_{i=1}^{n}(X_i - \mu)^2$ 服从 χ^2 分布   B. $2(X_n - X_1)^2$ 服从 χ^2 分布
   C. $\sum_{i=1}^{n}(X_i - \bar{X})^2$ 服从 χ^2 分布   D. $n(\bar{X} - \mu)^2$ 服从 χ^2 分布

6. 设总体 $X \sim N(\mu, \sigma^2)$,μ, σ^2 是未知参数,$X_1, X_2, \cdots, X_n$ 是来自总体的一个样本,则下列结论正确的是( ).
   A. $S^2 = \dfrac{1}{n-1}\sum_{i=1}^{n}(X_i - \bar{X})^2 \sim \chi^2(n-1)$ B. $\dfrac{1}{n}\sum_{i=1}^{n}(X_i - \bar{X})^2 \sim \chi^2(n)$
   C. $\dfrac{(n-1)S^2}{\sigma^2} = \dfrac{1}{\sigma^2}\sum_{i=1}^{n}(X_i - \bar{X})^2 \sim \chi^2(n-1)$ D. $\dfrac{1}{\sigma^2}\sum_{i=1}^{n}(X_i - \bar{X})^2 \sim \chi^2(n)$

7. 设 $X_1, X_2, \cdots, X_{n_1}$ 与 $Y_1, Y_2, \cdots, Y_{n_2}$ 分别来自正态总体 $N(\mu_1, \sigma_1^2), N(\mu_2, \sigma_2^2)$,其中 μ_1, μ_2, σ_1, σ_2 已知,且两正态总体相互独立,则不服从标准正态分布的统计量是( ).

A. $\dfrac{(\overline{X} - \mu_1)\sqrt{n_1}}{\sigma_1}$ B. $\dfrac{X_{n_1} - \mu_1}{\sigma_1}$ C. $\dfrac{Y_1 - \mu_2}{\sigma_2}$ D. $\dfrac{(\overline{X} - \overline{Y}) - (\mu_1 - \mu_2)}{\sqrt{\dfrac{\sigma_1^2}{n_1} - \dfrac{\sigma_2^2}{n_2}}}$

8. (2018 年数学三) 设 $X_1, X_2, \cdots, X_n$ 是来自总体 $N(\mu, \sigma^2)$ 的样本, $x_1, x_2, \cdots, x_n$ 为一相应的样本值. 令 $\overline{X} = \dfrac{1}{n}\sum\limits_{i=1}^{n} X_i, S = \sqrt{\dfrac{1}{n-1}\sum\limits_{i=1}^{n}(X_i - \overline{X})^2}, S^* = \sqrt{\dfrac{1}{n}\sum\limits_{i=1}^{n}(X_i - \mu)^2}$,则( ).

A. $\dfrac{\sqrt{n}(\overline{X} - \mu)}{S} \sim t(n)$ B. $\dfrac{\sqrt{n}(\overline{X} - \mu)}{S} \sim t(n-1)$

C. $\dfrac{\sqrt{n}(\overline{X} - \mu)}{S^*} \sim t(n)$ D. $\dfrac{\sqrt{n}(\overline{X} - \mu)}{S^*} \sim t(n-1)$

三、计算题

1. 抽取 10 只辽宁绒山羊产绒量(单位:g):450,450,500,500,500,550,550,600,600,650,计算其样本均值、样本方差和标准差.

2. 设 $X_1, X_2, \cdots, X_n$ 来自正态总体 $N(10, 2^2)$,$\overline{X}$ 是样本均值,满足 $P\{9.02 \leqslant \overline{X} \leqslant 10.98\} = 0.95$,试确定样本容量 n 的大小.

第 7 章

Chapter 7

参数估计

> 学习目标和要求

(1) 理解点估计的概念,了解求点估计的两种方法:矩估计法(一阶,二阶)与最大似然估计法,会利用最大似然估计法对参数进行估计.

(2) 了解估计量的评价标准(无偏性,有效性,一致性).

(3) 了解区间估计的概念,掌握区间估计的计算步骤,会求单个正态总体的均值与方差的置信区间.

(4) 熟练掌握主要内容,并能灵活运用解决实际问题.

统计推断是数理统计学的核心内容. 概括地说,**统计推断**就是用样本推断总体,利用抽取到的样本,对样本的特征进行分析处理,进而推断总体的某些特征.

统计推断主要分为参数估计问题和假设检验问题. 本章主要涉及参数估计部分. 参数估计主要分为点估计和区间估计两部分. 所谓**参数估计**,就是用样本构造统计量来估计总体的未知参数. 例如,对于总体的未知参数 θ,抽取样本 $X_1, X_2, \cdots, X_n$,如构造统计量 $\hat{\theta} = \hat{\theta}(X_1, X_2, \cdots, X_n)$ 去估计总体的参数 θ,这种方法称为**点估计法**;如构造统计量 $\hat{\theta}_1 = \hat{\theta}_1(X_1, X_2, \cdots, X_n)$,$\hat{\theta}_2 = \hat{\theta}_2(X_1, X_2, \cdots, X_n)$,用区间 $(\hat{\theta}_1, \hat{\theta}_2)$ 去估计总体参数 θ 的范围,这种方法称为**区间估计**.

7.1 点 估 计

点估计的方法有很多,本书只介绍矩估计法和最大似然估计法.

7.1.1 矩估计

对于总体 X,若 X 为离散型随机变量,其概率分布为 $P\{X=x\} = p(x;\theta)$(θ 代表一个或多个

未知参数),若 X^k 的期望存在,即

$$\mu_k = E(X^k) = \sum_{x \in R_X} x^k p(x;\theta)$$

存在(R_X 表示 X 所有可能的取值构成的集合),则 μ_k 称为 X 的 k **阶原点矩**,简称 k **阶矩**.

若 X 为连续型随机变量,其概率密度函数为 $f(x;\theta)$(θ 代表一个或多个未知参数),同样,若

$$\mu_k = E(X^k) = \int_{-\infty}^{+\infty} x^k f(x;\theta) \mathrm{d}x$$

存在,则 μ_k 称为 X 的 k **阶原点矩**,简称 k **阶矩**.

第 6 章给出了样本矩的概念,对于来自总体 X 的样本 $X_1, X_2, \cdots, X_n$,样本的 k 阶矩为

$$A_k = \frac{1}{n} \sum_{i=1}^{n} X_i^k$$

对于总体原点矩 μ_k,样本矩 A_k,当抽取的样本无限增大时,样本矩 A_k 依概率收敛于总体原点矩 μ_k,所以可以用样本矩作为总体原点矩的估计,这就是矩估计的基本思想.

矩估计的具体做法:令 $\mu_k = A_k$,即

$$E(X^k) = \frac{1}{n} \sum_{i=1}^{n} X_i^k, k = 1, 2, \cdots, n \tag{7.1}$$

假设总体 $X \sim f(x;\theta)$,这里用 θ 表示总体中含有的所有未知参数,即若总体 X 中含有 m 个未知参数,则 $\theta = (\theta_1, \theta_2, \cdots, \theta_m)$. 显然,总体矩 μ_k 中含有 m 个未知参数 $(\theta_1, \theta_2, \cdots, \theta_m)$,要求解这些参数需要 m 个等式,即 $\mu_1 = A_1, \mu_2 = A_2, \cdots, \mu_m = A_m$,从而求得参数 $\theta_i (i = 1, 2, \cdots, m)$ 的唯一表达式,θ_i 应该为样本 $X_1, X_2, \cdots, X_n$ 的函数,假设有形式 $\theta_i = \theta_i(X_1, X_2, \cdots, X_n)$. 由于样本 $X_1, X_2, \cdots, X_n$ 的函数为统计量,故用 $\hat{\theta}_i$ 代替 θ_i. 换一种说法,即 $\hat{\theta}_i = \hat{\theta}_i(X_1, X_2, \cdots, X_n)$ 为 θ_i 的矩估计量,若将样本的一组取值为 $x_1, x_2, \cdots, x_n$ 代入 $\hat{\theta}_i$,可以得到 θ_i 的矩估计值.

【例 7.1】 设总体 $X \sim U(a,b)$,其中 a, b 为未知参数. $X_1, X_2, \cdots, X_n$ 是来自总体 X 的样本,求参数 a, b 的矩估计量.

解 总体分布中含有两个未知参数,所以需要两个方程

$$\begin{cases} \mu_1 = A_1 \\ \mu_2 = A_2 \end{cases}$$

又

$$\begin{cases} \mu_1 = E(X) = \dfrac{a+b}{2} \\ \mu_2 = E(X^2) = D(X) + [E(X)]^2 = \dfrac{(b-a)^2}{12} + \dfrac{(a+b)^2}{4} \end{cases}$$

由式(7.1)有

$$\begin{cases} \dfrac{a+b}{2} = A_1 \\ \dfrac{(b-a)^2}{12} + \dfrac{(a+b)^2}{4} = A_2 \end{cases}$$

解得

$$\begin{cases} a = A_1 - \sqrt{3(A_2 - A_1^2)} \\ b = A_1 + \sqrt{3(A_2 - A_1^2)} \end{cases}$$

又

$$A_1 = \frac{1}{n}\sum_{i=1}^{n} X_i = \overline{X}, A_2 = \frac{1}{n}\sum_{i=1}^{n} X_i^2$$

所以,参数 a,b 的矩估计量为

$$\hat{a} = \overline{X} - \sqrt{\frac{3}{n}\sum_{i=1}^{n}(X_i - \overline{X})^2}, \hat{b} = \overline{X} + \sqrt{\frac{3}{n}\sum_{i=1}^{n}(X_i - \overline{X})^2}$$

7.1.2 最大似然估计

对于最大似然估计法的思想,可以用一个例子来说明.

假定一个黑箱子中有 100 个球,这些球的分类有两种情况. 情况 I ,99 个白球,1 个黑球. 情况 II ,99 个黑球,1 个白球. 现从箱中任取 1 球,发现为白球. 问原来箱中球的情况.

严格地说,原来箱中球分类的两种情况都有可能造成任取 1 球为白球的结果. 但是哪一种情况是最可能的呢? 对于情况 I ,任取 1 球为白球的概率为 0.99. 对于情况 II ,任取 1 球为白球的概率为 0.01. 显然,情况 I 是最有可能的,或者说抽取 1 球为白球的结果于情况 I 更有利. 而且,推断原来箱中球的分类为情况 I 也很符合人们的经验推理.

这就是最大似然估计法的基本思想. 最大似然就是"最有可能"的意思. 对于已经出现的结果,更愿意相信使结果发生的所有可能情况中可能性较大的一种情况. 例如,射击运动员和一般射击爱好者同时向一个靶盘射击,已知只有一枪中靶,那更愿意相信这一枪是射击运动员射中的.

对于来自总体 X 中的样本 $X_1, X_2, \cdots, X_n$ 的一组样本值 $x_1, x_2, \cdots, x_n$,由最大似然的思想,样本取这些值的概率应尽可能大.

下面就总体是离散型随机变量和连续型随机变量两种情况,分别给出参数的最大似然估计法.

(1) 若总体 X 为离散型随机变量,其概率分布为

$$P\{X = x\} = p(x;\theta), \theta \in \Theta$$

其中 θ 代表一个或多个未知参数;Θ 为 θ 可能的取值范围. 样本 $X_1, X_2, \cdots, X_n$ 来自总体 X,显然 X_i 相互独立且与总体 X 具有相同的分布,即

$$P\{X_i = x_i\} = p(x_i;\theta), \theta \in \Theta; i = 1, 2, \cdots, n$$

由此可以得到样本 $X_1, X_2, \cdots, X_n$ 的联合概率分布为

$$P\{X_1 = x_1, X_2 = x_2, \cdots, X_n = x_n\} = \prod_{i=1}^{n} p(x_i;\theta), \theta \in \Theta \tag{7.2}$$

式(7.2)为事件 $\{X_1 = x_1, X_2 = x_2, \cdots, X_n = x_n\}$ 的概率. 当样本的取值已知时,它可以被看作是参数 θ 的函数,这里记为 $L(\theta)$(当 θ 代表多个未知参数时,$L(\theta)$ 为多元函数),并称

$$L(\theta) = \prod_{i=1}^{n} p(x_i;\theta), \theta \in \Theta \tag{7.3}$$

为样本的**似然函数**. 可见, $L(\theta)$ 反映的是样本 X_i 取值 x_i 时的概率, 根据最大似然的思想, 希望找到 $\hat{\theta} \in \Theta$ 使得 $L(\theta)$ 达到最大值, 即

$$L(\hat{\theta}) = \max_{\theta \in \Theta} L(\theta) \tag{7.4}$$

一般来说, $\hat{\theta}$ 与样本取值 $x_1, x_2, \cdots, x_n$ 有关, 记 $\hat{\theta}(x_1, x_2, \cdots, x_n)$ 为参数 θ 的**最大似然估计值**, 记统计量 $\hat{\theta}(X_1, X_2, \cdots, X_n)$ 为参数 θ 的**最大似然估计量**.

(2) 当总体 X 为连续型随机变量时, 假设其概率密度函数为 $f(x;\theta)(\theta \in \Theta)$ (θ, Θ 的含义同前), 样本 $X_1, X_2, \cdots, X_n$ 来自总体 X, 样本 X_i 相互独立且与总体 X 具有相同的分布, 概率密度函数为 $f(x_i;\theta)(\theta \in \Theta)$, 则样本 $X_1, X_2, \cdots, X_n$ 的联合概率密度函数为

$$f(x_1, x_2, \cdots, x_n; \theta) = \prod_{i=1}^{n} f(x_i; \theta), \theta \in \Theta \tag{7.5}$$

式(7.5)也为 θ 的函数, 定义为样本的**似然函数** $L(\theta)$, 即

$$L(\theta) = \prod_{i=1}^{n} f(x_i; \theta), \theta \in \Theta \tag{7.6}$$

同样希望取 $\hat{\theta} \in \Theta$ 使得 $L(\theta)$ 达到最大值, $\hat{\theta}(x_1, x_2, \cdots, x_n)$ 为参数 θ 的**最大似然估计值**, 统计量 $\hat{\theta}(X_1, X_2, \cdots, X_n)$ 为参数 θ 的**最大似然估计量**.

对似然函数 $L(\theta)$ 求最大值, 通常先由等式 $\dfrac{\mathrm{d}L(\theta)}{\mathrm{d}\theta} = 0$ 求出使得 $L(\theta)$ 最大的点 θ. 又因为 $L(\theta)$ 与 $\ln L(\theta)$ 具有相同的单调性, 所以 $L(\theta)$ 与 $\ln L(\theta)$ 在同一 θ 处取到最大值, 而且式 $\dfrac{\mathrm{d}\ln L(\theta)}{\mathrm{d}\theta} = 0$ 也较容易求得 θ.

【例7.2】 设总体 $X \sim P(\lambda)$, 其中 λ 为未知参数, $X_1, X_2, \cdots, X_n$ 是来自总体 X 的样本, 求参数 λ 的最大似然估计量.

解 总体服从泊松分布, 总体的概率分布为

$$P\{X = x\} = \frac{\lambda^x}{x!} \mathrm{e}^{-\lambda}, x = 0, 1, 2, \cdots$$

样本和总体具有相同的分布, 样本 X_i 的分布为

$$P\{X_i = x_i\} = \frac{\lambda^{x_i}}{x_i!} \mathrm{e}^{-\lambda}, x_i = 0, 1, 2, \cdots; i = 1, 2, \cdots, n$$

由此, 得到似然函数

$$L(\lambda) = \prod_{i=1}^{n} P\{X_i = x_i\} = \prod_{i=1}^{n} \frac{\lambda^{x_i}}{x_i!} \mathrm{e}^{-\lambda} = \frac{\mathrm{e}^{-n\lambda} \lambda^{\sum_{i=1}^{n} x_i}}{\prod_{i=1}^{n} x_i!}$$

上式两边取自然对数得

$$\ln L(\lambda) = \left(\sum_{i=1}^{n} x_i\right) \ln \lambda - n\lambda - \ln \prod_{i=1}^{n} x_i!$$

令

$$\frac{\mathrm{d}\ln L(\lambda)}{\mathrm{d}\lambda} = \frac{1}{\lambda} \sum_{i=1}^{n} x_i - n = 0$$

解得

$$\lambda = \frac{1}{n}\sum_{i=1}^{n}x_i$$

所以,参数 λ 的最大似然估计量为

$$\hat{\lambda} = \frac{1}{n}\sum_{i=1}^{n}X_i = \overline{X}$$

【例 7.3】 设总体 $X \sim N(\mu, \sigma^2)$,其中 μ, σ^2 为未知参数,$X_1, X_2, \cdots, X_n$ 是来自总体 X 的样本,求参数 μ 与 σ^2 的最大似然估计量.

解 总体服从正态分布,其概率密度函数为

$$f(x) = \frac{1}{\sqrt{2\pi}\sigma}e^{-\frac{(x-\mu)^2}{2\sigma^2}}, \quad -\infty < x < +\infty$$

样本与总体具有相同的分布,样本 X_i 的概率密度函数为

$$f(x_i) = \frac{1}{\sqrt{2\pi}\sigma}e^{-\frac{(x_i-\mu)^2}{2\sigma^2}}, \quad -\infty < x_i < +\infty; i = 1, 2, \cdots, n$$

因为概率密度中含有两个未知参数,所以似然函数为二元函数,为

$$L(\mu, \sigma^2) = \prod_{i=1}^{n}f(x_i) = \prod_{i=1}^{n}\frac{1}{\sqrt{2\pi}\sigma}e^{-\frac{(x_i-\mu)^2}{2\sigma^2}} = (2\pi)^{-\frac{n}{2}}(\sigma^2)^{-\frac{n}{2}}e^{-\frac{1}{2\sigma^2}\sum_{i=1}^{n}(x_i-\mu)^2}$$

两边取自然对数得

$$\ln L(\mu, \sigma^2) = -\frac{n\ln 2\pi}{2} - \frac{n\ln \sigma^2}{2} - \frac{1}{2\sigma^2}\sum_{i=1}^{n}(x_i - \mu)^2$$

对上式中 μ, σ^2 分别求偏导,并令其为零,有

$$\begin{cases} \dfrac{\partial \ln L(\mu, \sigma^2)}{\partial \mu} = \dfrac{\sum_{i=1}^{n}(x_i - \mu)}{\sigma^2} = 0 \\ \dfrac{\partial \ln L(\mu, \sigma^2)}{\partial \sigma^2} = -\dfrac{n}{2\sigma^2} + \dfrac{\sum_{i=1}^{n}(x_i - \mu)^2}{2\sigma^4} = 0 \end{cases}$$

解得

$$\begin{cases} \mu = \dfrac{1}{n}\sum_{i=1}^{n}x_i \\ \sigma^2 = \dfrac{1}{n}\sum_{i=1}^{n}(x_i - \mu)^2 \end{cases}$$

所以,参数 μ 与 σ^2 的最大似然估计量为

$$\begin{cases} \hat{\mu} = \overline{X} \\ \hat{\sigma}^2 = \dfrac{1}{n}\sum_{i=1}^{n}(X_i - \overline{X})^2 \end{cases}$$

【例 7.4】 设总体 X 的概率密度函数为

$$f(x;\theta) = \begin{cases} \theta x^{\theta-1}, & 0 < x < 1 \\ 0, & \text{其他} \end{cases}$$

其中 $\theta(\theta > 0)$ 为未知参数,样本 $X_1, X_2, \cdots, X_n$ 来自总体 X,求参数 θ 的最大似然估计量.

解 样本 $X_1, X_2, \cdots, X_n$ 来自总体 X,所以样本和总体服从相同分布,样本 X_i 的概率密度函数为

$$f(x_i;\theta) = \begin{cases} \theta x_i^{\theta-1}, & 0 < x_i < 1 \\ 0, & \text{其他} \end{cases}, i = 1, 2, \cdots, n$$

所以,似然函数为

$$L(\theta) = \prod_{i=1}^{n} f(x_i) = \begin{cases} \theta^n \prod_{i=1}^{n} x_i^{\theta-1}, & 0 < x_i < 1 \\ 0, & \text{其他} \end{cases}$$

当 $0 < x_i < 1$ 时,上式两边取自然对数

$$\ln L(\theta) = n\ln \theta + (\theta - 1) \sum_{i=1}^{n} \ln x_i$$

令

$$\frac{d\ln L(\theta)}{d\theta} = \frac{n}{\theta} + \sum_{i=1}^{n} \ln x_i = 0$$

解得

$$\theta = -\frac{n}{\sum_{i=1}^{n} \ln x_i}$$

所以,参数 θ 的最大似然估计量为

$$\hat{\theta} = -\frac{n}{\sum_{i=1}^{n} \ln X_i}$$

习题 7.1

1. 设总体 X 在区间 $(\mu - \rho, \mu + \rho)$ 上服从均匀分布,其中常数 $\rho > 0$,则未知参数 μ 的矩估计量为(　　).

   A. $\dfrac{1}{\overline{X}}$ 　　　　B. S_n^2 　　　　C. $\dfrac{1}{n-1}\sum_{i=1}^{n} X_i^2$ 　　　　D. $\overline{X}$

2. 矩估计量必然是(　　).

   A. 总体的函数　　B. 总体矩的函数　　C. 样本矩的函数　　D. 最大似然估计

3. (2021 年数学三) 设总体 X 的概率分布为 $P\{X=1\} = \dfrac{1-\theta}{2}, P\{X=2\} = P\{X=3\} = \dfrac{1+\theta}{4}$,其中 $\theta(-1 < \theta < 1)$ 为未知参数,利用来自总体 X 的样本值 1,3,2,2,1,3,1,2,可得 θ 的最大似然估计值为(　　).

   A. $\dfrac{1}{4}$ 　　　　B. $\dfrac{3}{8}$ 　　　　C. $\dfrac{1}{2}$ 　　　　D. $\dfrac{5}{2}$

4. 对球的直径(单位:cm)做了 5 次测量,测量的结果是 6.33, 6.37, 6.36, 6.32, 6.37,求样

本均值和样本方差.

5. 设总体 $X \sim U(0,\theta)$,其中 $\theta(\theta > 0)$ 为未知参数,现从该总体中抽取样本容量为 10 的样本,样本值为 0.5,1.3,0.6,1.7,2.2,1.2,0.8,1.5,2.0,1.6,求参数 θ 的矩估计值.

6. 一批产品中含有废品,从中任取 75 件,发现废品共 10 件,分别用矩估计法和最大似然估计法估计该批产品的废品率.

7. 设总体 X 的概率密度为 $f(x;\theta) = \begin{cases} \dfrac{2}{\theta^2}(\theta - x), & 0 < x < \theta \\ 0, & \text{其他} \end{cases}$,其中 $\theta(\theta > 0)$ 为未知参数,样本 $X_1, X_2, \cdots, X_n$ 来自总体 X,求参数 θ 的矩估计量.

8. 设总体 X 的概率密度为 $f(x;\theta) = \begin{cases} \theta x^{\theta-1}, & 0 < x < 1 \\ 0, & \text{其他} \end{cases}$,其中 $\theta(\theta > 0)$ 为未知参数,样本 $X_1, X_2, \cdots, X_n$ 来自总体 X,求参数 θ 的矩估计量.

9. 甲、乙两名校对员相互独立地对同一本书的样稿进行校对,校对完后,甲发现 a 个错字,乙发现 b 个错字,其中共同发现的错字有 c 个,用矩估计法对下面两个未知参数进行估计:(1)该书样稿的总错字个数;(2)未被发现的错字个数.

10. 某种电子管的使用寿命(单位:d)服从指数分布,其概率密度为 $f(x;\theta) = \begin{cases} \dfrac{1}{\theta} e^{-\frac{1}{\theta} x}, & x \geq 0 \\ 0, & x < 0 \end{cases}$,其中 $\theta(\theta > 0)$ 为未知参数,今抽取一组样本,其数据如下:

16,29,50,68,100,130,140,270,280,340,410,450,520,620,190,210,800,1 100

求 θ 的最大似然估计值.

11. 假设新生儿体重(单位:g)$X \sim N(\mu, \sigma^2)$,其中参数 μ, σ^2 未知,现测得 10 名新生儿的体重,得数据如下:

3 100,3 480,2 520,3 700,2 520,3 200,2 800,3 800,3 020,3 260

求 σ^2 的矩估计值.

12. 设总体 X 的概率密度为 $f(x;\theta) = \begin{cases} e^{-(x-\theta)}, & x \geq \theta \\ 0, & x < \theta \end{cases}$,其中 θ 为未知参数,设 $X_1, X_2, \cdots, X_n$ 为来自总体 X 的一个样本,求 θ 的矩估计量和最大似然估计量.

13. 设总体 $X \sim P(\lambda)$,其中 $\lambda(\lambda > 0)$ 为未知参数,$X_1, X_2, \cdots, X_n$ 是来自总体 X 的一个样本.(1)求 λ 的矩估计量.(2)已知元素碳 - 14 在半分钟内放射出到达计数器的粒子数 $X \sim P(\lambda)$,根据总体 X 的一组样本值:6,4,9,6,10,11,6,3,7,10,求 λ 的矩估计值.

14. (1)设 X 服从参数为 $p(0 < p < 1)$ 的几何分布,其概率分布为 $P\{X = x\} = (1-p)^{x-1} p$,$x = 1, 2, \cdots$,参数 p 未知,设 $x_1, x_2, \cdots, x_n$ 是一组样本值,求 p 的最大似然估计值.

(2)一名运动员投篮的命中率为 $p(0 < p < 1)$,以 X 表示他投篮直至投中为止的次数,他共投篮 5 次得到 X 的观察值为 5,1,7,4,9,求 p 的最大似然估计值.

15. 设总体 $X \sim N(\mu, \sigma^2)$,参数 σ^2 已知,μ 未知,$x_1, x_2, \cdots, x_n$ 是来自 X 的一组样本值,求 μ 的最大似然估计值.

16. 设 $X_1, X_2, \cdots, X_n$ 是总体 X 的一个样本,$x_1, x_2, \cdots, x_n$ 为一组相应的样本值.

(1) 若总体 X 的概率密度为 $f(x;\theta) = \begin{cases} \dfrac{x}{\theta^2}\mathrm{e}^{-x/\theta}, & x > 0 \\ 0, & \text{其他} \end{cases}$,其中 $\theta(\theta > 0)$ 为未知参数,求 θ 的最大似然估计值;

(2) 若总体 X 的概率密度为 $f(x;\theta) = \begin{cases} \dfrac{x^2}{2\theta^3}\mathrm{e}^{-x/\theta}, & x > 0 \\ 0, & \text{其他} \end{cases}$,其中 $\theta(\theta > 0)$ 为未知参数,求 θ 的最大似然估计值;

(3) 若总体 $X \sim B(m,p)$,其中参数 m 已知,$0 < p < 1$ 未知,求 p 的最大似然估计值.

7.2 点估计的评价标准

7.1 节已经学习了矩估计法和最大似然估计法. 在统计学中,还有其他的点估计法. 对于同一个总体的未知参数,不同的估计方法可能会得到不同的估计量. 这里就存在一个问题,哪一个估计量更能反映总体参数的真值呢? 这就需要一个衡量估计量优劣的标准.

数理统计中有很多估计量的评价标准,对同一个估计量使用不同的标准可能会得到不同的结论. 因此,评价估计量的优劣应该首先说明在同一个标准下才有意义. 本节主要介绍估计量的 3 个评价标准,即无偏性、有效性和相合性.

7.2.1 无偏性

假设 $\hat{\theta}$ 为总体参数 θ 的估计量,经过多次抽样,$\hat{\theta}$ 的取值会有所不同. 无偏性要求这些取值要以 θ 的真值为中心波动,从概率上讲,即 $\hat{\theta}$ 的期望是 θ.

定义 7.1 对于总体参数 θ 的一个估计量 $\hat{\theta}$,若

$$E(\hat{\theta}) = \theta \tag{7.7}$$

则称 $\hat{\theta}$ 为 θ 的无偏估计量.

$\hat{\theta}$ 作为一个统计量,是一个随机变量,因而它具有随机性. $\hat{\theta}$ 的取值与 θ 的真值有偏差,这种偏差有时为正,有时为负. 无偏估计的含义是说这些偏差的均值为零.

【例 7.5】 样本 $X_1, X_2, \cdots, X_n$ 来自总体 X,$\overline{X}$ 为样本均值,证明 $\overline{X}, X_i (i = 1, 2, \cdots, n)$,$\dfrac{X_1 + X_n}{2}$ 都是总体均值的无偏估计量.

证明 假设总体均值为 μ,即 $E(X) = \mu$,样本 X_i 与总体 X 服从相同分布,则 $E(X_i) = \mu$,所以有

$$E(\overline{X}) = E\left(\frac{1}{n}\sum_{i=1}^{n} X_i\right) = \frac{1}{n}\sum_{i=1}^{n} E(X_i) = \mu$$

$$E(X_i) = \mu$$

$$E\left(\frac{X_1 + X_n}{2}\right) = \frac{E(X_1) + E(X_n)}{2} = \mu$$

由式(7.7)可知,$\overline{X}, X_i, \dfrac{X_1 + X_n}{2}$ 都是总体均值的无偏估计量.

这说明同一个参数的无偏估计量不唯一.

【例 7.6】 证明样本的二阶中心矩不是总体方差的无偏估计量.

证明 样本 $X_1, X_2, \cdots, X_n$ 来自总体 X, $\bar{X}$ 为样本均值,假设 $E(X) = \mu, D(X) = \sigma^2$,则

$$E(B_2) = E\left[\frac{1}{n}\sum_{i=1}^{n}(X_i - \bar{X})^2\right] = \frac{1}{n}E\left[\sum_{i=1}^{n}(X_i - \bar{X})^2\right] = \frac{1}{n}\left[\sum_{i=1}^{n}E(X_i^2) - E(n\bar{X}^2)\right]$$

又

$$E(X_i^2) = D(X_i) + [E(X)]^2 = \sigma^2 + \mu^2$$

$$E(\bar{X}^2) = D(\bar{X}) + [E(\bar{X})]^2 = \frac{\sigma^2}{n} + \mu^2$$

所以

$$E(B_2) = \frac{1}{n}\left[\sum_{i=1}^{n}E(X_i^2) - nE(\bar{X}^2)\right] = \frac{1}{n}\left[n(\sigma^2 + \mu^2) - n\left(\frac{\sigma^2}{n} + \mu^2\right)\right] = \frac{(n-1)\sigma^2}{n} \neq \sigma^2$$

即样本的二阶中心矩不是总体方差的无偏估计量. 可以验证样本方差 S^2 为总体方差的无偏估计量,即

$$E(S^2) = \sigma^2$$

在选择估计量时,应该尽量选择无偏估计量. 但是应该注意,无偏估计量只是保证在经过多次抽样后,估计量的偏差总和为零,不能保证在一次抽样中,估计量的偏差很小. 那么如何衡量一个无偏估计量的优劣? 下面引入有效性的定义.

7.2.2 有效性

从例 7.5 可以看出,同一个参数的无偏估计量有很多. 那么对于参数 θ 的两个无偏估计量 $\hat{\theta}_1$ 与 $\hat{\theta}_2$,怎样才能知道哪一个更好呢? $\hat{\theta}_1, \hat{\theta}_2$ 作为参数的无偏估计量,它们都围绕着同一个参数真值波动. 现在,一个直观的想法是估计量应该围绕着真值的波动越小越好. 也就是说,在抽取样本容量相同条件下,经过多次观察后,若发现 $\hat{\theta}_1$ 的取值比 $\hat{\theta}_2$ 的取值更接近真值,就可以认为 $\hat{\theta}_1$ 比 $\hat{\theta}_2$ 更好.

实际上,度量随机变量偏离程度最好的工具是方差,所以对于无偏估计量来说,估计量的方差应该越小越好,这种评价标准就是有效性.

定义 7.2 对于总体参数 θ 的两个无偏估计量 $\hat{\theta}_1$ 与 $\hat{\theta}_2$,若

$$D(\hat{\theta}_1) < D(\hat{\theta}_2) \tag{7.8}$$

则称 $\hat{\theta}_1$ 比 $\hat{\theta}_2$ 有效.

【例 7.7】 比较例 7.5 中无偏估计量 $\bar{X}, X_i(i=1,2,\cdots,n), \dfrac{X_1 + X_n}{2}(n>2)$ 哪一个更有效?

解 假设总体 X 方差为 σ^2,则

$$D(\bar{X}) = D\left(\frac{1}{n}\sum_{i=1}^{n}\bar{X}_i\right) = \frac{\sigma^2}{n}$$

$$D(X_i) = \sigma^2$$

$$D\left(\frac{X_1 + X_n}{2}\right) = \frac{D(X_1)}{4} + \frac{D(X_n)}{4} = \frac{\sigma^2}{2}$$

由式(7.8)可知,当样本容量 $n > 2$ 时,有
$$D(\bar{X}) < D\left(\frac{X_1 + X_n}{2}\right) < D(X_i)$$
所以,估计量 $\bar{X}$ 最有效.

估计量的有效性是两个或多个无偏估计量相比较而言的.

7.2.3 相合性

一般来说,参数的点估计量是与抽取的样本容量有关的,样本容量越大,估计量就越接近真实值. 把这种估计量随着样本容量不断增大而逼近真实值的性质,称为相合性.

定义 7.3 对于总体参数 θ 的估计量 $\hat{\theta}(X_1, X_2, \cdots, X_n)$,若对于任意 $\varepsilon > 0$,有
$$\lim_{n \to \infty} P\{|\hat{\theta} - \theta| < \varepsilon\} = 1 \tag{7.9}$$
则称 $\hat{\theta}(X_1, X_2, \cdots, X_n)$ 为 θ 的相合估计量.

式(7.9)的含义是当样本容量无限大时,估计值 $\hat{\theta}(X_1, X_2, \cdots, X_n)$ 与 θ 几乎是相等的.

例如,要估计一批种子的发芽率 p,当然是抽取试验的种子越多越好,当多到是全部的种子的时候,也就真实地估计了 p 值,这也很符合人们的经验推理.

相合性是估计量的前提,也就是说,一个估计量应该具有相合性这种性质. 如果一个估计量在样本容量不断增大时,不能把被估参数估计到任意指定的精度,则这个估计量是不可取的.

习题 7.2

1. 设总体 X 的数学期望为 μ,$X_1, X_2, \cdots, X_n$ 为来自总体 X 的一个样本,则下列结论中正确的是( ).

   A. X_1 是 μ 的无偏估计量 B. X_1 是 μ 的最大似然估计量
   C. X_1 是 μ 的相合估计量 D. X_1 不是 μ 的估计量

2. 设总体 $X \sim N(\mu, \sigma^2)$,$X_1, X_2, \cdots, X_n$ 是来自总体 X 的一个样本,则 σ^2 的无偏估计量是( ).

   A. $\dfrac{1}{n-1}\sum_{i=1}^{n}(X_i - \bar{X})^2$ B. $\dfrac{1}{n}\sum_{i=1}^{n}(X_i - \bar{X})^2$ C. $\dfrac{1}{n}\sum_{i=1}^{n}X_i^2$ D. $\bar{X}^2$

3. 设 X_1, X_2 是正态总体 $N(\mu, 1)$ 的一个样本,μ 为未知参数,则 μ 的无偏估计量是( ).

   A. $\dfrac{2}{3}X_1 + \dfrac{4}{3}X_2$ B. $\dfrac{1}{4}X_1 + \dfrac{1}{2}X_2$ C. $\dfrac{3}{4}X_1 - \dfrac{1}{4}X_2$ D. $\dfrac{2}{5}X_1 + \dfrac{3}{5}X_2$

4. 样本容量为 n 时,样本方差 S^2 是总体方差 σ^2 的无偏估计量,这是因为( ).

   A. $E(S^2) = \sigma^2$ B. $E(S^2) = \dfrac{\sigma^2}{n}$ C. $S^2 = \sigma^2$ D. $S^2 \approx \sigma^2$

5. 设总体 $X \sim U(\theta, 2\theta)$,其中参数 $\theta(\theta > 0)$ 为未知参数,样本 $X_1, X_2, \cdots, X_n$ 来自总体 X,样本均值为 $\bar{X}$,证明 $\hat{\theta} = \dfrac{2\bar{X}}{3}$ 是参数 θ 的无偏估计量.

6. 设总体 $X \sim N(\mu, \sigma^2)$，样本 $X_1, X_2, \cdots, X_n$ 来自总体 X. 确定常数 c 使得 $c\sum_{i=1}^{n-1}(X_{i+1}-X_i)^2$ 为 σ^2 的无偏估计量.

7. 设总体 $X \sim N(\mu, \sigma^2)$，分别抽取样本容量为 n_1, n_2 的两个独立随机样本，$\overline{X}_1, \overline{X}_2$ 为两个样本的均值.（1）如果 a, b 满足 $a+b=1$，证明 $Y = a\overline{X}_1 + b\overline{X}_2$ 是 μ 的无偏估计量;（2）在（1）条件下，确定 a, b，使得 $D(Y)$ 最小.

8. 设总体 X 服从均匀分布，其概率密度为 $f(x;\theta) = \begin{cases} \dfrac{1}{\theta-1}, & 1 < x < \theta \\ 0, & \text{其他} \end{cases}$，其中 $\theta(\theta > 1)$ 为未知参数，求 θ 的矩估计量 $\hat{\theta}$，判别 $\hat{\theta}$ 是否为 θ 的无偏估计量？

9. 若 X_1, X_2, X_3 为来自总体 $X \sim N(\mu, \sigma^2)$ 的一个样本，且 $Y = \dfrac{1}{3}X_1 + \dfrac{1}{4}X_2 + kX_3$ 为 μ 的无偏估计量，求 k.

10. 设 $X_1, X_2, \cdots, X_n$ 是来自总体 $X \sim f(x;\theta) = \begin{cases} \dfrac{1}{\theta}, & 0 \leqslant x \leqslant \theta \\ 0, & \text{其他} \end{cases}$ 的一个样本，其中 $\theta(\theta > 0)$ 为未知参数，试求 θ 的一个无偏估计量 $\hat{\theta}$.

7.3 区间估计

参数的点估计是对被估参数给出一个数值，这样的好处是比较直观，且易于计算和使用. 但是，估计的数值与参数真值的逼近程度却无法说明，也就是说，不知道估计数值的可信程度是多少. 因此，可以给出参数的一个估计区间，并给出此区间包含参数真值的可信程度.

举一个例子:某供销商有一批面粉，每袋面粉的标准质量是 25 kg，为了促销，经销商宣称这批面粉中有 90% 以上都超重了，现在问如何判断经销商说的话是否可信？

在这里，假定面粉的质量 $X \sim N(\mu, \sigma^2)$，现在可以对这批面粉进行抽样，进而对参数 μ 进行估计. 如果运用点估计法，可以得到一个估计值 $\hat{\mu}$，即使这个数值大于 25，也无法判断经销商的话是否准确. 但如果得到 μ 的一个估计区间，并给出这个区间包含真实值 μ 的可信程度，这个问题就解决了. 例如，若给出 μ 的估计区间为 $(25.2, 25.9)$，并且这个估计的可信程度为 0.9，就可以认定经销商没有说谎了.

这种给出参数的估计区间，并说明此区间包含参数真值可信程度的方法称为**区间估计**，这样的区间称为置信区间. 下面给出置信区间的定义.

定义 7.4 对于总体的参数 θ，确定两个统计量 $\hat{\theta}_1$ 和 $\hat{\theta}_2$，对于给定值 $\alpha(0 < \alpha < 1)$，若

$$P\{\hat{\theta}_1 < \theta < \hat{\theta}_2\} = 1 - \alpha \tag{7.10}$$

成立，则 $(\hat{\theta}_1, \hat{\theta}_2)$ 为 θ 的置信水平为 $1-\alpha$ 的置信区间，$1-\alpha$ 为置信水平，$\hat{\theta}_1$ 为置信下限，$\hat{\theta}_2$ 为置信上限.

这里 $\hat{\theta}_2 - \hat{\theta}_1$ 为区间长度，在应用中，当然希望区间长度越短越好，这样就可以缩小 θ 的取值范围. 但在样本容量一定的前提下，长度越小，说明该区间包含真值的可能性越小. 置信区间

的长短表示估计的精度,而包含真值的可能性大小表示估计的可信程度,如果想二者兼得,则需要加大样本容量.

对式(7.10)的理解是:对于每次抽样确定的区间$(\hat{\theta}_1,\hat{\theta}_2)$,要么包含$\theta$的真值,要么不包含$\theta$的真值,没有机会多少的问题.经过多次抽样确定的区间中,包含真值的约占$100(1-\alpha)\%$,不包含真值的约占$100\alpha\%$.假设重复100次抽样,确定100个区间,取$\alpha=0.05$,那么大约有95个区间包含θ的真值,有5个不包含θ的真值.

下面以正态总体为例,讨论在某些情况下参数的区间估计的具体方法.

7.3.1 单个正态总体均值的区间估计

假设总体$X \sim N(\mu,\sigma^2)$,$X_1,X_2,\cdots,X_n$是来自总体X的样本,$\overline{X}$为样本均值,S^2为样本方差.下面分两种情况对总体均值进行区间估计.

1. σ^2已知,μ的区间估计

对于如上说明的总体和样本,由第6章统计量分布的知识,有

$$\overline{X} \sim N(\mu,\frac{\sigma^2}{n})$$

即

$$\frac{\overline{X}-\mu}{\sigma/\sqrt{n}} \sim N(0,1)$$

由于正态分布为对称分布,对于置信水平$1-\alpha$,由标准正态分布上α分位点的含义,可以取临界点$z_{\alpha/2}$,$-z_{\alpha/2}$,如图7.1所示,使得

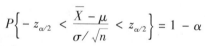

$$P\left\{-z_{\alpha/2} < \frac{\overline{X}-\mu}{\sigma/\sqrt{n}} < z_{\alpha/2}\right\} = 1-\alpha$$

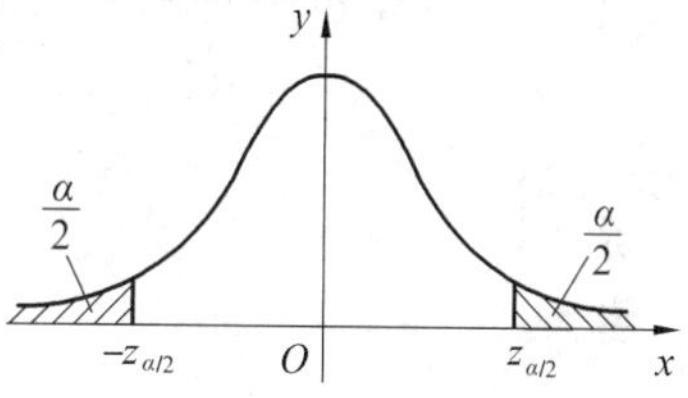

图 7.1

即

$$P\left\{\overline{X} - \frac{\sigma}{\sqrt{n}}z_{\alpha/2} < \mu < \overline{X} + \frac{\sigma}{\sqrt{n}}z_{\alpha/2}\right\} = 1-\alpha$$

这里σ与$z_{\alpha/2}$都是已知的,则$\overline{X}-\frac{\sigma}{\sqrt{n}}z_{\alpha/2}$与$\overline{X}+\frac{\sigma}{\sqrt{n}}z_{\alpha/2}$都是统计量,这样就得到了$\sigma^2$已知情况下$\mu$的置信水平为$1-\alpha$的置信区间,即

$$\left(\overline{X} - \frac{\sigma}{\sqrt{n}}z_{\alpha/2}, \overline{X} + \frac{\sigma}{\sqrt{n}}z_{\alpha/2}\right) \tag{7.11}$$

【例7.8】 保险公司想了解某地区居民的平均寿命(单位:年),对该地区居民的寿命进行抽查,假设寿命服从正态分布,其方差$\sigma^2 = 5^2$,现抽取样本容量为9的样本,得到其平均寿命为70,求该地区平均寿命μ的置信水平为0.95的置信区间.

解 根据题意有

$$\overline{x} = 70, \sigma = 5, z_{0.025} = 1.96, n = 9$$

由式(7.11)得到

置信下限为
$$\hat{\mu}_1 = \bar{x} - \frac{\sigma}{\sqrt{n}} z_{\alpha/2} \approx 66.73$$

置信上限为
$$\hat{\mu}_2 = \bar{x} + \frac{\sigma}{\sqrt{n}} z_{\alpha/2} \approx 73.27$$

这样即可得到该地区居民的平均寿命 μ 的置信水平 0.95 的置信区间为 (66.73, 73.27)，即估计该地区居民的平均寿命在 66.73 与 73.27 之间，这个估计的可信程度为 0.95.

在实际问题中，总体方差未知的情况较多，下面就 σ^2 未知的情况，讨论如何对正态总体均值 μ 进行区间估计.

2. σ^2 未知，μ 的区间估计

由于总体方差 σ^2 未知，则以上区间估计中的 $\bar{X} \pm \frac{\sigma}{\sqrt{n}} z_{\alpha/2}$ 就不是统计量，所以置信区间 $\left(\bar{X} - \frac{\sigma}{\sqrt{n}} z_{\alpha/2}, \bar{X} + \frac{\sigma}{\sqrt{n}} z_{\alpha/2}\right)$ 不适用于 σ^2 未知的情况. 已经验证，样本方差 S^2 是总体方差的无偏估计量，可以想到用 S^2 代替 σ^2，由第 6 章抽样分布的知识，有

$$\frac{\bar{X} - \mu}{S/\sqrt{n}} \sim t(n-1)$$

由于 t 分布也是对称分布，对比正态分布，对于置信水平 $1-\alpha$，取临界点 $-t_{\alpha/2}(n-1), t_{\alpha/2}(n-1)$，如图 7.2 所示，使得

$$P\left\{-t_{\alpha/2}(n-1) < \frac{\bar{X} - \mu}{S/\sqrt{n}} < t_{\alpha/2}(n-1)\right\} = 1 - \alpha$$

即

$$P\left\{\bar{X} - \frac{S}{\sqrt{n}} t_{\alpha/2}(n-1) < \mu < \bar{X} + \frac{S}{\sqrt{n}} t_{\alpha/2}(n-1)\right\} = 1 - \alpha$$

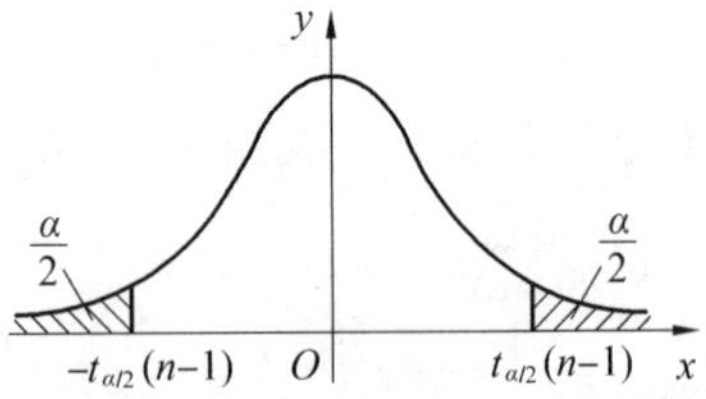

图 7.2

这里 $\bar{X} - \frac{S}{\sqrt{n}} t_{\alpha/2}(n-1), \bar{X} + \frac{S}{\sqrt{n}} t_{\alpha/2}(n-1)$ 都是统计量，这样得到了 σ^2 未知情况下 μ 的置信水平为 $1-\alpha$ 的置信区间，即

$$\left(\bar{X} - \frac{S}{\sqrt{n}} t_{\alpha/2}(n-1), \bar{X} + \frac{S}{\sqrt{n}} t_{\alpha/2}(n-1)\right) \tag{7.12}$$

【例 7.9】 对一批烟草中尼古丁的含量进行抽样检查，得到 10 个样本值（单位：mg）：
18, 24, 27, 21, 26, 28, 22, 31, 19, 20

假设尼古丁的含量服从正态分布，求该批烟草中尼古丁的平均含量 μ 的置信水平为 0.9 的置信区间.

解 根据题意有
$$\bar{x} = 23.6, s = 4.3, n = 10, t_{0.05}(9) = 1.8331$$

由式 (7.12) 可得

置信下限为

$$\hat{\mu}_1 = \bar{x} - \frac{s}{\sqrt{n}} t_{\alpha/2}(n-1) \approx 21.11$$

置信上限为

$$\hat{\mu}_2 = \bar{x} + \frac{s}{\sqrt{n}} t_{\alpha/2}(n-1) \approx 26.09$$

即 μ 的置信水平为 0.9 的置信区间为 (21.11, 26.09).

7.3.2 单个正态总体方差的区间估计

总体方差 σ^2 的区间估计也可以分为 μ 已知和 μ 未知两种情况,但在实际中,μ 已知的情况极少,所以这里只考虑 μ 未知时 σ^2 的区间估计.

设 $X \sim N(\mu,\sigma^2)$,μ 未知,$X_1, X_2, \cdots, X_n$ 为来自总体 X 的样本,S^2 为样本方差.

由第 6 章知

$$\frac{(n-1)S^2}{\sigma^2} \sim \chi^2(n-1)$$

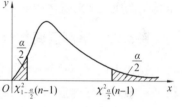

图 7.3

由于 χ^2 分布是非对称分布,对于置信水平 $1-\alpha$,取临界点 $\chi^2_{1-\alpha/2}(n-1)$,$\chi^2_{\alpha/2}(n-1)$(图 7.3),使得

$$P\left\{\chi^2_{1-\alpha/2}(n-1) < \frac{(n-1)S^2}{\sigma^2} < \chi^2_{\alpha/2}(n-1)\right\} = 1-\alpha$$

即

$$P\left\{\frac{(n-1)S^2}{\chi^2_{\alpha/2}(n-1)} < \sigma^2 < \frac{(n-1)S^2}{\chi^2_{1-\alpha/2}(n-1)}\right\} = 1-\alpha$$

这里,$\frac{(n-1)S^2}{\chi^2_{\alpha/2}(n-1)}$ 与 $\frac{(n-1)S^2}{\chi^2_{1-\alpha/2}(n-1)}$ 为统计量,所以可得总体方差 σ^2 的置信水平为 $1-\alpha$ 的置信区间为

$$\left(\frac{(n-1)S^2}{\chi^2_{\alpha/2}(n-1)}, \frac{(n-1)S^2}{\chi^2_{1-\alpha/2}(n-1)}\right) \tag{7.13}$$

由此,还可以得到总体标准差 σ 的置信水平为 $1-\alpha$ 的置信区间为

$$\left(\sqrt{\frac{(n-1)S^2}{\chi^2_{\alpha/2}(n-1)}}, \sqrt{\frac{(n-1)S^2}{\chi^2_{1-\alpha/2}(n-1)}}\right) \tag{7.14}$$

【例 7.10】 在经济活动中投资的回收利润率常用来衡量投资风险,随机调查 26 年的回收利润率,计算得样本标准差 $s = 15\%$. 现假设回收利润率服从正态分布,求总体方差 σ^2 的区间估计($\alpha = 0.05$).

解 在本题中,对照以上 σ^2 的置信区间,有 $n = 26$,$s = 15$,$\alpha = 0.05$,查表得 $\chi^2_{0.025}(25) = 40.646$,$\chi^2_{0.975}(25) = 13.120$,由式(7.13)得到

置信下限为

$$\frac{(n-1)s^2}{\chi^2_{\alpha/2}(n-1)} = \frac{25 \times 15^2}{40.646} \approx 138.39$$

置信上限为

$$\frac{(n-1)s^2}{\chi^2_{\alpha/2}(n-1)} = \frac{25 \times 15^2}{13.120} \approx 428.73$$

故总体方差 σ^2 的置信水平为 0.95 的置信区间为 (138.39, 428.73), 总体标准差 σ 的置信水平为 0.95 的置信区间为

$$(\sqrt{138.39}, \sqrt{428.73}) \approx (11.76, 20.71)$$

由以上求置信区间的方法,可以稍加总结,得到一般求参数置信区间的步骤:

(1) 如果一个统计量 U 服从某已知分布,如标准正态分布、t 分布、χ^2 分布等,U 中除待估参数 θ 外,不应该含有其他未知参数. 一般地,称 $U = U(\theta)$ 为**枢轴量**.

(2) 对于置信水平 $1-\alpha$,确定临界点 u_1, u_2,使得

$$P\{u_1 < U < u_2\} = 1 - \alpha$$

(3) 求解不等式 $u_1 < U < u_2$,得到关于待估参数 θ 的不等式 $\hat{\theta}_1 < \theta < \hat{\theta}_2$,即得到 θ 的置信水平为 $1-\alpha$ 的置信区间 $(\hat{\theta}_1, \hat{\theta}_2)$.

7.3.3 单侧区间估计

在以上的区间估计中,对于参数 θ,给出了置信水平为 $1-\alpha$ 的置信区间 $(\hat{\theta}_1, \hat{\theta}_2)$,这种估计形式一般称为**双侧区间估计**,它分别给出了参数 θ 的"上限"和"下限". 但在实际问题中,可能只关心"上限"或"下限"其中的一个. 例如,对一批零件的平均寿命,只关心平均寿命的"下限";相反,在考虑一批香烟中尼古丁的含量时,也只关心尼古丁含量的"上限". 这就是所谓的**单侧区间估计**.

定义 7.5 对于总体的未知参数 θ,确定统计量 $\hat{\theta}$,对于给定值 $\alpha(0 < \alpha < 1)$,若

$$P\{\theta > \hat{\theta}\} = 1 - \alpha \tag{7.15}$$

成立,则 $(\hat{\theta}, +\infty)$ 为 θ 的置信水平为 $1-\alpha$ 的单侧置信区间,$1-\alpha$ 为置信水平,$\hat{\theta}$ 为置信下限;若

$$P\{\theta < \hat{\theta}\} = 1 - \alpha \tag{7.16}$$

成立,则 $(-\infty, \hat{\theta})$ 为 θ 的置信水平为 $1-\alpha$ 的单侧置信区间,$1-\alpha$ 为置信水平,$\hat{\theta}$ 为置信上限.

下面以正态总体为例,讨论均值 μ 在方差 σ^2 未知时的单侧区间估计问题. 其他情况,如 σ^2 已知,μ 的单侧区间估计和总体方差 σ^2 的单侧区间估计问题可以类似讨论.

假设总体 $X \sim N(\mu, \sigma^2)$,$X_1, X_2, \cdots, X_n$ 为来自总体 X 的样本,$\overline{X}$ 为样本均值,S^2 为样本方差,则

$$\frac{\overline{X} - \mu}{S/\sqrt{n}} \sim t(n-1)$$

对于置信水平 $1-\alpha$,取临界点 $t_\alpha(n-1)$,如图 7.4 所示,使得

$$P\left\{\frac{\overline{X} - \mu}{S/\sqrt{n}} < t_\alpha(n-1)\right\} = 1 - \alpha$$

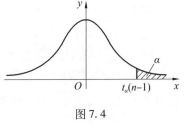

图 7.4

即

$$P\left\{\mu > \overline{X} - \frac{S}{\sqrt{n}}t_\alpha(n-1)\right\} = 1 - \alpha$$

于是,得到了 μ 的置信水平为 $1-\alpha$ 的单侧置信区间为

$$\left(\overline{X} - \frac{S}{\sqrt{n}}t_\alpha(n-1), +\infty\right) \tag{7.17}$$

其中, $\overline{X} - \frac{S}{\sqrt{n}}t_\alpha(n-1)$ 为单侧置信下限.

同理,可以得到单侧置信上限为 $\overline{X} + \frac{S}{\sqrt{n}}t_\alpha(n-1)$ 的单侧置信区间为

$$\left(-\infty, \overline{X} + \frac{S}{\sqrt{n}}t_\alpha(n-1)\right) \tag{7.18}$$

【例 7.11】 对于例 7.9,求尼古丁平均含量 μ 的置信水平为 0.95 的单侧置信上限,并给出单侧置信区间.

解 由例 7.9,有

$$\overline{x} = 23.6, s = 4.3, n = 10, t_{0.05}(9) = 1.8331$$

由式(7.18),得到单侧置信上限为

$$\hat{\mu} = \overline{x} + \frac{s}{\sqrt{n}}t_\alpha(n-1) \approx 25.48$$

所以 μ 的置信水平为 0.95 的单侧置信区间为 $(-\infty, 25.48)$.

习题 7.3

1. 设总体 $X \sim N(\mu, \sigma^2)$,对参数 μ 或 σ^2 进行区间估计时,不能采用的样本函数有( ).

A. $\dfrac{\overline{X} - \mu}{\dfrac{\sigma}{\sqrt{n}}}$ B. $\dfrac{\overline{X} - \mu}{\dfrac{S}{\sqrt{n}}}$ C. $\sum\limits_{i=1}^{n}\left(\dfrac{X_i - \overline{X}}{\sigma}\right)^2$ D. $X_n - X_1$

2. 设轴承内环的锻压零件的平均高度 X 服从正态分布 $N(\mu, 0.4^2)$,参数 μ 未知,现在从中抽取 20 只内环,其平均高度 $\overline{x} = 32.3$ mm,求内环平均高度的置信度为 95% 的置信区间.

3. 为了估计一批钢索所能承受的平均张应力(单位:kgf/m², 1 kgf = 9.81 N),从中随机地选取了 10 个样品做试验,由试验所得数据算得 $\overline{x} = 6720, s = 220$,设钢索所能承受的张应力服从正态分布,试在置信水平 95% 下求这批钢索所能承受的平均张应力的置信区间.

4. 已知某炼铁厂生产铁水的含碳量 X 在正常情况下服从正态分布,其方差 $\sigma^2 = 0.108^2$,现对其中 9 炉铁水进行抽检,测定其平均含碳量为 4.484,求该厂铁水平均含碳量 μ 的置信水平为 0.95 的置信区间.

5. 在一批螺丝钉中,随机抽取 16 个,测其长度(单位:cm)为:2.23, 2.21, 2.20, 2.24, 2.22, 2.25, 2.21, 2.24, 2.25, 2.23, 2.25, 2.21, 2.24, 2.23, 2.25, 2.22,设螺丝钉长度服从正态分布,求以下情况下总体均值 μ 的置信水平为 0.9 的置信区间. (1) $\sigma = 0.01$;(2) σ 未知.

6. 有一大批糖果,随机抽取 16 袋,测得其样本均值为 503.75(单位:g),样本标准差为

6.202,假设袋装糖果的质量服从正态分布,求总体均值 μ 的置信水平为 0.95 的置信区间.

7. 在一批铜丝中随机抽取 9 根,测得其抗拉程度(单位:MPa) 为:578,582,574,568,596,572,570,584,578,设抗拉程度服从正态分布,求 σ^2 的置信水平为 0.95 的置信区间.

8. 一昆虫学家对甲虫大小很感兴趣,他取了 20 只甲虫的随机样本,测量它们的翅膀长度(单位:mm),得到 $\bar{x} = 32.4, s = 4.02$,假定甲虫翅膀长度服从正态分布,求总体方差 σ^2 的置信水平为 0.95 的置信区间.

9. 从某批灯泡中随机抽取 5 只做使用寿命试验,其使用寿命(单位:h) 如下:1 050,1 100,1 120,1 250,1 280,设灯泡使用寿命服从正态分布,求其平均使用寿命的 95% 的置信下限.

10. 某公司希望估计其职工实际探亲假的平均天数 μ,为此抽取一部分职工做调查,并且公司希望由此做出的估计与真值的差距不超过 2 d,且置信度达到 0.95,假定职工实际探亲假天数 X 服从正态分布,其标准差是 $\sigma = 15$,问至少需要抽取多少名职工做调查?

7.4 经济应用实例:捕鱼问题与样本容量的确定

7.4.1 捕鱼问题

设湖中有 N 条鱼,现捕出 r 条,做上记号,然后放回湖中. 一段时间后再从湖中捕出 s 条,发现其中有 t 条有记号. 根据这些信息,估计湖中鱼的总数 N 值.

这里可以由多种方法估计 N 值.

方法 I:根据概率的统计定义,湖中有记号的鱼占鱼的总数的比例为 $\dfrac{r}{N}$,而在第二次捕出的 s 条鱼中有记号的鱼为 t 条,有记号的鱼的比例是 $\dfrac{t}{s}$,设想捕鱼是完全随机的,每条鱼被捕到的概率都相等,可以得到 $\dfrac{r}{N} = \dfrac{t}{s}$,于是可以得到鱼总数 N 的估计量为 $\hat{N} = \dfrac{rs}{t}$.

方法 II:设第二次捕出的 s 条鱼中,标有记号的鱼有 X 条,则 X 的概率分布为

$$P\{X = k\} = \frac{C_{N-t}^{s-k} C_t^k}{C_N^s}$$

则 $E(X) = \dfrac{rs}{N}$. 捕 s 条鱼得到有标记的鱼的总体平均数,而现在只捕一次,出现 t 条有标记的鱼,由矩估计法的思想,令总体的一阶原点矩等于样本的一阶原点矩,即 $\dfrac{rs}{N} = t$,于是得到 N 的估计量为 $\hat{N} = \dfrac{rs}{t}$.

方法 III:根据二项分布与最大似然估计. 若再加上一点条件,即假定捕出的 s 条鱼与湖中鱼总数 N 的比很小,即 $s \ll N$,这样的假定也符合一般的实际情况. 可以认为每捕一条鱼出现有记号的概率为 $p = \dfrac{r}{N}$,且认为在 s 次捕鱼中 p 不变. 把捕 s 条鱼看作 s 重伯努利试验,于是根据二项分布,s 条鱼中有 t 条是有标记的,就相当于 s 次试验中有 t 次成功,故

$$P_s(t) = C_s^t p^t (1-p)^{s-t} = C_s^t \left(\frac{r}{N}\right)^t \left(1-\frac{r}{N}\right)^{s-t} = \frac{1}{N^s} C_s^t (r)^t (N-r)^{s-t}$$

同样,取 N 使得概率 $P_s(t)$ 达到最大,为此可将 N 作为非负实数看待,求 $P_s(t)$ 关于 N 的最大值,为方便,可求 $\ln P_s(t)$ 关于 N 的最大值,于是

$$\ln P_s(t) = -s\ln N + \ln C_s^t + t\ln r + (s-t)\ln(N-r)$$

令

$$\frac{\mathrm{d}\ln P_s(t)}{\mathrm{d}N} = -\frac{s}{N} + \frac{(s-t)}{N-r} = 0$$

同样可以得到 N 的估计量为 $\hat{N} = \dfrac{rs}{t}$.

7.4.2 样本容量的确定

对于总体的未知参数,需要从总体中抽取样本来进行估计,那么抽取的样本容量究竟是多少呢? 一般来说,抽取样本容量较小,则受随机性的影响较大,无法得到满意的估计. 如果抽取样本容量太大,则会浪费大量的人力、物力等,增加工作量. 所以,确定适当的样本容量在实际当中就显得尤为重要.

就本章的区间估计来说,只注重了区间 $(\hat{\theta}_1, \hat{\theta}_2)$ 包含真值的可信程度,并没有考虑区间的长度 $\hat{\theta}_2 - \hat{\theta}_1$,即忽略了区间估计的精度问题. 事实上,对于一个良好的区间估计来说,估计的精度也是十分重要的,而且在实际当中,也经常要求估计的精度达到某种要求. 下面讲述对于给定精度在总体分布为正态分布 σ^2 已知的情况下,如何确定样本的容量.

假设总体 $X \sim N(\mu, \sigma^2)$,$X_1, X_2, \cdots, X_n$ 为来自总体 X 的样本,样本容量为 n,σ^2 已知,由式 (7.11) 可知,μ 的置信水平为 $1-\alpha$ 的置信区间为

$$\left(\overline{X} - \frac{\sigma}{\sqrt{n}} z_{\alpha/2}, \overline{X} + \frac{\sigma}{\sqrt{n}} z_{\alpha/2}\right)$$

此时估计的精度(即区间长度)为 $\dfrac{2\sigma}{\sqrt{n}} z_{\alpha/2}$,若给定一个数值 l,要求长度不超过 $2l$,即

$$\frac{2\sigma}{\sqrt{n}} z_{\alpha/2} < 2l$$

此时,可以得到样本容量 n 满足

$$n > \left(\frac{\sigma z_{\alpha/2}}{l}\right)^2 \tag{7.19}$$

这样,就可以得到满足所要求精度的最小样本容量.

【例 7.12】 某省公路维修部门要了解每辆卡车一星期之内平均行驶的里程,并决定估计与真值间的误差不超过 15 km,且置信水平为 0.9,从以往积累的资料中发现,标准差是 120 km. 为达到上述要求,应抽取多大的样本?

解 由题意和前面的分析,有

$$l = 15, \sigma = 120, z_{0.05} = 1.645$$

由式 (7.19) 得

$$n > \left(\frac{\sigma z_{\alpha/2}}{l}\right)^2 = \left(\frac{120 \times 1.645}{15}\right)^2 = 173.185\,6$$

故可取 $n = 174$,至少要调查 174 辆车,才能达到要求.

知识结构思维导图

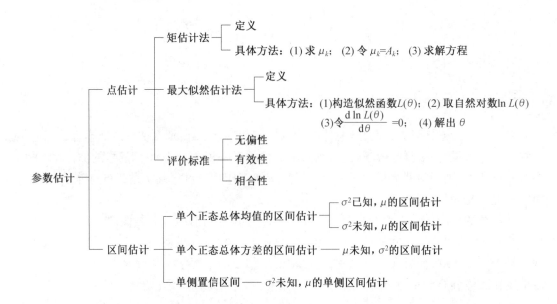

延伸阅读:最小二乘法的起源

最小二乘法最早出现在勒让德 1805 年发表的论著《计算彗星轨道的新方法》附录中.该附录占据了这本 80 页小册子的最后 9 页,在前面关于卫星轨道计算的讨论中没有涉及最小二乘法,可以推测他当时感到这一方法尚不成熟.勒让德在该书 72~75 页描述了最小二乘法的思想、具体做法及其优点.

勒让德的成功在于他从一个新的角度来看待这个问题,不像其前辈那样致力于找出几个方程(个数等于未知数的个数)再去求解,而是考虑误差在整体上的平衡.从某种意义讲,最小二乘法是一个处理观测值的纯粹代数方法.要将其应用于统计推断问题就需要考虑观测值的误差,确定误差分布的函数形式.

1809 年,高斯发表论著《天体运动理论》.在该书末尾,他写了一节有关"数据结合"的问题,以极其简单的手法导出误差分布——正态分布,并用最小二乘法加以验证.关于最小二乘法,高斯宣称自 1795 年以来他一直使用这个原理.这立刻引起了勒让德的强烈反击,他提醒说科学发现的优先权只能以出版物确定,严斥高斯剽窃了他人的发明,他们之间的争执延续了多年.因而,这两位数学家之间关于优先权的争论,在数学史上的知名度仅次于牛顿和莱布尼茨之间关于微积分发明权的争论.现在一般认为,二人各自独立地发明了最小二乘法,尽管早在 10 年前,高斯就使用这个原理,但第一个用文字形式发表的是勒让德.高斯较之于勒让德把最小二乘法推进得更远,他由误差函数推导出这个方法并详尽阐述了最小二乘法的理论依据.

在推证过程中,高斯有两个创新之处:① 他不像其前辈那样,采取贝叶斯式的推理方式,而是直接构造观测值的似然函数,即导出误差函数使其达极大估计量;② 高斯用逆向思维来思考这个问题,即先承认算术平均值 $\bar{x}$ 是所求的估计,即如果在相同的环境和相等的管理下对任一个量经由多次直接观测确定,则这些观测的算术平均值是最希望要的值. 这是高斯大胆采用了人们千百年来的实际经验,实为高斯之独创性思维. 这也正如他所说:"数学,要有灵感,必须接触现实世界."最小二乘法在 19 世纪初发明后,很快得到欧洲一些国家的天文学家和测地学家的广泛关注. 据不完全统计,自 1805 年至 1864 年的 60 年间,有关最小二乘法的研究论文达 256 篇,一些百科全书包括 1837 年出版的《大不列颠百科全书》第 7 版,亦收入有关方法的介绍. 同时,误差的分布是"正态"的,也立刻得到天文学家的关注及大量经验的支持. 如贝塞尔对几百颗星球做了三组观测,并比较了按照正态规律在给定范围内的理论误差值和实际值,对比表明它们非常接近一致. 拉普拉斯在 1810 年也给出了正态规律的一个新的理论推导并写入《分析概论》中. 正态分布作为一种统计模型,在 19 世纪极为流行,一些学者甚至把 19 世纪的数理统计学称为正态分布的统治时代. 在其影响下,最小二乘法也脱出测量数据意义之外而发展成为一个包罗极大、应用极其广泛的统计模型. 到 20 世纪正态小样本理论充分发展后,高斯研究成果的影响更加显著. 综上可知,勒让德和高斯发现最小二乘法是从不同的角度入手的:一个是为解线性方程组,一个是寻找误差函数;一个用的是整体思维,考虑方程组的均衡性,一个用的是逆向思维,首先接受经验事实;一个是纯代数方法,一个致力于应用. 相比而言,高斯不愧为数学王子,他把最小二乘法推进得更远、更深刻,这极大地推进了数理统计学的发展.

建模直通车:t 分布在渔业中的应用

某水产研究所池塘养殖室在某渔场一块面积 15 亩的池塘,他们利用城市的污水养殖鲢、鳙鱼来进行试验,年初时在池塘中各放入鲢、鳙鱼种 12 000 条(其中鱼的个体长约 8 寸,1 寸 ≈ 3.33 cm),经数据统计知年终取样捕捞鳙鱼 22 条,经计算可以得到样本均值为 $\bar{x}$ = 1.34 kg,该样本的标准差为 s = 0.34 kg. 试求该样本总体均值 μ 以 90% 的置信区间.

t 分布在渔业中的应用详解

第7章总复习题

一、填空题

1. 参数估计是指_____,包括_____与_____两种估计方式.

2. 每分钟通过某桥梁的汽车辆数 $X \sim P(\lambda)$,为估计 λ 的值,在实地随机地调查了 20 次,每次 1 min,结果见下表.

2 题表

次数	2	3	4	5	6
汽车辆数	9	5	3	7	4

则 λ 的一阶矩估计值为_____,二阶矩估计值为_____.

3. 设总体 X 的概率分布见下表.

3 题表

X	1	2	3
p	θ^2	$2\theta(1-\theta)$	$(1-\theta)^2$

其中 $\theta(0<\theta<1)$ 为未知参数,已知取得了样本值 $x_1=1, x_2=2, x_3=1$,则 θ 的矩估计值为_____,最大似然估计值为_____.

4. 测量铝的密度(单位:kg/m³)16 次,设这 16 次测量结果可以看作一个正态分布 $N(\mu, \sigma^2)$ 的样本,σ^2 未知,$\bar{x}=2.7$,标准差 $s=0.03$,则铝的密度均值 μ 的置信水平为 0.95 的置信区间为_____.

二、选择题

1. 设某钢珠直径 X 服从正态总体 $N(\mu,1)$(单位:mm),其中 μ 为未知参数,从刚生产的一大堆钢珠中抽出 9 个,求得样本均值 $\bar{x}=31.06$,样本方差 $s^2=0.98^2$,则 μ 的最大似然估计值为( ).

A. 31.06   B. $(31.06-0.98, 31.06+0.98)$ C. 0.98   D. 9×31.06

2. 设总体 X 的均值 μ 与方差 σ^2 都存在但未知,而 $X_1, X_2, \cdots, X_n$ 为来自 X 的一个样本,则均值 μ 与方差 σ^2 的矩估计量分别是( ).

A. $\bar{X}$ 和 S^2 B. $\bar{X}$ 和 $\frac{1}{n}\sum_{i=1}^{n}(X_i-\mu)^2$ C. μ 和 σ^2 D. $\bar{X}$ 和 $\frac{1}{n}\sum_{i=1}^{n}(X_i-\bar{X})^2$

3. 设总体 X 的均值 μ 与方差 σ^2 都存在但未知,而 $X_1, X_2, \cdots, X_n$ 为 X 的一个样本,则无论总体 X 服从什么分布,( ) 是 μ 和 σ^2 的无偏估计量.

A. $\frac{1}{n}\sum_{i=1}^{n}X_i$ 和 $\frac{1}{n-1}\sum_{i=1}^{n}(X_i-\bar{X})^2$ B. $\frac{1}{n-1}\sum_{i=1}^{n}X_i$ 和 $\frac{1}{n-1}\sum_{i=1}^{n}(X_i-\bar{X})^2$

C. $\frac{1}{n-1}\sum_{i=1}^{n}X_i$ 和 $\frac{1}{n-1}\sum_{i=1}^{n}(X_i-\mu)^2$ D. $\frac{1}{n}\sum_{i=1}^{n}X_i$ 和 $\frac{1}{n}\sum_{i=1}^{n}(X_i-\mu)^2$

4. 假设总体 X 服从区间 $(0,\theta)$ 上的均匀分布,其中 $\theta(\theta>0)$ 为未知参数,样本 $X_1, X_2, \cdots,$

X_n 来自总体 X,则未知参数 θ 的最大似然估计量 $\hat{\theta}$ 为( ).

A. $2\bar{X}$ B. $\max\{X_1,\cdots,X_n\}$ C. $\min\{X_1,\cdots,X_n\}$ D. 不存在

5. 设总体 X 服从正态分布 $X \sim N(\mu,\sigma^2)$,其中参数 μ 未知,σ^2 已知,$x_1,x_2,\cdots,x_n$ 为样本值,$\bar{x}=\dfrac{1}{n}\sum_{i=1}^{n}x_i$,则 μ 的置信水平为 0.95 的置信区间是( ).

A. $\left(\bar{x}-z_{0.95}\dfrac{\sigma}{\sqrt{n}},\bar{x}+z_{0.95}\dfrac{\sigma}{\sqrt{n}}\right)$ B. $\left(\bar{x}-z_{0.05}\dfrac{\sigma}{\sqrt{n}},\bar{x}+z_{0.05}\dfrac{\sigma}{\sqrt{n}}\right)$

C. $\left(\bar{x}-z_{0.975}\dfrac{\sigma}{\sqrt{n}},\bar{x}+z_{0.975}\dfrac{\sigma}{\sqrt{n}}\right)$ D. $\left(\bar{x}-z_{0.025}\dfrac{\sigma}{\sqrt{n}},\bar{x}+z_{0.025}\dfrac{\sigma}{\sqrt{n}}\right)$

三、计算题

1. 设总体 $X \sim U(0,b)$,其中参数 $b(b>0)$ 未知,$X_1,X_2,\cdots,X_9$ 是来自 X 的一个样本,今测得一组样本值 0.5,0.6,0.1,1.3,0.9,1.6,0.7,0.9,1.0,求 b 的矩估计值.

2. 设总体 X 具有概率密度 $f(x;\theta)=\begin{cases}\dfrac{2}{\theta^2}(\theta-x), & 0<x<\theta \\ 0, & 其他\end{cases}$,其中 $\theta(\theta>0)$ 为未知参数,$X_1,X_2,\cdots,X_n$ 是来自 X 的一个样本,求 θ 的矩估计量.

3. 设总体 X 的概率分布见下表.

3 题表

X	-2	1	5
p_k	3θ	$1-4\theta$	θ

其中 $\theta(0<\theta<0.25)$ 为未知参数,$X_1,X_2,\cdots,X_n$ 为来自总体 X 的一个样本,求 θ 的矩估计量.

4. 设总体 X 的概率密度为 $f(x;\theta)=\begin{cases}(\theta+1)x^\theta, & 0<x<1 \\ 0, & 其他\end{cases}$,其中 $\theta(\theta>-1)$ 是未知参数,$X_1,X_2,\cdots,X_n$ 是来自 X 的一个样本,求 θ 的最大似然估计量.

5. 设总体 X 服从参数为 λ 的指数分布,即 X 的概率密度为 $f(x;\lambda)=\begin{cases}\lambda e^{-\lambda x}, & x>0 \\ 0, & 其他\end{cases}$,其中 $\lambda(\lambda>0)$ 为未知参数,$X_1,X_2,\cdots,X_n$ 为来自总体 X 的一个样本,试求未知参数 λ 的矩估计量与最大似然估计量.

6. 设总体 X 的概率密度为 $f(x;\theta)=\begin{cases}\theta, & 0<x<1 \\ 1-\theta, & 1\leq x\leq 2 \\ 0, & 其他\end{cases}$,其中 $\theta(0<\theta<1)$ 是未知参数,$X_1,X_2,\cdots,X_n$ 为来自总体的一个样本,记 N 为样本值 $x_1,x_2,\cdots,x_n$ 中小于 1 的个数. 求(1)θ 的矩估计量;(2)θ 的最大似然估计量.

7. 一地质学家研究密歇根湖地区的岩石成分,随机地自该地区取 100 个样品,每个样品有 10 块石子,记录了每个样品中属石灰石的石子数. 假设这 100 次观察相互独立,并由过去经验知,它们都服从参数为 $n=10,p$ 的二项分布,其中参数 $p(0<p<1)$ 未知,是该地区一块石子

是石灰石的概率.求 p 的最大似然估计值,该地质学家所得的数据见下表.

7 题表

样品中属石灰石的石子数	0	1	2	3	4	5	6	7	8	9	10
观察到石灰石的样品个数	0	1	6	7	23	26	21	12	3	1	0

8. (2020 年数学三) 设某种元件的使用寿命 T 的分布函数为 $F(t) = \begin{cases} 1 - e^{-(\frac{t}{\theta})^m}, & t \geq 0 \\ 0, & \text{其他} \end{cases}$,其中参数 $\theta(\theta > 0)$ 未知,$m(m > 0)$ 已知.任取 n 个这种元件做使用寿命试验,测得它们的使用寿命分别为 $t_1, t_2, \cdots, t_n$,求 θ 的最大似然估计值 $\hat{\theta}$.

9. (2019 年数学三) 设总体 X 的概率密度为 $f(x, \sigma^2) = \begin{cases} \frac{A}{\sigma} e^{-\frac{(x-\mu)^2}{2\sigma^2}}, & x \geq \mu \\ 0, & \text{其他} \end{cases}$,其中 μ 是已知参数,$\sigma(\sigma > 0)$ 是未知参数,A 是常数,$X_1, X_2, \cdots, X_n$ 是来自总体 X 的一个样本.求(1)A;(2)σ^2 的最大似然估计量.

10. 冷铜丝的折断力服从正态分布,从一批铜丝中任取 10 根,测试折断力(单位:kg),得数据为:578,572,570,568,572,570,570,569,584,572.求(1)样本均值和样本方差;(2)方差的置信区间($\alpha = 0.05$).

四、证明题

1. 设 $X_1, X_2, \cdots, X_n$ 是来自总体 X 的一个样本,$E(X) = \mu$,$D(X) = \sigma^2$.证明 $\hat{\mu}_1 = \bar{X}, \hat{\mu}_2 = X_1$ 都是 μ 的无偏估计,且 $\hat{\mu}_1$ 比 $\hat{\mu}_2$ 有效.

Chapter 8

假设检验

> 学习目标和要求

（1）理解假设检验的基本思想，了解假设检验的可能产生的两类错误，掌握假设检验的基本步骤.

（2）掌握一个正态总体均值与方差的假设检验方法.

（3）了解假设检验的经济应用.

统计推断是由样本来推断总体，它包括两个基本问题：参数估计和假设检验.

假设检验包括两类：参数假设检验和非参数假设检验. **参数假设检验**是针对总体分布函数中的未知参数提出的假设进行的检验. 例如，对于正态总体提出数学期望等于 μ_0 的假设. 而**非参数假设检验**是针对总体分布函数形式或类型的假设进行的检验. 例如，提出总体服从泊松分布的假设等.

本章主要讨论参数假设检验问题.

8.1 假设检验的基本概念

在总体的分布函数只知其形式，但不知其参数的情况下，为了推断总体的某个未知参数，提出某些关于总体参数的假设，需要根据所提供的信息（即样本），运用统计分析的方法对提出的假设做出接受或者拒绝的决策，这就是**假设检验问题**. 而这种假设可以是正确的，也可以是错误的.

8.1.1 假设检验的引入

下面通过几个例题来说明假设检验问题.

【例8.1】 判断一个硬币是否均匀,即投掷时出现正面的概率是否为0.5. 一般的做法是:把"$p=0.5$"作为一个假设,将硬币投掷100次,以X记正面出现的次数. 显然,X是一个随机变量,考虑$\left|\dfrac{X}{100}-0.5\right|$的值. 若$\left|\dfrac{X}{100}-0.5\right|$较小,则接受假设,即"$p=0.5$";否则,拒绝假设. 现在的问题是,$\left|\dfrac{X}{100}-0.5\right|$到底小到什么程度? 应该怎样给出界定它的值大或小的标准.

【例8.2】 检验一批产品的废品率是否超过0.03,把"$p \leqslant 0.03$"作为一个假设. 从这批产品中随机抽取若干个样品,记其中所含的废品数为X,则X是一随机变量. 当X小于某一给定的值时,认为假设正确,"接受"假设"$p \leqslant 0.03$";而若X大于这一值时,则认为假设不正确,"拒绝"或"否定"上述假设.

统计检验简称**检验**,通常用字母"H"来表示. 如果关于总体有两个两者必居其一的假设,将这两个假设记为"H_0"和"H_1",要么H_0成立而H_1不成立,要么H_1成立而H_0不成立. 通常,把其中一个称为**原假设**或**零假设**,记为H_0;而把另一个称为**对立假设**或**备择假设**,记为H_1.

例8.1的假设为:$H_0: p=0.5, H_1: p \neq 0.5$;

例8.2的假设为:$H_0: p \leqslant 0.03, H_1: p > 0.03$.

针对提出的原假设和备择假设,根据随机抽取到的样本值,做出接受或拒绝原假设的判断. 使原假设被拒绝的样本值所在的区域称为**拒绝域**,它一般是样本空间的一个子集,拒绝域的边界点称为**临界点**,而拒绝域的补集称为**接受域**.

当拒绝域确定后,检验的判断准则也就确定了. 如果求得样本值属于拒绝域,则认为H_0不成立,即否定H_0. 而如果求得样本值不属于拒绝域,则认为H_0成立,即接受H_0. 可见,一个拒绝域唯一确定一个检验法则;反之,一个检验法则也唯一确定一个拒绝域.

8.1.2 假设检验的基本思想

假设检验的基本思想实质上是带有某种概率性质的反证法. 这种反证法的思想主要是指**小概率原理**. 它是基于人们在实践中广泛应用的原则,即小概率事件在一次试验中是几乎不可能发生的. 为了检验一个原假设H_0是否正确,首先假设该原假设H_0正确,在此假设下,构造一个小概率事件A,然后根据抽取到的样本,检验小概率事件A在一次试验中是否发生. 如果事件A发生了,则与小概率事件几乎不可能发生相矛盾,这就不能不使人怀疑H_0的正确性,因此很有可能要否定H_0;如果A不发生,就表明原命题成立在情理之中. 但是概率小到什么程度才能算作"小概率事件"呢? 显然,"小概率事件"的概率越小,否定原假设H_0就越有说服力,常记这个概率值为$\alpha(0<\alpha<1)$,称为检验的**显著性水平**. 对不同的问题,检验的显著性水平α不一定相同,但一般应取为较小的值,如0.1,0.05或0.01等. 例如,在例8.1中可以令$\left|\dfrac{X}{100}-0.5\right|<0.05$等.

【例8.3】 某家庭有4个女孩,她们去洗碗. 在打破的4个碗中至少有3个是最小的女孩打破的,因此有人说她笨拙. 问她是否有理由申辩这完全是巧合?

解 设事件A表示"碗是最小的女孩打破的",事件B表示"4个打破的碗中至少有3个是最小的女孩打破的",记$P(A)=p$,则易知

$$P(B) = C_4^3 p^3(1-p) + C_4^4 p^4 = p^3(4 - 3p)$$

令函数 $f(p) = 4p^3 - 3p^4 (0 \leq p \leq 1)$,则

$$f'(p) = 12p^2(1-p) > 0$$

即 $f(p)$ 对 p 单调递增.

若最小的女孩有理由申辩,即 $P(A) = p \leq 0.25$,则

$$P(B) = 4p^3 - 3p^4 \leq 4 \times 0.25^3 - 3 \times 0.25^4 \approx 0.050\ 8$$

这是一个小概率事件. 然而在一次试验中竟然发生了,这与小概率事件在一次试验中几乎不可能发生的原理相矛盾. 因此,最小的女孩无理由申辩.

【例 8.4】 设一箱中有红白两种颜色的球共 100 个,甲说这里有 98 个白球. 现乙从箱中任取一球,发现是红球. 问甲的说法是否正确?

解 做假设 H_0:箱中确有 98 个白球.

如果假设 H_0 正确,则从箱中任取一个球是红球的概率只有 0.02,这是个小概率事件. 因此,若乙从箱中任取一球,发现是白球,则没有理由怀疑假设 H_0 的正确性. 现乙从箱中任取一球,发现是红球,即小概率事件竟然在一次试验中发生了,故有理由拒绝假设 H_0,即认为甲的说法不正确.

【例 8.5】 某厂每天将产品分三批包装,规定每批产品的次品率都低于 0.01 才能出厂. 某日,有三批产品等待检验出厂,检验员进行抽样检查,从三批产品中各抽一件进行检验,发现有一件是次品. 问该日产品能否出厂?

解 假设该日产品能出厂,表明每批产品的次品率都低于 0.01. 在这一条件下,设事件 A 表示"抽出的一件产品是次品",事件 B 表示"三批产品中至少有一件次品",$P(A) = p \leq 0.01$. 则所求概率为 3 重伯努利试验中事件 A 至少发生一次的概率为

$$P(B) = 1 - (1-p)^3 \leq 1 - 0.99^3 < 0.03$$

这是一个小概率事件. 在一次试验中 B 可以认为是不可能发生的,然而在一次检查中发现有一件是次品,也就是小概率事件 B 在一次试验中竟然发生了. 这表明原假设不正确,即该日产品不能出厂.

8.1.3 如何确定原假设 H_0 和备择假设 H_1

针对一个具体的检验问题,首先是要确定原假设和备择假设. 原假设是研究的起点,在没有其他信息的情况下原假设被看作可接受的真实状态. 另外,原假设是提供与观察到的结果进行比较的基准,进而分析是不是由于其他因素引起这些差异的.

由于检验的方法是用概率意义上的反证法,所以拒绝原假设是有说服力的,而接受原假设是没有说服力的. 因此,应把希望否定的假设放在原假设. 例如,例 8.3 和例 8.4. 另外,有些结果已经经历了长时间的考验,不应轻易否定,也可以放在原假设.

例如,假定某厂家过去的声誉很好,现要对其生产的一批产品进行质量检测,以判定这批产品是否合格. 由于这个厂家过去的声誉很好,如果没有充分的证据就轻易地判定这批产品不合格,可能对厂家和商家两方面都不会有好处. 因此,在这种情况下应设置原假设为"这批产品合格",只有在抽样检测过程中抽到相当多的次品时才能拒绝这个假设.

又如,检验一种新的药品是否优于原来的药品. 如果原来的药品已经长期使用并被证明

有效,那么一种并不特别有效的新药投放市场不仅不会给病人带来多少好处,反而可能造成一些不良效果. 因此,在进行临床试验时通常取原假设为"新药不优于旧药",相应的备择假设是"新药优于旧药". 只有当试验结果提供充分的证据证明新药的效果显著优于旧药时,才能拒绝原假设,接受备择假设,即接受新药.

由上述两个例子可以看到,在对统计假设做出判断前,处理 H_0 时总是偏于保守,在没有充分的证据时,不应轻易拒绝 H_0,或者说在没有充分的证据时,不能轻易接受 H_1.

在实际问题中,只提出一个假设,且统计检验的目的仅仅是为了判别这个假设是否成立,并不同时研究其他假设,此时直接取假设为原假设 H_0 即可.

8.1.4 假设检验的两类错误

由于假设检验使用的是概率性质的反证法,而非形式逻辑上的绝对矛盾,因此不可能不犯错误. 由于对原假设做出接受或拒绝决策的依据是一个样本,所以总有可能做出错误的判断. 第一种是当实际上 H_0 为真(H_1 不真)时,做出拒绝 H_0 的决策(这种可能性是无法消除的),称此类错误为**第一类错误**. 犯第一种错误的可能性可由条件概率

$$P\{拒绝 H_0 | H_0 为真\} \tag{8.1}$$

来描述,称之为**犯第一类错误的概率**,或**"弃真"的概率**,用上面提及的显著性水平 α 表示,即

$$\alpha = P\{拒绝 H_0 | H_0 为真\}$$

而第二种是当实际上 H_0 不真(H_1 为真)时,做出接受 H_0 的决策,称此类错误为**第二类错误**,用 β 表示犯第二类错误的概率,即

$$\beta = P\{接受 H_0 | H_0 不真\} = P\{拒绝 H_1 | H_1 为真\} \tag{8.2}$$

也称为**"纳伪"的概率**.

两类错误的概率见表 8.1.

表 8.1

真实情况	所做判断	
	接受 H_0	接受 H_1
H_0 为真	正确($1-\alpha$)	第一类错误(α)
H_0 不真	第二类错误(β)	正确($1-\beta$)

从理论上讲,希望犯这两类错误的概率都很小. 但是,当样本容量固定时,α,β 不可能同时都较小,即 α 变小时,β 就变大;而 β 变小时,α 就变大. 只有当样本容量增大时,才有可能使两者同时变小,而过分地增加容量,就会加大成本. 在一般情况下,总是控制犯第一类错误的概率,即给定 α,然后通过增大样本容量的方法来减小 β,这种只对犯第一类错误的概率加以控制,而不考虑犯第二类错误的概率的检验,称为**显著性检验**.

8.1.5 双边检验与单边检验

例 8.1 中的备择假设 H_1,表示 p 既可能大于 0.5,又可能小于 0.5. 像此种类型的备择假设称为**双边备择假设**,而此类假设检验问题称为**双边假设检验**.

有时只关心一个方面是否增大或减小,如例 8.2 备择假设 H_1 考虑 $p > 0.03$. 再如,试验新工艺以提高材料的强度,这时所考虑的总体的均值 μ 应该越大越好. 如果能判断在新工艺下总体均值 μ 较以往正常生产的均值 μ_0 大,则可考虑采用新工艺. 此时,需要检验假设

$$H_0: \mu \leq \mu_0, H_1: \mu > \mu_0$$

上述假设检验称为**右边检验**. 类似地,有时需要检验假设

$$H_0: \mu \geq \mu_0, H_1: \mu < \mu_0$$

此类假设检验称为**左边检验**. 右边检验和左边检验统称为**单边检验**.

8.1.6 假设检验的基本步骤

下面将参数假设检验问题的步骤归纳如下:

(1) 根据实际问题的要求,提出统计假设:原假设 H_0 及备择假设 H_1.

(2) 在原假设 H_0 成立的条件下,选取用来检验假设的样本统计量,称为**检验统计量**. 比较常见的假设检验问题是对于正态总体 $N(\mu, \sigma^2)$ 的未知参数 μ 或 σ^2 进行的检验,而检验统计量的具体形式将视具体情况而定. 例如:

① 方差已知,关于均值 μ 的检验采取 Z 检验法,采用检验统计量

$$Z = \frac{\overline{X} - \mu_0}{\sigma/\sqrt{n}}$$

② 方差未知,关于均值 μ 的检验采取 t 检验法,采用检验统计量

$$T = \frac{\overline{X} - \mu_0}{S/\sqrt{n}}$$

③ 期望 μ 未知,关于方差 σ^2 的检验采取 χ^2 检验法,采用检验统计量

$$\chi^2 = \frac{(n-1)S^2}{\sigma_0^2}$$

下一节将就以上三种常见的情况具体分析检验统计量为何采取如此形式.

(3) 确定显著性水平 α,根据检验统计量的分布将样本空间划分为两个不相交的区域,其中一个是接受假设的样本值全体组成的接受域,另一个为拒绝域.

(4) 做出判断. 若检验统计量的值落入拒绝域,则拒绝原假设 H_0 而接受备择假设 H_1;反之,若检验统计量的值落在接受域,则接受 H_0 而拒绝 H_1.

习题 8.1

1. 什么是第一类错误?什么是第二类错误?

2. 什么是显著性水平?若将显著性水平减小,对犯第二类错误的概率有什么影响?

3. 什么是拒绝域?什么是接受域?双边检验与单边检验的拒绝域有什么区别?

4. 假设你在处理一个假设检验问题 $H_0: \mu = 4.5, H_1: \mu > 4.5$,基于样本数据,请判断下列决策是否有错误,分别是哪一类错误?

(1) 拒绝原假设,而事实上,$\mu = 4.5$;

(2) 接受原假设,而事实上,$\mu = 4.7$.

8.2 单个正态总体 $N(\mu,\sigma^2)$ 均值 μ 的假设检验

8.2.1 方差 σ^2 已知,关于均值 μ 的检验(Z 检验)

设总体 $X \sim N(\mu,\sigma^2)$,其中 σ^2 已知,$X_1,X_2,\cdots,X_n$ 是来自总体 X 的样本. 给定显著性水平 α,下面求检验假设

$$H_0:\mu = \mu_0, H_1:\mu \neq \mu_0 \tag{8.3}$$

的接受域和拒绝域.

由于要检验的假设涉及总体均值 μ,故首先想到是否可借助样本均值 $\bar{X}$ 这一统计量来进行判断. 因为 $\bar{X}$ 是 μ 的无偏估计,$\bar{X}$ 的大小在一定程度上反映 μ 的大小. 因此,如果假设 H_0 为真,则样本均值 $\bar{X}$ 与 μ_0 的偏差 $|\bar{X}-\mu_0|$ 一般不应太大. 若 $|\bar{X}-\mu_0|$ 过分大,就怀疑假设 H_0 的正确性而拒绝 H_0. 考虑到当 H_0 为真时,$\dfrac{\bar{X}-\mu_0}{\sigma/\sqrt{n}} \sim N(0,1)$,而衡量 $|\bar{X}-\mu_0|$ 的大小可归结为衡量 $\dfrac{|\bar{X}-\mu_0|}{\sigma/\sqrt{n}}$ 的大小. 基于上面的想法,可适当选定一个正数 k,使得当样本值 $\bar{X}$ 满足 $\dfrac{|\bar{X}-\mu_0|}{\sigma/\sqrt{n}} \geq k$ 时就拒绝假设 H_0;反之,若 $\dfrac{|\bar{X}-\mu_0|}{\sigma/\sqrt{n}} < k$,就接受假设 H_0.

为了确定常数 k,考虑统计量 $\dfrac{\bar{X}-\mu_0}{\sigma/\sqrt{n}}$. 由于只允许犯第一类错误的概率最大为 α,则令

$$P\{拒绝 H_0 | H_0 为真\} = P\left\{\left|\dfrac{\bar{X}-\mu_0}{\sigma/\sqrt{n}}\right| \geq k\right\} = \alpha$$

由于当 H_0 为真时

$$Z = \dfrac{\bar{X}-\mu_0}{\sigma/\sqrt{n}} \sim N(0,1)$$

则通过查附表 3,得(图 8.1 的阴影区域)

$$k = z_{\alpha/2}$$

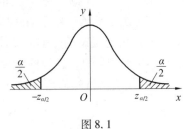

图 8.1

因而,若 Z 的样本值满足

$$|z| = \left|\dfrac{\bar{x}-\mu_0}{\sigma/\sqrt{n}}\right| \geq z_{\alpha/2}$$

则拒绝假设 H_0,而若

$$|z| = \left|\dfrac{\bar{x}-\mu_0}{\sigma/\sqrt{n}}\right| < z_{\alpha/2}$$

则接受假设 H_0. 即检验问题(8.3)的接受域为 $(-z_{\alpha/2},z_{\alpha/2})$,拒绝域为 $(-\infty,-z_{\alpha/2}] \cup [z_{\alpha/2},$

$+\infty)$.

这里统计量 $Z = \dfrac{\overline{X} - \mu_0}{\sigma/\sqrt{n}}$ 就是前面提及的检验统计量.

【例 8.6】 某车间生产钢丝,用 X 表示钢丝的折断力(单位:kg),由经验判断 $X \sim N(\mu_0, \sigma^2)$,其中 $\mu_0 = 570, \sigma = 8$. 现换了一批材料,从性能上看,估计折断力的方差 σ^2 不会有什么变化(即仍有 $\sigma^2 = 8^2$),但不知折断力的均值 μ 和原先有无差别. 现抽取样本,测得其折断力为

$$578, 572, 570, 568, 572, 570, 570, 572, 596, 584$$

取显著性水平 $\alpha = 0.05$ 时,试检验折断力均值有无变化?

解 根据参数的假设检验问题的计算步骤,将此题归纳求解如下:
(1) 根据题意,建立如下假设

$$H_0 : \mu = 570, H_1 : \mu \neq 570$$

(2) 由于"估计折断力的方差 σ^2 不会有什么变化",故选定检验统计量为 $Z = \dfrac{\overline{X} - \mu_0}{\sigma/\sqrt{n}}$,且服从标准正态分布 $N(0, 1)$. 依题意,由于 $\overline{x} = \dfrac{1}{10}\sum_{i=1}^{10} x_i = 575.20, \sigma^2 = 8^2, n = 10$,得统计量的值为

$$|z| = \left| \dfrac{\overline{x} - \mu_0}{\sigma/\sqrt{n}} \right| = \left| \dfrac{575.20 - 570}{8/\sqrt{10}} \right| \approx 2.06$$

(3) 对于给定的显著性水平 $\alpha = 0.05$,查附表 3,得

$$z_{\alpha/2} = z_{0.025} = 1.96$$

(4) 显然,$|z| = 2.06 > 1.96$,统计量的值 z 落入了拒绝域,从而拒绝原假设 H_0,即认为折断力的均值发生了变化.

【例 8.7】 近些年来,很多公司在长话业务上和中国电信公司竞争. 这些公司在广告中宣传的费率明显低于中国电信公司的,从而有人认为账单上的话费也要少. 中国电信公司对这种说法提出质疑,认为客户的话费没有明显的区别. 假设中国电信公司的一个统计工作人员已知每月客户长话账单额的均值和标准差分别为 17.09 元和 3.87 元,然后他抽取了 100 个客户的随机样本,用竞争对手在广告中所引用的费率重新计算了这些客户的话费账单,其平均数是 17.55 元. 假定总体的标准差与中国电信公司的一样,在 0.05 的显著性水平下,能否认为中国电信公司与其他竞争者的账单有区别?

解 (1) 要想知道每月长话账单的均值是否与 17.09 有区别,需要检验假设

$$H_0 : \mu = 17.09, H_1 : \mu \neq 17.09$$

(2) 因为是在方差 σ^2 已知的情况下检验上述假设,故采取检验统计量 $Z = \dfrac{\overline{X} - \mu_0}{\sigma/\sqrt{n}}$. 此时,样本容量 $n = 100$,样本均值 $\overline{x} = 17.55$,标准差 $\sigma = 3.87$,显著性水平 $\alpha = 0.05$,则检验统计量的值为

$$|z| = \left| \dfrac{\overline{x} - \mu_0}{\sigma/\sqrt{n}} \right| = \left| \dfrac{17.55 - 17.09}{3.87/\sqrt{100}} \right| \approx 1.19$$

(3) 通过查附表 3,可知 $z_{\alpha/2} = z_{0.025} = 1.96$.

(4) 显然,$|z| = 1.19 < 1.96$,故接受原假设 H_0,即没有足够的证据可以推断其他公司每月长话账单的均值不同于中国电信的均值 17.09 元.

下面来讨论单边检验的接受域和拒绝域.

在正态总体方差 σ^2 已知的情况下,考虑右边检验问题

$$H_0 : \mu \leq \mu_0, H_1 : \mu > \mu_0 \tag{8.4}$$

的拒绝域.

因为 H_0 中的全部 μ 都比 H_1 中的 μ 要小,当 H_1 为真时,样本均值 $\overline{X}$ 往往偏大. 因此,拒绝域的形式为

$$\overline{X} \geq k$$

其中 k 是某一正数.

下面来确定常数 k,考虑检验统计量 $Z = \dfrac{\overline{X} - \mu_0}{\sigma / \sqrt{n}}$.

$$P\{拒绝 H_0 | H_0 为真\} = P\left\{\dfrac{\overline{X} - \mu_0}{\sigma / \sqrt{n}} \geq \dfrac{k - \mu_0}{\sigma / \sqrt{n}}\right\} \leq$$

$$P\left\{\dfrac{\overline{X} - \mu}{\sigma / \sqrt{n}} \geq \dfrac{k - \mu_0}{\sigma / \sqrt{n}}\right\} (因为 \mu \leq \mu_0)$$

要控制 $P\{拒绝 H_0 | H_0 为真\} \leq \alpha$,只需令

$$P\left\{\dfrac{\overline{X} - \mu}{\sigma / \sqrt{n}} \geq \dfrac{k - \mu_0}{\sigma / \sqrt{n}}\right\} = \alpha$$

由于 $\dfrac{\overline{X} - \mu_0}{\sigma / \sqrt{n}} \sim N(0,1)$,得(图 8.2 的阴影区域)

$$\dfrac{k - \mu_0}{\sigma / \sqrt{n}} = z_\alpha$$

即检验问题(8.4)的接受域为 $(-\infty, z_\alpha)$,拒绝域为 $[z_\alpha, +\infty)$.

类似地,可得左边检验

$$H_0 : \mu \geq \mu_0, H_1 : \mu < \mu_0 \tag{8.5}$$

的接受域为

$$z = \dfrac{\overline{x} - \mu_0}{\sigma / \sqrt{n}} > -z_\alpha$$

即 $(-z_\alpha, +\infty)$,拒绝域为 $(-\infty, -z_\alpha]$.

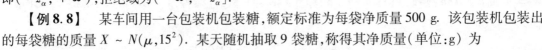

图 8.2

【例 8.8】 某车间用一台包装机包装糖,额定标准为每袋净质量 500 g. 该包装机包装出的每袋糖的质量 $X \sim N(\mu, 15^2)$. 某天随机抽取 9 袋糖,称得其净质量(单位:g) 为

513,506,518,511,498,520,512,497,524

给定显著性水平 $\alpha = 0.05$,问包装出的糖每袋质量是否大于额定标准 500 g?

解 (1) 这里问是否大于 500 g,则备择假设应为 $\mu > 500$. 这是右侧检验. 做出假设
$$H_0: \mu \leqslant 500, H_1: \mu > 500$$

(2) 根据题意,因为方差 σ^2 已知,故取定检验统计量 $Z = \dfrac{\overline{X} - \mu_0}{\sigma/\sqrt{n}}$,其服从标准正态分布 $N(0,1)$. 而由题意,$n = 9, \sigma = 15$,求得样本均值 $\overline{x} = 511$,则检验统计量的值
$$z = \frac{\overline{x} - \mu_0}{\sigma/\sqrt{n}} = \frac{511 - 500}{15/\sqrt{9}} = 2.2$$

(3) 由显著性水平 $\alpha = 0.05$,查附表 3,得 $z_\alpha = z_{0.05} = 1.64$.

(4) 做出判断. 因为 $z = 2.2 > 1.64$,故拒绝原假设,接受备择假设,即可以认为平均质量大于额定标准.

上述讨论的正态总体 $N(\mu, \sigma^2)$ 当 σ^2 已知时关于 μ 的检验问题 (8.3)、(8.4)、(8.5) 都是利用统计量 $Z = \dfrac{\overline{X} - \mu_0}{\sigma/\sqrt{n}}$ 来确定拒绝域的,这种检验法常称为 **Z 检验法**.

8.2.2 方差 σ^2 未知,关于均值 μ 的检验(t 检验)

在实际问题中,方差已知的情况比较少,更多的情况是只知道总体分布为 $N(\mu, \sigma^2)$,而其中 μ, σ^2 均未知,$X_1, X_2, \cdots, X_n$ 是来自总体 X 的样本. 给定显著性水平 α,求检验问题
$$H_0: \mu = \mu_0, H_1: \mu \neq \mu_0 \tag{8.6}$$
的接受域和拒绝域.

由于 σ^2 未知,现在不能利用 $\dfrac{\overline{X} - \mu_0}{\sigma/\sqrt{n}}$ 来确定接受域和拒绝域了. 注意到,S^2 是 σ^2 的无偏估计,故用 S 来代替 σ,采用
$$T = \frac{\overline{X} - \mu_0}{S/\sqrt{n}}$$

作为检验统计量. 当样本值 $|t| = \left|\dfrac{\overline{x} - \mu_0}{s/\sqrt{n}}\right|$ 过大时就拒绝 H_0,拒绝域的形式为
$$|t| = \left|\frac{\overline{x} - \mu_0}{s/\sqrt{n}}\right| \geqslant k$$

当 H_0 为真时,$T = \dfrac{\overline{X} - \mu_0}{S/\sqrt{n}} \sim t(n-1)$. 故由
$$P\{拒绝 H_0 | H_0 \text{为真}\} = P\left\{\left|\frac{\overline{X} - \mu_0}{S/\sqrt{n}}\right| \geqslant k\right\} = \alpha$$

得(图 8.3 的阴影区域)
$$k = t_{\alpha/2}(n-1)$$

即
$$|t| = \left|\frac{\bar{x}-\mu_0}{s/\sqrt{n}}\right| \geqslant t_{\alpha/2}(n-1)$$

则接受域为 $(-t_{\alpha/2}(n-1), t_{\alpha/2}(n-1))$，拒绝域为 $(-\infty, -t_{\alpha/2}(n-1)] \cup [t_{\alpha/2}(n-1), +\infty)$.

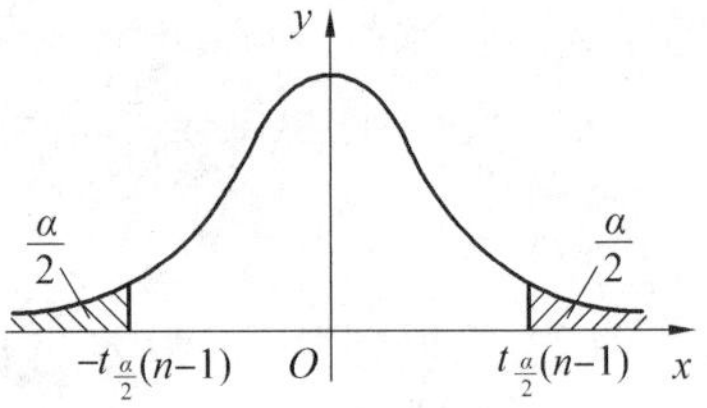

图 8.3

类似地，可求出正态总体 $N(\mu,\sigma^2)$ 当方差 σ^2 未知时，关于期望 μ 的单边检验的接受域和拒绝域. 例如，右边检验

$$H_0: \mu \leqslant \mu_0, H_1: \mu > \mu_0 \tag{8.7}$$

其接受域为 $(-\infty, t_\alpha(n-1))$，拒绝域为 $[t_\alpha(n-1), +\infty)$.

左边检验

$$H_0: \mu \geqslant \mu_0, H_1: \mu < \mu_0 \tag{8.8}$$

其接受域为 $(-t_\alpha(n-1), +\infty)$，拒绝域为 $(-\infty, -t_\alpha(n-1)]$.

上述利用 T 统计量的检验法称为 t **检验法**.

【**例 8.9**】 某市居民上月平均伙食费为 355 元，随机抽取 36 名居民，他们本月平均伙食费为 365 元，由这 36 个样本算出的样本标准差 $s = 35$ 元. 假定该市居民伙食费 X 服从正态分布，分别在显著性水平 $\alpha = 0.10$ 和 $\alpha = 0.01$ 之下检验"本月该市居民平均伙食费较上月无变化"的假设.

解 （1）依题意，检验问题

$$H_0: \mu = 355, H_1: \mu \neq 355$$

（2）由于 $X \sim N(\mu,\sigma^2)$，σ^2 未知，故采用 t 检验法，采取检验统计量

$$T = \frac{\bar{X}-\mu_0}{S/\sqrt{n}} \sim t(n-1)$$

由于样本容量 $n = 36$，样本均值 $\bar{x} = 365$，样本标准差 $s = 35$. 则检验统计量的值为

$$|t| = \left|\frac{\bar{x}-\mu_0}{s/\sqrt{n}}\right| = \left|\frac{365-355}{35/\sqrt{36}}\right| \approx 1.7143$$

（3）当 $\alpha = 0.10$ 时，查附表 5，有

$$t_{\alpha/2}(n-1) = t_{0.05}(35) = 1.6896$$

（4）因为 $|t| \approx 1.7143 > 1.6896$，故拒绝原假设 H_0，即认为在显著性水平 $\alpha = 0.10$ 下本月该市居民平均伙食费较上月有变化.

当 $\alpha = 0.01$ 时，查附表 5，有

$$t_{\alpha/2}(n-1) = t_{0.005}(35) = 2.7238$$

则检验统计量的值为

$$|t| \approx 1.7143 < 2.7238$$

故接受原假设 H_0，即认为在显著性水平 $\alpha = 0.01$ 下本月该市居民平均伙食费较上月无变化.

【**例 8.10**】 设某计算机公司所使用的现行系统通过每个程序的平均时间为 45 s. 现在一个新的系统中进行试验，试通过 9 个程序，所需计算时间（单位：s）如下：

$$30,37,42,35,36,40,47,48,45$$

在显著性水平 $\alpha = 0.05$ 下,由此数据能否断言,新系统能减少通过程序的平均时间?假设通过每个程序的时间服从正态分布 $N(\mu,\sigma^2)$.

解 (1) 提出检验假设
$$H_0:\mu \geqslant 45, H_1:\mu < 45$$

(2) 因为 σ^2 未知,采用 t 检验法,故取检验统计量
$$T = \frac{\overline{X} - \mu_0}{S/\sqrt{n}}$$

由题意,$n = 9, \overline{x} = 40, s = 6.042$,故检验统计量的值为
$$t = \frac{\overline{x} - \mu_0}{s/\sqrt{n}} \approx -2.4826$$

(3) 给定显著性水平 $\alpha = 0.05$,查附表5,得临界值为
$$-t_\alpha(n-1) = -t_{0.05}(8) = -1.8595$$

(4) 因为样本值落入拒绝域 $(-\infty, -1.8595]$,故拒绝原假设,即认为新系统能减少通过程序的平均时间,故优于现行系统.

【例 8.11】 某生产过程的设计目的是向容器中装入货物,装入货物的平均质量为 $\mu_0 = 16$ kg. 如果生产过程中装入的货物质量少于应装的质量,消费者就不能得到在容器上所注明质量的货物. 如果生产过程中装入的货物质量超过应装的质量,由于所载的质量比要求的多,公司利润就会减少. 为了监控生产过程,质量保证人员定期抽取 8 个容器作为一个简单随机样本,测得质量(单位:kg)分别为
$$16.02, 16.22, 15.82, 15.92, 16.22, 16.32, 16.12, 15.92$$
试问此生产过程是否符合设计要求?(假定货物的总体质量服从正态分布,给定显著性水平 $\alpha = 0.05$)

解 (1) 依据题意,提出检验假设
$$H_0:\mu = 16, H_1:\mu \neq 16$$

(2) 给出检验统计量 $T = \dfrac{\overline{X} - \mu_0}{S/\sqrt{n}} \sim t(n-1)$. 而样本容量 $n = 8$,样本均值
$$\overline{x} = \frac{1}{8}\sum_{i=1}^{8} x_i = \frac{128.56}{8} = 16.07$$

样本标准差
$$s = \sqrt{\frac{1}{n-1}\sum_{i=1}^{n}(x_i - \overline{x})^2} = \sqrt{\frac{0.22}{7}} \approx 0.18$$

则检验统计量的值
$$|t| = \left|\frac{\overline{x} - \mu_0}{s/\sqrt{n}}\right| = \left|\frac{16.07 - 16}{0.18/\sqrt{8}}\right| \approx 1.10$$

(3) 给定显著性水平 $\alpha = 0.05, t_{\alpha/2}(n-1) = t_{0.025}(7) = 2.3646$.

(4) 因为 $|t| \approx 1.10 < 2.3646$，所以接受原假设 H_0，即认为生产过程符合设计要求，可以使装入容器的货物平均质量在 $\mu_0 = 16$ kg.

习题 8.2

1. 设某次考试的考生成绩服从正态分布，从中随机抽取 36 位考生的成绩，算得平均成绩为 66.5 分，标准差为 15 分. 在显著性水平 $\alpha = 0.05$ 下，是否可以认为这次考试全体考生的平均成绩为 70 分？

2. 一个工厂制成一种新的钓鱼绳，声称其折断平均受力为 15 kg，已知标准差为 0.5 kg，为检验其折断平均受力为 15 kg 是否正确，在该厂产品中随机抽取 50 件，测得其折断平均受力为 14.8 kg. 若取显著性水平 $\alpha = 0.01$，是否可以接受厂家声称的其折断平均受力为 15 kg？

3. 某化学日用品有限责任公司用包装机包装洗衣粉. 洗衣粉包装机在正常工作时，装包量 $X \sim N(500, 2^2)$（单位：g）. 每天开工后，需先检验包装机工作是否正常. 某天开工后，在装好的洗衣粉中任取 9 袋，其质量（单位：g）如下：

$$505, 499, 502, 506, 498, 498, 497, 510, 503$$

假设总体标准差 $\sigma = 2$ 不变，是否可以认为这天洗衣粉包装机工作不正常？（$\alpha = 0.05$）

4. 已知某炼钢厂铁水含碳量服从正态分布 $N(4.55, 0.108^2)$，现观测了 9 炉铁水，其平均含碳量为 4.484，如果估计方差没有变化，可否认为现在生产的铁水平均含碳量仍为 4.55？（$\alpha = 0.05$）

5. 要求一种元件平均使用寿命不得低于 1 000 h，生产者从一批这种元件中随机抽取 25 件，测得其使用寿命的平均值为 950 h. 已知这种元件使用寿命服从标准差为 $\sigma = 100$ h 的正态分布. 在显著性水平 $\alpha = 0.05$ 下确定这批元件是否合格？

6. 正常人的脉搏平均为 72 次/min，今对某种疾病的 10 名患者进行测量，测得脉搏（单位：次/min）如下：

$$54, 68, 65, 77, 70, 64, 69, 72, 62, 71$$

设患者的脉搏次数 X 服从正态分布. 则在显著性水平 $\alpha = 0.05$ 下，检验患者的脉搏与正常人脉搏有无显著性差异.

7. 下面列出的是某工厂随机选取的 20 只部件的装配时间（单位：min）：

9.8, 10.4, 10.6, 9.6, 9.7, 9.9, 10.9, 11.1, 9.6, 10.2, 10.3, 9.6, 9.9, 11.2, 10.6, 9.8, 10.5, 10.1, 10.5, 9.7

设装配时间的总体服从正态分布 $N(\mu, \sigma^2)$，μ, σ^2 均未知. 是否可以认为装配时间的均值明显大于 10（取 $\alpha = 0.05$）？

8. 某电气元件的平均电阻一直保持在 2.64 Ω，改变加工工艺后，测得 25 只元件的电阻，计算的平均电阻为 2.62 Ω，样本标准差 S 为 0.06 Ω. 则新工艺对此元件的（平均）电阻有无显著影响？（给定显著性水平 $\alpha = 0.01$）

9. 长期统计资料表明，某市轻工产品月产值占该市工业产品总月产值的百分比 X 服从正态分布，方差 $\sigma^2 = 0.011$. 任意抽取 10 个月，得轻工产品产值的百分比为

31.31%, 30.10%, 32.16%, 32.56%, 29.66%, 31.64%, 30.00%, 31.87%, 31.03%, 30.95%

则在显著性水平 $\alpha = 0.05$ 下，可否认为过去该市轻工产品月产值占该市工业产品总月产值百

分比的平均数为 32.50%？

10. 某地早稻收割根据长势估计平均亩产量为 310 kg，收割时随机抽取了 10 块地，测出每块地的实际亩产量为 $x_1, x_2, \cdots, x_{10}$，计算得 $\bar{x} = \frac{1}{10}\sum_{i=1}^{10} x_i = 320$ kg. 如果已知早稻亩产量 $X \sim N(\mu, 12^2)$，所估产量是否正确？（取显著性水平 $\alpha = 0.01$）

8.3 单个正态总体 $N(\mu, \sigma^2)$ 方差 σ^2 的假设检验

设总体 $X \sim N(\mu, \sigma^2)$，μ 未知，σ^2 未知，$X_1, X_2, \cdots, X_n$ 是来自总体 X 的样本. 对于显著性水平 α，要求检验假设

$$H_0: \sigma^2 = \sigma_0^2, H_1: \sigma^2 \neq \sigma_0^2 \tag{8.9}$$

其中，σ_0^2 为已知常数.

由于 S^2 是 σ^2 的无偏估计，当 H_0 为真时，样本方差 S^2 与 σ_0^2 的比值即 $\frac{S^2}{\sigma_0^2}$ 一般来说应在 1 附近摆动，而不应过分大于 1 或过分小于 1. 由定理 6.4 可知，当 H_0 为真时有

$$\frac{(n-1)S^2}{\sigma_0^2} \sim \chi^2(n-1)$$

取

$$\chi^2 = \frac{(n-1)S^2}{\sigma_0^2}$$

作为检验统计量，则由此可知检验问题(8.9)的拒绝域应具有以下形式：

$$\frac{(n-1)s^2}{\sigma_0^2} \leq k_1 \text{ 或 } \frac{(n-1)s^2}{\sigma_0^2} \geq k_2$$

此时，k_1, k_2 的值由下式确定：

$$P\{\text{拒绝} H_0 | H_0 \text{为真}\} = P\left\{\left(\frac{(n-1)S^2}{\sigma_0^2} \leq k_1\right) + \left(\frac{(n-1)S^2}{\sigma_0^2} \geq k_2\right)\right\} = \alpha$$

为了计算方便起见，习惯上取（图 8.4 的阴影区域）

$$P\left\{\frac{(n-1)S^2}{\sigma_0^2} \leq k_1\right\} = \frac{\alpha}{2}, P\left\{\frac{(n-1)S^2}{\sigma_0^2} \geq k_2\right\} = \frac{\alpha}{2}$$

故得

$$k_1 = \chi^2_{1-\alpha/2}(n-1), k_2 = \chi^2_{\alpha/2}(n-1)$$

于是接受域为 $(\chi^2_{1-\alpha/2}(n-1), \chi^2_{\alpha/2}(n-1))$，拒绝域为

$$(-\infty, \chi^2_{1-\alpha/2}(n-1)] \cup [\chi^2_{\alpha/2}(n-1), +\infty)$$

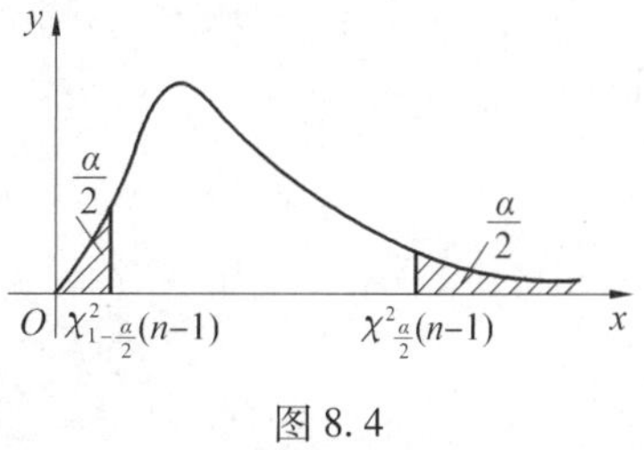

下面来求右边检验

$$H_0: \sigma^2 \leq \sigma_0^2, H_1: \sigma^2 > \sigma_0^2 \tag{8.10}$$

图 8.4

的接受域和拒绝域. 因为 H_0 中的全部 σ^2 都比 H_1 中的 σ^2 要小，当 H_1 为真时，S^2 的样本值 s^2 往往偏大，因此拒绝域的形式为

$$s^2 \geq k$$

下面,来确定常数 k.

$$P\{拒绝H_0|H_0 为真\} = P\{S^2 \geq k\} =$$

$$P\left\{\frac{(n-1)S^2}{\sigma^2} \geq \frac{(n-1)k}{\sigma_0^2}\right\} \leq P\left\{\frac{(n-1)S^2}{\sigma^2} \geq \frac{(n-1)k}{\sigma_0^2}\right\}, \sigma^2 \leq \sigma_0^2$$

要控制 $P\{拒绝H_0|H_0 为真\} \leq \alpha$,只需令

$$P\left\{\frac{(n-1)S^2}{\sigma^2} \geq \frac{(n-1)k}{\sigma_0^2}\right\} = \alpha$$

因为

$$\frac{(n-1)S^2}{\sigma^2} \sim \chi^2(n-1)$$

则有

$$\frac{(n-1)k}{\sigma_0^2} = \chi_\alpha^2(n-1)$$

即得检验问题(8.10)的接受域(图 8.5 的阴影区域)为

$$\chi^2 = \frac{(n-1)s^2}{\sigma_0^2} < \chi_\alpha^2(n-1)$$

即为$(-\infty, \chi_\alpha^2(n-1))$,拒绝域为$[\chi_\alpha^2(n-1), +\infty)$.

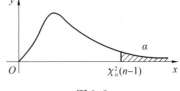

图 8.5

类似地,可得左边检验

$$H_0: \sigma^2 \geq \sigma_0^2, H_1: \sigma^2 < \sigma_0^2 \qquad (8.11)$$

的接受域为$(\chi_{1-\alpha}^2(n-1), +\infty)$,拒绝域为$(-\infty, \chi_{1-\alpha}^2(n-1)]$.

以上检验法用的检验统计量为 $\chi^2 = \frac{(n-1)S^2}{\sigma_0^2}$,故称为 χ^2 **检验法**.

【**例 8.12**】 某厂生产的某种型号的电池,其寿命(单位:h)长期以来服从方差 $\sigma_0^2 = 5\,000$ 的正态分布,现有一批这种电池,从它的生产情况来看,寿命的波动性有所改变. 现随机取 26 节电池,测出其寿命的样本方差为 $s^2 = 9\,200$. 问根据这一数据能否推断在显著性水平 $\alpha = 0.02$ 下,这批电池的寿命的波动性较以往的有显著的变化?

解 (1) 根据题意,提出检验假设

$$H_0: \sigma^2 = 5\,000, H_1: \sigma^2 \neq 5\,000$$

(2) 采取 χ^2 检验法,检验统计量 $\chi^2 = \frac{(n-1)S^2}{\sigma_0^2}$,且

$$\chi^2 = \frac{(n-1)S^2}{\sigma_0^2} \sim \chi^2(n-1)$$

已知样本容量 $n = 26$,样本方差 $s^2 = 9\,200$,方差 $\sigma_0^2 = 5\,000$,则

$$\chi^2 = \frac{(n-1)s^2}{\sigma_0^2} = \frac{25 \times 9\,200}{5\,000} = 46$$

(3) 给定显著性水平 $\alpha = 0.02$,而由附表 4,查得

$$\chi_{\alpha/2}^2(25) = \chi_{0.01}^2(25) = 44.314, \chi_{1-\alpha/2}^2(25) = \chi_{0.99}^2(25) = 11.524$$

(4) 因为检验统计量的值 $\chi^2 = 46 > 44.314$,故拒绝原假设 H_0,即认为这批电池寿命的波

动性较以往的有显著的变化.

【例 8.13】 某自动车床生产的产品尺寸(单位:cm)服从正态分布 $N(\mu,\sigma^2)$. 按规定某类产品尺寸的方差 σ^2 不得超过 0.1, 为检验该自动车床的工作精度, 随机抽取 25 件产品, 测算得样本方差为 $s^2 = 0.1975$. 问在显著性水平 $\alpha = 0.05$ 下, 该车床生产的产品是否达到所需的精度?

解 (1) 本问题为关于方差的右侧检验, 提出假设

$$H_0 : \sigma^2 \leq 0.1, H_1 : \sigma^2 > 0.1$$

(2) 取检验统计量

$$\chi^2 = \frac{(n-1)S^2}{\sigma_0^2}$$

已知样本容量 $n = 25$, 样本方差 $s^2 = 0.1975$, 方差 $\sigma_0^2 = 0.1$, 则统计量 χ^2 的值

$$\chi^2 = \frac{24}{0.1} \times 0.1975 = 47.4$$

(3) 给定显著性水平 $\alpha = 0.05$, 而由附表 4, 查得 $\chi_{0.05}^2(24) = 36.415$.

(4) 因为 $\chi^2 = 47.4 > 36.415$, 故拒绝原假设 H_0, 即认为该车床生产的产品没有达到所要求的精度.

关于单个正态总体 $N(\mu,\sigma^2)$ 均值 μ、方差 σ^2 假设检验的各种情况下的拒绝域(显著性水平为 α) 见表 8.2.

表 8.2

	原假设 H_0	检验统计量	备择假设 H_1	接受域	拒绝域
1	$\mu \leq \mu_0$ $\mu \geq \mu_0 (\sigma^2 \text{ 已知})$ $\mu = \mu_0$	$Z = \dfrac{\overline{X} - \mu_0}{\sigma/\sqrt{n}}$	$\mu > \mu_0$ $\mu < \mu_0$ $\mu \neq \mu_0$	$z < z_\alpha$ $z > -z_\alpha$ $|z| < z_{\alpha/2}$	$z \geq z_\alpha$ $z \leq -z_\alpha$ $|z| \geq z_{\alpha/2}$
2	$\mu \leq \mu_0$ $\mu \geq \mu_0 (\sigma^2 \text{ 未知})$ $\mu = \mu_0$	$t = \dfrac{\overline{X} - \mu_0}{S/\sqrt{n}}$	$\mu > \mu_0$ $\mu < \mu_0$ $\mu \neq \mu_0$	$t < t_\alpha(n-1)$ $t > -t_\alpha(n-1)$ $|t| < t_{\alpha/2}(n-1)$	$t \geq t_\alpha(n-1)$ $t \leq -t_\alpha(n-1)$ $|t| \geq t_{\alpha/2}(n-1)$
3	$\sigma^2 \leq \sigma_0^2$ $\sigma^2 \geq \sigma_0^2 (\mu \text{ 未知})$ $\sigma^2 = \sigma_0^2$	$\chi^2 = \dfrac{(n-1)S^2}{\sigma_0^2}$	$\sigma^2 > \sigma_0^2$ $\sigma^2 < \sigma_0^2$ $\sigma^2 \neq \sigma_0^2$	$\chi^2 < \chi_\alpha^2(n-1)$ $\chi^2 > \chi_{1-\alpha}^2(n-1)$ $\chi_{1-\alpha/2}^2(n-1) < \chi^2 < \chi_{\alpha/2}^2(n-1)$	$\chi^2 \geq \chi_\alpha^2(n-1)$ $\chi^2 \leq \chi_{1-\alpha}^2(n-1)$ $\chi^2 \geq \chi_{\alpha/2}^2(n-1)$ 或 $\chi^2 \leq \chi_{1-\alpha/2}^2(n-1)$

习题 8.3

1. 某特殊润滑油容器的容量为正态分布, 其方差为 0.03, 在 $\alpha = 0.01$ 的显著性水平下抽取样本 10 个, 测得样本标准差为 $s = 0.246$, 检验假设

$$H_0 : \sigma^2 = 0.03, H_1 : \sigma^2 \neq 0.03$$

2. 过去经验表明, 高三学生完成标准考试的时间服从正态分布, 其标准差为 6 min. 若随机抽取样本 20 名, 其标准差为 $s = 4.51$. 则在显著性水平 $\alpha = 0.05$ 下, 检验假设

$$H_0: \sigma \geq 6, H_1: \sigma < 6$$

3. 从某一正态总体中抽出一个容量为 21 的样本,得样本方差为 10,能否根据此结果得出总体方差小于 15 的结论?($\alpha = 0.05$)

4. 测定某种溶液中的水分,它的 10 个观测值给出 $s = 0.037\%$,设测定值总体服从正态分布,σ^2 为总体方差,σ^2 未知. 在 $\alpha = 0.05$ 下检验假设

$$H_0: \sigma \geq 0.04\%, H_1: \sigma < 0.04\%$$

8.4 经济应用实例:食品检验与百合饮料的市场推广

8.4.1 食品检验

从以往大量的文献研究来看,假设检验的应用基本上集中于以下几个方面:① 原材料购进和产品交付时的检验. 在质量管理中为了判定原料和产品是否符合一定的质量要求,无论是在材料购买还是在产品交付中大多会采用抽样检查的方法,从而决定是接受还是拒绝. ② 在产品生产过程中使用假设检验方法确定生产是否处于控制状态. 产品在生产过程中往往会受到各种因素的干扰,这些因素中随机因素是不可避免的,而系统因素则是可以改进的,所以确定产品是否受到此类因素的影响即产品是否处于控制状态就对产品质量有着十分重要的影响. ③ 验证改进生产后改进方法是否有效. 随着市场需求的不断发展,企业发展自身产品,改进生产工艺已经是生存的需要,可究竟改进后的产品或者生产工艺到底有没有效果,通过假设检验就可以得到这方面的信息.

【例 8.14】 在食品的整个生产过程中,需要进行持续的质量跟踪控制. 生产始于原料的购进,某食品厂现为下一个季度的生产需要购进一批原料,按照相关规定每 100 g 此种原料中某元素的含量为 0.5 mg,并且经验表明此含量服从正态分布且标准差为 0.02 mg. 现在从中抽取 15 袋样本进行检验,每袋取出 100 g,经过化验得到如下样本数据(单位:mg):

0.506,0.518,0.498,0.520,0.497,0.511,0.512,0.515,

0.510,0.508,0.503,0.511,0.514,0.500,0.510

现在就需要判断在显著性水平为 $\alpha = 0.05$ 时此批原料是否可以购入?

解 (1)建立假设.

$$H_0: \mu = 0.5, H_1: \mu \neq 0.5$$

(2)选择检验统计量. 由于 σ 已知,所以该总体的均值假设检验采用 Z 检验法. 选取检验统计量为

$$Z = \frac{\overline{X} - \mu_0}{\sigma / \sqrt{n}}$$

(3)根据显著性水平和备择假设,查附表 3 可知,拒绝域为 $|z| \geq z_{\alpha/2}$,即 $|z| \geq 1.96$.

(4)根据样本观察值计算得 $\overline{X} = 0.509$. 所以

$$|z| = \left| \frac{0.509 - 0.5}{0.02 / \sqrt{15}} \right| \approx 1.743$$

由于样本观察值没有落在拒绝域中,所以接受原假设,该批原料质量合格,可以购进.

购入了原料就可以进行食品的生产了,一件合格的产品对其净重要求十分准确,否则会对企业的成本和信誉产生不利的影响,要时刻了解机器工作是否正常,产品生产是否处于控制状态,在生产中要随机进行检验,并依据一定的标准来判断. 包装机在正常工作的情况下,每袋的净重服从正态分布,要求标准质量为 1 000 g,标准差不超过 15 g. 为检查产品生产是否处于控制状态,从生产线上已经装好的产品中随机抽取 10 袋,数据如下:

$$1\ 048,928,950,976,998,1\ 020,1\ 030,968,994,1\ 014$$

判断机器生产是否在正常状态?(显著性水平为 $\alpha = 0.05$)

首先,要检验生产出的产品的净重是否符合要求.

(1) 建立假设.
$$H_0:\mu = 1\ 000, H_1:\mu \neq 1\ 000$$

(2) 选择检验统计量. 由于 σ 未知,因此选用 t 统计量对均值进行检验. 检验统计量选取为

$$T = \frac{\overline{X} - \mu_0}{S/\sqrt{n}}$$

(3) 根据显著性水平和备择假设,查附表 5,可知拒绝域为 $|t| > t_{\alpha/2}(n-1)$,即

$$|t| > 2.262\ 2$$

(4) 根据样本计算得 $\overline{x} = 992.6, s = 37.38$. 所以 $|t| = 0.626\ 0 < 2.262\ 2$,故接受原假设,认为食品的净重符合标准.

其次,要对产品方差进行假设检验.

(1) 建立假设.
$$H_0:\sigma^2 \leq 225, H_1:\sigma^2 > 225$$

(2) 选择检验统计量. 由于 μ 是未知的,所以选择 χ^2 统计量检验. 检验统计量选取为

$$\chi^2 = \frac{(n-1)S^2}{\sigma^2}$$

(3) 根据显著性水平和备择假设,查附表 4,可知拒绝域为 $\chi^2 \geq \chi^2_\alpha(n-1)$,即 $\chi^2 \geq 16.919$.

(4) 根据所取得样本计算 $s^2 = 1\ 397.33, \sigma_0^2 = 225$. 由于

$$\chi^2 = \frac{(10-1) \times 1\ 397.33}{225} \approx 55.89 > 16.919$$

产品的标准差超过了标准,因此要拒绝原假设.

最后就要寻找原因,由于包装机长期处于超负荷运转状态,因此生产线的稳定性可能难以保证,为此有关技术部门对包装机进行了调试,并且对其中的零部件进行了更换,检验改进效果是否符合产品的包装标准. 通过此种方法可以检验出上述方差偏大到底是机器设备出了问题还是偶然性在作怪,至于如何检验,这里就不赘述.

8.4.2 百合饮料的市场推广

江苏省宜兴市左川食品公司是当地一家颇具规模的企业. 最近该公司利用当地丰富的百

合资源,开发了一种百合汁饮料.大家都知道,百合汁饮料最近几年开始逐渐流行,也是很多企业都争相抢夺的一块"蛋糕".左川食品公司当然也想在这个市场中占有一席之地,因此急需推广其百合汁饮料.

现在摆在公司徐左川总经理面前的有三种不同的营销策略,分别是卖"健康"、卖"价格(比其他品牌的同类产品更实惠)"和卖"原料(大家都知道太湖周边地区是全国著名的百合产地)".他觉得三种方案各有利弊,难以取舍.为此他决定通过市场来检验这三种方案.具体办法如下:先选择三个人口规模、经济实力、居民收入都差不多的城市进行广告宣传,如在甲城市广告宣传中强调"健康",在乙城市广告宣传中强调"原料",在丙城市广告宣传中则强调"价格".当然,产品在每个城市的销售方式、价格等等完全一致.表8.3是经过一段时间的广告宣传后,由业务员统计20 d在三个城市中每天的销售数量.

表8.3

甲(健康)	793.5	987	1 189.5	771	994.5	1 078.5	1 066.5	909	691.5	793.5
乙(原料)	1 206	945	1 161	1 075.5	1 018.5	906	930	1 045.5	1 059	922.5
丙(价格)	1 008	796.5	664.5	894	903	753	988.5	1 033.5	1 012.5	768
甲(健康)	747	994.5	906	742.5	727.5	835.5	529.5	835.5	813	921
乙(原料)	738	1 078.5	1 180.5	1 048.5	858	784.5	876	951	870	936
丙(价格)	1 036.5	1 099.5	1 047	1 164	841.5	858	703.5	871.5	1 018.5	798

从以上试销的数据中,帮徐总经理判断一下,这三种不同的营销方案对销售量有没有显著的影响.($\alpha = 0.05$)

检验假设:

$H_0: \mu_1 = \mu_2 = \mu_3 \leftrightarrow H_1: \mu_1, \mu_2, \mu_3$ 不全相等

$n = 20, k = 3$

通过计算可以得到

$$SS_A = \frac{1}{n}H - \frac{1}{nk}T^2 = \frac{1\ 017\ 385\ 043}{20} - \frac{55\ 176^2}{20 \times 3} = 129\ 402.525$$

$$SS_e = G - \frac{1}{n}H = 52\ 009\ 965 - \frac{1\ 017\ 385\ 043}{20} = 1\ 140\ 712.875$$

$$SS_T = G - \frac{T^2}{nk} = 52\ 009\ 965 - \frac{55\ 176^2}{20 \times 3} = 1\ 270\ 115.4$$

$$MS_A = \frac{SS_A}{k-1} = \frac{129\ 402.525}{3-1} = 64\ 701.26$$

$$MS_e = \frac{SS_e}{k(n-1)} = \frac{1\ 140\ 712.875}{3 \times 19} = 200\ 012.51$$

$$F = \frac{MS_A}{MS_e} = \frac{64\ 701.262\ 5}{20\ 012.506\ 58} = 3.23$$

$$\alpha = 0.05, F_{0.05}(2,57) = 3.15$$

由于3.23 > 3.15,所以,拒绝H_0,即有足够证据表明三个城市的每天平均销售量是不同

的,可以认为三种不同的营销策略对于产品的销量是有显著差异的.

知识结构思维导图

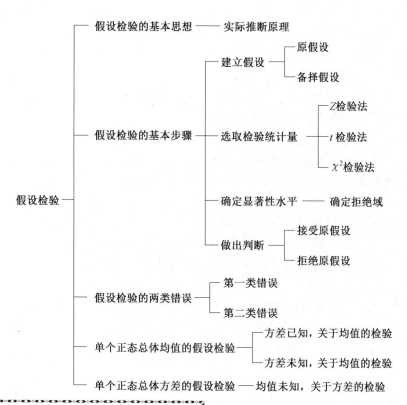

延伸阅读:疾病,因家族遗传

有的人每天大鱼大肉也不见血压升高,有些人年纪轻轻就得了糖尿病;而有的人一辈子吸烟也没肺部疾病,有些人烟龄不长却早早患肺癌.这样的事例在生活中很常见,而其真正的根源就在于:你是否携带家族遗传的致病基因?

那么,哪些疾病具有明显的遗传倾向? 有关专家为我们揭开遗传疾病的面纱.

所谓遗传病,是指遗传物质发生改变或者由致病基因所控制的疾病,通常具有垂直传递和终身性的特征.因此,遗传病具有由亲代向后代遗传的特点.这种传递不仅是指疾病的传递,最根本的是指致病基因的传递.所以,遗传病的发病表现出一定的家族性.目前,医学上把遗传疾病分为四类:染色体病,单基因遗传病,多基因遗传病和线粒体遗传.据介绍,人体细胞的遗传信息几乎全部都编码在组成染色体的 DNA 分子长链上,当 DNA 分子中的碱基顺序发生变异时,必然导致组成蛋白质的氨基酸发生改变,遗传表现也因此不同,临床上就有可能出现遗传性疾病.

医学研究表明,所有的疾病中 80% 存在遗传因素,即遗传物质或多或少扮演着某种"角色";只有少数疾病确属后天"新生".随着科学研究的发展,科学家发现了越来越多的疾病与遗传物质有关.据介绍,1970年只知道有大约1 600种遗传疾病,而现在这一数字已经达到大约1.6万种.可以说,遗传性疾病离我们并不远.像高血压、糖尿病、冠心病等慢性疾病都有很强的遗传倾向,对于这些疾病人们往往重视病状上的治疗,而忽视从遗传角度去防治.这种防治角度的偏差,也造成这些疾病的泛滥,同时影响着自身以及后代的健康.那么,日常中离我们最近的遗传性疾病主要是哪些?

高血压:通过高血压患者家系调查发现,父母均患有高血压者,其子女今后患高血压的概率高达45.5%;父母一方患高血压者,子女患高血压的概率为28%;而父母血压正常者,其子女患高血压的概率仅为3%.

血脂异常症:血脂代谢异常有许多原因,其中之一就是遗传因素.

胃癌:胃癌有明显的家族聚集性.调查发现,胃癌患者的近亲得胃癌的危险性比一般人群平均高出3倍.

糖尿病:尤其是临床上最常见的Ⅱ型糖尿病具有遗传性.有糖尿病阳性家族史的人群,其糖尿病患病率明显高于家族史阴性人群.而父母都有糖尿病者,其子女患糖尿病的机会是普通人的15～20倍.

乳腺癌:5%～10%的乳腺癌是家族性的.如某人有一位近亲患乳腺癌,则其患病的危险性增加1.5～3倍;如有两位近亲患乳腺癌,则患病的危险性将增加7倍.

老年痴呆症:研究表明,父母或兄弟中有老年痴呆症患者的人,患老年痴呆症的可能性要比无家族病史者高出4倍.

哮喘:如父母都有哮喘,其子女患哮喘的概率可高达60%;如果父母中有一人患有哮喘,子女患哮喘的概率为20%;如果父母都没有哮喘,子女患哮喘的可能性只有6%左右.

肺癌:有家族史的患病概率是没有家族史的2倍.肺癌的遗传性在女性身上表现得尤为突出.

建模直通车:假设检验在农业上的应用

"农业丰产,良种先行".发展民族种业离不开国家宏观政策和法律制度的支持与保障.我国现代农作物种业的发展始于新中国成立之后."十四五"期间,农作物种质资源与创新利用再一次被作为政策重点,为现代种业振兴打下坚实基础.培育具有国际竞争力的种业企业、加快种业自主知识产权保护等也成为新时期我国农作物种业发展的重点.

中国是仅次于美国的世界第二大种子市场,每年用种量约1 200万t.据统计,2021年我国种子市场总规模约1 214.1亿元,农作物良种覆盖率在96%以上,自主选育品种面积占比超过95%,其中,水稻、小麦两大口粮作物品种已实现完全自给,良种对粮食增产贡献率已超过45%.

为了试验两种不同谷物的种子的优劣,选取了10块土质不同的土地.并将每块土地分为面积相同的两部分,分别种植A,B两类种子,设在每块土地的两部分人工管理等条件完全一样,设 X_i, Y_i 分别表示种子A,B在第 i 块地上的单位面积产量(单位:kg), $i=1,2,\cdots,10$. 表8.4给出各块土地上的单位面积产量.

表8.4

土地编号	1	2	3	4	5	6	7	8	9	10
X_i	23	35	29	42	39	29	37	34	35	28
Y_i	26	39	35	40	38	24	36	27	41	27

设 $D_i = X_i - Y_i (i = 1, 2, \cdots, 10)$ 是来自正态总体 $N(\mu_D, \sigma_D^2)$ 的样本，μ_D, σ_D^2 均未知，判断这两类种子种植的谷物的产量是否有显著的差异 ($\alpha = 0.05$)？

假设检验在农业上的应用详解

第8章总复习题

一、选择题

1. 在假设检验中，记 H_1 为备择假设，则称（　　）为犯第一类错误.
   A. H_1 真，接受 H_1　　B. H_1 不真，接受 H_1　　C. H_1 真，拒绝 H_1　　D. H_1 不真，拒绝 H_1

2. 设 $X_1, X_2, \cdots, X_{16}$ 是来自总体 $N(\mu, 4)$ 的样本，考虑假设检验问题：$H_0: \mu \leq 10, H_1: \mu > 10$，若该检验问题的拒绝域为 $W = \{\overline{X} \geq 11\}$，其中 $\overline{X} = \frac{1}{16}\sum_{i=1}^{16} X_i$，则 $\mu = 11.5$ 时，该检验犯第二类错误的概率为（　　）
   A. $1 - \Phi(0.5)$　　B. $1 - \Phi(1)$　　C. $1 - \Phi(1.5)$　　D. $1 - \Phi(2)$

3. 设 $X_1, X_2, \cdots, X_n$ 是来自总体 $N(\mu, \sigma^2)$ 的样本，其中参数 μ 和 σ^2 未知，记
$$\overline{X} = \frac{1}{n}\sum_{i=1}^{n} X_i, Q^2 = \sum_{i=1}^{n}(X_i - \overline{X})^2$$
则假设 $H_0: \mu = 0$ 的 t 检验使用统计量（　　）
   A. $\dfrac{\overline{X} - 1}{Q}\sqrt{n(n-1)}$　　B. $\dfrac{\overline{X} - 1}{Q}n(n-1)$　　C. $\dfrac{\overline{X}}{Q^2}n(n-1)$　　D. $\dfrac{\overline{X}}{Q}\sqrt{n(n-1)}$

4. 设总体 $X \sim N(\mu, \sigma^2)$，现对 μ 进行假设检验，如在显著性水平 $\alpha = 0.05$ 下接受了 $H_0: \mu = \mu_0$，则在显著性水平 $\alpha = 0.01$ 下（　　）
   A. 接受 H_0　　　　　　　　　　　　　B. 拒绝 H_0
   C. 可能接受也可能拒绝 H_0　　　　　D. 犯第一类错误的概率变大

5. 对于正态总体 $N(\mu, \sigma^2)$ 的未知参数 μ 或 σ^2 进行假设检验，关于检验统计量的具体形式下列说法错误的为（　　）
   A. 方差未知，关于均值 μ 的检验采取 Z 检验法，采用检验统计量 $Z = \dfrac{\overline{X} - \mu_0}{\sigma/\sqrt{n}}$
   B. 方差未知，关于均值 μ 的检验采取 t 检验法，采用检验统计量 $T = \dfrac{\overline{X} - \mu_0}{S/\sqrt{n}}$

C. 期望 μ 未知,关于方差 σ^2 的检验采取 χ^2 检验法,采用检验统计量 $\chi^2 = \dfrac{(n-1)S^2}{\sigma_0^2}$

D. 方差已知,关于均值 μ 的检验采取 Z 检验法,采用检验统计量 $Z = \dfrac{\overline{X} - \mu_0}{\sigma/\sqrt{n}}$

二、计算题

1. 从清凉饮料自动售货机随机抽样 36 杯,其平均含量为 219 mL,标准差为 14.2 mL,在 $\alpha = 0.05$ 的显著性水平下,检验假设
$$H_0 : \mu = \mu_0 = 222, H_1 : \mu \neq \mu_0 = 222$$

2. 设某产品的指标服从正态分布,它的标准差为 $\sigma = 100$,今抽了一个容量为 26 的样本,计算出平均值为 1 580. 则在显著性水平 $\alpha = 0.05$ 下,能否认为这批产品的指标的期望值 μ 不低于 1 600?

3. 一般情况下,某火车站停车场平均每辆车的停放时间为 40 min. 某天统计了 30 辆汽车的停放时间,测得平均停放时间为 45 min,标准差为 20 min. 则能否说明该天每辆汽车的平均停放时间比其他天显著偏长?(取显著性水平 $\alpha = 0.10$)

4. 随机抽取某班 28 名学生的英语考试成绩,得平均成绩 $\overline{x} = 80$ 分,样本标准差 $s = 8$ 分. 若全年级的英语成绩服从正态分布,且平均成绩为 85 分. 则在显著水平 $\alpha = 0.05$ 下,能否认为该班的英语成绩与全年级学生的英语成绩没有本质的区别?

5. 设香烟的尼古丁含量(单位:mg)服从正态分布. 某香烟厂过去生产的香烟的尼古丁含量平均为 18.3 mg,现从其样品中抽得容量为 8 的样本测得尼古丁含量分别为
$$20, 17, 21, 19, 22, 21, 20, 16$$
检验尼古丁的含量是否增加了?($\alpha = 0.05$)

6. 某种合金弦的抗拉强度 $X \sim N(\mu, \sigma^2)$,由过去的经验知 $\mu \leq 10\,560\,(\text{kg/cm}^2)$,今用新工艺生产了一批弦线,随机抽取 10 根做抗拉试验,测得数据如下:
$$10\,512, 10\,623, 10\,668, 10\,554, 10\,776, 10\,707, 10\,557, 10\,581, 10\,666, 10\,670$$
那么这批弦线的抗拉强度是否提高了?($\alpha = 0.05$)

7. 设有来自正态总体 $X \sim N(\mu, \sigma^2)$ 的容量为 100 的样本,样本均值 $\overline{x} = 2.7$,μ, σ^2 均未知,而 $\sum_{i=1}^{n}(x_i - \overline{x})^2 = 225$. 在 $\alpha = 0.05$ 下,检验下列假设:
(1) $H_0 : \mu = 3, H_1 : \mu \neq 3$;(2) $H_0 : \sigma^2 = 2.5, H_1 : \sigma^2 \neq 2.5$.

8. 某种导线要求其电阻的标准差不超过 0.05(单位:Ω). 今在生产的一批导线中取样品 9 根,测得 $s = 0.007(\Omega)$. 设总体为正态分布,参数均未知,在显著性水平 $\alpha = 0.05$ 下,能否认为这批导线的标准差显著地偏大?

9. 已知尼龙纤维在正常条件下服从正态分布 $N(\mu, 0.048^2)$. 某日抽取 5 根纤维,测得其纤度为 1.32, 1.55, 1.36, 1.40, 1.44. 问这一天纤度整体方差是否正常 ($\alpha = 0.05$)?

10. 某厂用自动包装机包装奶粉,现从某天生产的奶粉中随机抽取 10 袋,测得它们的质量(单位:g)如下:
$$495, 510, 505, 489, 503, 512, 497, 506, 502$$
包装机包装出的奶粉质量服从 $N(\mu, \sigma^2)$,分别检验各袋质量的标准差是否为 5 g ($\alpha = 0.05$)?

第 9 章

Chapter 9

回归分析简介

> 学习目标和要求

(1) 简单了解回归分析的研究内容.

(2) 了解一元线性回归模型的概念,掌握一元线性回归模型的求解方法:最小二乘法.

(3) 理解回归方程的显著性检验与预测的方法及实际意义.

在许多实际问题中,经常需要研究多个变量之间的相互关系. 一般来说,变量之间的关系可分为两类:一类是确定关系,譬如所熟知的函数关系;另一类是不确定关系,无法用一个精确的函数关系式来表示. 例如,人的身高与体重之间存在一定关系,一般来说,人的身高越高,则体重越重,但同样高度的人,体重却往往不同. 这种多个变量之间的不确定关系称为**相关关系**.

对于具有相关关系的变量,虽然不能找到它们之间的确定表达式,但是通过大量的观测数据,可以发现它们之间具有一定的统计规律,这种统计规律可将相关关系转化为函数关系. 数理统计中研究变量之间相关关系的一种有效方法就是**回归分析**. **一元回归分析**是研究两个变量之间的相关关系,**多元回归分析**则研究多个变量之间的相关关系. 本章仅介绍一元回归分析.

9.1 一元线性回归方程

设两个变量 x 及 Y,其中 x 是可以精确测量或控制的非随机变量,而 Y 是随机变量,x 的变化会引起 Y 相应的变化,但它们之间的变化关系是不确定的. 如果当 x 取得任一可能值 x_i 时,Y 相应地服从一定的概率分布,则称**随机变量 Y 与变量 x 之间存在着相关关系**.

对 x 取定一组不完全相同的值 $x_1,x_2,\cdots,x_n$,做 n 次独立试验,得到 n 对观测结果
$$(x_1,y_1),(x_2,y_2),\cdots,(x_n,y_n)$$
其中 y_i 是 $x=x_i$ 时随机变量 Y 的观测结果. 将 n 对观测结果 $(x_i,y_i)(i=1,2,\cdots,n)$ 在直角坐标系中进行描点,这种描点图称为**散点图**. 可以通过散点图大致看出它们之间的关系形态.

【例 9.1】 某公司 1 月份至 8 月份的销售额 x 与利润 Y 见表 9.1.

表 9.1　　　　　　　　　　　　　　　　　　　　　　　万元

月份	1	2	3	4	5	6	7	8
x_i	25	31	35	42	51	56	63	68
y_i	1.9	2.8	3.3	4.1	5.0	5.7	6.5	7.1

可以看出,产品的销售额和利润之间不可能存在一个明确的函数关系. 而事实上,相同的销售额在不同的月份,因成本不同,利润也可能不同.

从图 9.1 中可以看出,随着销售额 x 的增加,利润 Y 也呈上升趋势. 图 9.1 中的点大致分布在一条向右上方延伸的直线附近,但各点不完全在同一条直线上,这是由于 Y 还受到其他一些随机因素的影响. 这样,Y 可以看成是由两部分叠加而成,一部分是 x 的线性函数 $a+bx$,另一部分是随机因素引起的误差 ε,即
$$Y = a + bx + \varepsilon \tag{9.1}$$

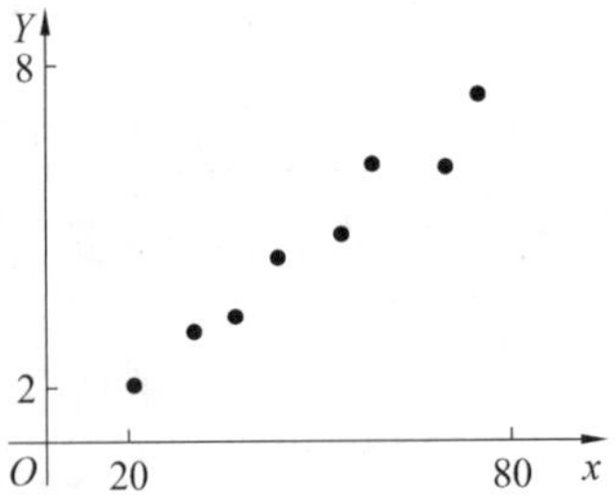

其中 a,b 为未知系数;ε 为随机误差且 $\varepsilon \sim N(0,\sigma^2)$. σ^2 未知,Y 与 x 的这种关系称为**一元线性回归模型**. $Y=a+bx$ 称为**回归直线**,b 称为**回归系数**,此时 $Y \sim N(a+bx,\sigma^2)$,对于 (x,Y) 的样本值 $(x_1,y_1),(x_2,y_2),\cdots,(x_n,y_n)$ 有

图 9.1

$$\begin{cases} y_i = a + bx_i + \varepsilon_i, & i=1,2,\cdots,n \\ \varepsilon_i \sim N(0,\sigma^2), & \varepsilon_1,\varepsilon_2,\cdots,\varepsilon_n \text{ 相互独立} \end{cases} \tag{9.2}$$

如果将样本代入式(9.1)中,a,b 的估计值为 $\hat{a},\hat{b}$,则称 $\hat{y}=\hat{a}+\hat{b}x$ 为**拟合直线**或**经验回归直线**,它可作为回归直线的估计. 经验回归直线的确定有很多种方法,下面介绍一种应用广泛的方法——**最小二乘法**.

将式(9.2)中方程改写为
$$\varepsilon_i = y_i - a - bx_i, i=1,2,\cdots,n$$
全部误差的平方和为
$$\sum_{i=1}^{n}\varepsilon_i^2 = \sum_{i=1}^{n}[y_i - (a+bx_i)]^2 \tag{9.3}$$

它是 a,b 的二元函数,称为**偏差平方和**,记作 $Q(a,b)$,最小二乘法就是选择 a,b 的估计值 $\hat{a},\hat{b}$,使得 $Q(a,b)$ 为最小.

$Q(a,b)$ 是 a,b 的二元函数,可以用多元函数求极值的方法求出 $\hat{a},\hat{b}$,即求解方程组

$$\begin{cases} \dfrac{\partial Q}{\partial a} = -2\sum_{i=1}^{n}[y_i - (a+bx_i)] = 0 \\ \dfrac{\partial Q}{\partial b} = -2\sum_{i=1}^{n}[y_i - (a+bx_i)]x_i = 0 \end{cases}$$

经整理得

$$\begin{cases} a + \bar{x}b = \bar{y} \\ n\bar{x}a + \sum_{i=1}^{n}x_i^2 b = \sum_{i=1}^{n}x_i y_i \end{cases} \tag{9.4}$$

其中 $\bar{x} = \dfrac{1}{n}\sum_{i=1}^{n}x_i, \bar{y} = \dfrac{1}{n}\sum_{i=1}^{n}y_i$, 此方程组称为正规方程组.

由于 x_i 不全相等, 正规方程组的系数行列式

$$\begin{vmatrix} 1 & \bar{x} \\ n\bar{x} & \sum_{i=1}^{n}x_i^2 \end{vmatrix} = \sum_{i=1}^{n}x_i^2 - n\bar{x}^2 = \sum_{i=1}^{n}(x_i - \bar{x})^2 \ne 0$$

故此方程组有唯一解

$$\begin{cases} \hat{b} = \dfrac{\sum_{i=1}^{n}(x_i - \bar{x})(y_i - \bar{y})}{\sum_{i=1}^{n}(x_i - \bar{x})^2} \\ \hat{a} = \bar{y} - \hat{b}\bar{x} \end{cases} \tag{9.5}$$

记

$$l_{xx} = \sum_{i=1}^{n}(x_i - \bar{x})^2 = \sum_{i=1}^{n}x_i^2 - n\bar{x}^2$$

$$l_{yy} = \sum_{i=1}^{n}(y_i - \bar{y})^2 = \sum_{i=1}^{n}y_i^2 - n\bar{y}^2$$

$$l_{xy} = \sum_{i=1}^{n}(x_i - \bar{x})(y_i - \bar{y}) = \sum_{i=1}^{n}x_i y_i - n\bar{x}\bar{y}$$

则式(9.5)可改写为

$$\begin{cases} \hat{b} = \dfrac{l_{xy}}{l_{xx}} \\ \hat{a} = \bar{y} - \dfrac{l_{xy}\bar{x}}{l_{xx}} \end{cases} \tag{9.6}$$

用最小二乘法求出的估计 $\hat{a},\hat{b}$ 分别称为 a,b 的**最小二乘估计**. 此时,经验回归直线为

$$\hat{y} = \hat{a} + \hat{b}x = \bar{y} + \hat{b}(x - \bar{x}) \tag{9.7}$$

由此可知,回归直线总是通过样本点集的几何中心 $(\bar{x},\bar{y})$.

在式(9.2)中, $\varepsilon_1,\varepsilon_2,\cdots,\varepsilon_n$ 是相互独立的随机变量,且都服从均值为 0、方差相同的正态

分布,即 $\varepsilon_i \sim N(0,\sigma^2)(\sigma > 0,\sigma^2$ 是与 x 无关的未知数$)$. σ^2 可用

$$\sigma^2 = \frac{1}{n-2}\sum_{i=1}^{n}(y_i - \hat{a} - \hat{b}x_i)^2 = \frac{l_{yy} - \hat{b}l_{xy}}{n-2} \tag{9.8}$$

估计.

可以证明 $E(\hat{b}) = b, E(\hat{a}) = a, E(\hat{\sigma^2}) = \sigma^2$,即 $\hat{a},\hat{b},\hat{\sigma^2}$ 分别是 a,b,σ^2 的无偏估计量. 证明请读者自己完成.

习题 9.1

1. 营养学家为研究食物中蛋白质含量对婴幼儿生长的影响,调查了一批年龄在 2 个月到 3 周岁的婴幼儿,将他们按食物中蛋白质含量的高低分为高蛋白食物组和低蛋白食物组两组,并测量身高(单位:cm),得到下表的数据.

1 题表 1 （高蛋白食物组）

年龄	0.2	0.5	0.8	1	1	1.4	1.8	2	2	2.5	2.5	3	2.7
身高	54	54.3	63	66	69	73	82	83	80.3	91	93.2	94	94

1 题表 2 （低蛋白食物组）

年龄	0.4	0.7	1	1	1.5	2	2	2.4	2.8	3	1.3	1.8	0.2
身高	52	55	61	63.4	66	68.5	67.9	72	76	74	65	69	51

分别建立相应的一元线性回归方程.

2. 某种产品的产量 x(单位:千件) 与单位成本 Y(单位:元每千件) 的资料见下表.

2 题表

x_i	2	3	4	3	4	5
y_i	73	72	71	73	69	68

(1) 计算相关系数 r,判断其相关程度;(2) 建立一元线性回归方程;(3) 产量每增加 1 000 件时,单位成本平均下降了多少元?

9.2 一元线性回归效果的显著性检验与预测

在实际问题中,事先并不能断定 Y 与 x 是否具有线性关系,$Y = a + bx + \varepsilon$ 只是一种假设,当然这个假设并不是没有根据的,可以通过专业知识和散点图来粗略判断. 判断式(9.7)是否具有意义,必须首先判断 Y 与 x 之间是否存在线性关系.

在实际中,判断是否存在线性关系最简单常用的方法就是相关系数检验法. 在第 4 章中提到,变量 X 与 Y 的相关系数 ρ_{XY} 是表示它们之间的线性相关性的一个数字特征. 因此要检验变量 Y 与 x 之间的线性关系是否显著,很自然地想到考察相关系数 ρ_{xy} 的大小,如果相关系数

ρ_{xY} 的绝对值很小,甚至 $\rho_{xY} = 0$,则表明 Y 与 x 之间的线性相关关系不显著,或者根本不存在线性相关关系;只有在相关系数 ρ_{xY} 的绝对值接近 1 时,才表明 Y 与 x 之间的线性相关关系显著,这时线性回归方程才有实际意义.

定义 9.1 统计量

$$R = \frac{\sum_{i=1}^{n}(x_i - \bar{x})(Y_i - \bar{Y})}{\sqrt{\sum_{i=1}^{n}(x_i - \bar{x})^2 \sum_{i=1}^{n}(Y_i - \bar{Y})^2}} \tag{9.9}$$

称为样本相关系数.

在相关系数 ρ_{xY} 未知的情况下,可以根据试验数据 (x_i, y_i) $(i = 1, 2, \cdots, n)$ 计算样本相关系数值 r 作为相关系数 ρ_{xY} 的估计值,即

$$r = \hat{\rho}_{xY} = \frac{\sum_{i=1}^{n}(x_i - \bar{x})(y_i - \bar{y})}{\sqrt{\sum_{i=1}^{n}(x_i - \bar{x})^2 \sum_{i=1}^{n}(y_i - \bar{y})^2}} = \frac{l_{xy}}{\sqrt{l_{xx}l_{yy}}} \tag{9.10}$$

然而,r 的绝对值究竟应当多大,才能认为 Y 与 x 之间的线性关系显著呢? 为此给出相关系数临界值表(见附表 6),对于给定的置信水平 $1 - \alpha$,相关系数的临界值 r_α 依赖于自由度 $n - 2$. 附表 6 给出了显著性水平 $\alpha = 0.10, \alpha = 0.05, \alpha = 0.02, \alpha = 0.01, \alpha = 0.001$ 下的相关系数的显著性检验表,表中的数值是相关系数的临界值 r_α. 值得注意的是,在实际应用中,由试验数据计算出样本相关系数值 r,一般认为:

(1) 当 $|r| \leq r_{0.05}$ 时,则认为 Y 与 x 之间的线性相关关系不显著,或者不存在线性相关关系.

(2) 当 $r_{0.05} < |r| \leq r_{0.001}$ 时,则认为 Y 与 x 之间的线性相关关系显著.

(3) 当 $|r| > r_{0.001}$ 时,则认为 Y 与 x 之间的线性相关关系高度显著.

考虑一元线性回归模型 $Y = a + bx + \varepsilon$ 的回归方程 $\hat{y} = \hat{a} + \hat{b}x$,预测问题就是对当 $x = x_0$ 时 Y 的取值做点估计,因为 Y 是随机变量,Y 与 x 之间的关系不是确定性的,所以不能精确地计算出 Y 的相应值 y_0,这时可以利用 $\hat{y}_0 = \hat{a} + \hat{b}x_0$ 作为 $\hat{y}_0 = \hat{a} + \hat{b}x_0 + \varepsilon_0$ 的预测值,这就是**点预测**.

在实际应用中,往往不满足于预测值的点估计,还需要知道预测的精确性与可靠性. 因此,应当对 y_0 做区间估计,即对于给定的置信水平 $1 - \alpha$,求出 y_0 的置信区间,称为**预测区间**,这就是**区间预测**.

可以证明,当 n 值很大时,对于 x 的任一值 x_0,Y 的相应值 y_0 近似地服从正态分布 $N(\hat{y}_0, s_y^2)$,其中数学期望为 $\hat{y}_0 = \hat{a} + \hat{b}x_0$,标准差为

$$s_y = \sqrt{\frac{l_{xx}l_{yy} - l_{xy}^2}{(n-2)l_{xx}}} \tag{9.11}$$

通常称 s_y 为**剩余标准差**,它表示观测值 $y_1, y_2, \cdots, y_n$ 偏离回归直线的平均误差.

于是,对于 x 的任一值 x_0,不难得到 Y 相应值 y_0 的预测区间(置信水平为 $1 - \alpha$)为

$$(\hat{y}_0 - z_{\alpha/2}s_y, \hat{y}_0 + z_{\alpha/2}s_y) \tag{9.12}$$

例如,对应于置信水平为 0.95 的预测区间为

$$(\hat{y}_0 - 1.96s_y, \hat{y}_0 + 1.96s_y)$$

对应于置信水平为 0.99 的预测区间为

$$(\hat{y}_0 - 2.58s_y, \hat{y}_0 + 2.58s_y)$$

等. 显然,剩余标准差 s_y 的值越小,则由回归方程预测 y_0 的值就越精确,所以通常用 s_y 的大小来衡量预测的精确度.

应该指出,利用回归方程进行预测,一般只适用于原有的试验范围,不能随意把范围扩大.

【例 9.2】 已知数据如例 9.1 中表 9.1 所示.

(1)计算相关系数 r,判断 Y 与 x 的相关程度;

(2)建立销售额 x 与利润 Y 的一元线性回归方程 $\hat{y} = \hat{a} + \hat{b}x$;

(3)预测当销售额 x_0 为 80 万元时利润的范围(置信水平为 95%).

解 分别计算出 $x_i^2, y_i^2, x_i y_i$ 的结果见表 9.2.

表 9.2

月份	销售额 x_i	利润 y_i	x_i^2	y_i^2	$x_i y_i$
1	25	1.9	625	3.61	47.5
2	31	2.8	961	7.84	86.8
3	35	3.3	1 225	10.89	115.5
4	42	4.1	1 764	16.81	172.2
5	51	5.0	2 601	25.00	255.0
6	56	5.7	3 136	32.49	319.2
7	63	6.5	3 969	42.25	409.5
8	68	7.1	4 624	50.41	482.8
合计	371	36.4	18 905	189.3	1 888.5

由此可得

$$n = 8, \bar{x} = \frac{1}{8}\sum_{i=1}^{8} x_i = \frac{1}{8} \times 371 = 46.375, \bar{y} = \frac{1}{8}\sum_{i=1}^{8} y_i = \frac{1}{8} \times 36.4 = 4.55$$

$$l_{xx} = \sum_{i=1}^{8} x_i^2 - \frac{1}{8}\left(\sum_{i=1}^{8} x_i\right)^2 = 1 699.875, l_{yy} = \sum_{i=1}^{8} y_i^2 - \frac{1}{8}\left(\sum_{i=1}^{8} y_i\right)^2 = 23.68$$

$$l_{xy} = \sum_{i=1}^{8} x_i y_i - \frac{1}{8}\sum_{i=1}^{8} x_i \sum_{i=1}^{8} y_i = 200.45$$

(1)相关系数为

$$r = \frac{l_{xy}}{\sqrt{l_{xx} l_{yy}}} = \frac{200.45}{\sqrt{1 699.875 \times 23.68}} \approx 0.999 1$$

当 $n - 2 = 6$ 时,查表得

$$r_{0.05}(6) = 0.706 7, r_{0.001}(6) = 0.924 93$$

由于 $r > r_{0.05}$,所以 Y 与 x 之间线性相关关系显著,又由于 $r > r_{0.001}$,所以 Y 与 x 之间线性相关关系高度显著.

(2) $\hat{b} = \dfrac{l_{xy}}{l_{xx}} \approx 0.1179, \hat{a} = \bar{y} - \hat{b}\bar{x} = 4.55 - 0.1179 \times 46.375 \approx -0.9176$. 所建立的线性回归方程为

$$\hat{y} = -0.9176 + 0.1179x$$

(3) 当 $x_0 = 80$ 万元时，$\hat{y}_0 = -0.9176 + 0.1179 \times 80 = 8.5144$

$$s_y = \sqrt{\dfrac{l_{xx}l_{yy} - l_{xy}^2}{6l_{xx}}} = \sqrt{\dfrac{1699.875 \times 23.68 - 200.45^2}{6 \times 1699.875}} \approx 0.0845$$

所以，y_0 的置信水平为 95% 的预测区间为

$$(\hat{y}_0 - 1.96s_y, \hat{y}_0 + 1.96s_y) = (8.5144 - 0.16562, 8.5144 + 0.16562)$$

即当销售额为 80 万元时，利润在 8.34878 万元至 8.68002 万元之间的概率为 95%.

综上所述，讨论随机变量 Y 与非随机变量 x 之间的线性回归问题可按以下步骤进行.

(1) 首先根据试验数据 $(x_i, y_i)(i=1,2,\cdots,n)$ 计算 $\bar{x}, \bar{y}, l_{xx}, l_{yy}$ 及 l_{xy}，再按式(9.10)计算样本相关系数值 r. 然后根据题目中给定的置信水平 $1-\alpha$ 查附表 6 得到相关系数的临界值 r_α，从而推断变量 Y 与 x 之间的线性相关关系是否显著.

(2) 如果 Y 与 x 之间的线性相关关系显著，则可利用式(9.6)计算 $\hat{b}$ 及 $\hat{a}$ 的值，代入式(9.7)，即得到 Y 关于 x 的线性回归方程，它大致描述了 Y 随 x 的变化规律.

(3) 进一步利用得到的线性回归方程进行点预测和区间预测.

习题 9.2

1. 为了解某社区居民的家庭年收入和年支出的关系，随机调查了该社区 5 户家庭，得到的数据见下表.

1 题表

收入 x/万元	8.2	8.6	10	11.3	11.9
支出 y/万元	6.2	7.5	8	8.5	9.8

根据上表构建一元线性回归方程 $y = \hat{a} + \hat{b}x$，其中 $\hat{a} = \bar{y} - \hat{b}\bar{x}, \hat{b} = 0.76$，据此估计，该社区一户收入为 15 万元家庭的支出为（　　）.

A. 11.4 万元　　　　B. 11.8 万元　　　　C. 12 万元　　　　D. 12.2 万元

2. 某地高校教育经费 x（单位：万元）与高校学生人数 Y（单位：万人）连续 6 年的统计资料见下表.

2 题表

x_i	316	343	373	393	418	455
y_i	11	16	18	20	22	25

(1) 建立 Y 与 x 的一元线性回归方程；

(2) 预测教育经费为 500 万元的在校学生人数.

3. 根据调查得到某市职工个人月可支配收入 x（单位：元）与月消费支出 Y（单位：元）数据

资料见下表.

3 题表

x_i	800	1 000	1 200	1 400	1 600	1 800	2 000	2 200	2 400	2 600
y_i	700	650	900	950	1 100	1 150	1 200	1 400	1 550	1 500

(1) 建立 Y 与 x 的一元线性回归方程;

(2) 求每月可支配收入为 1 600 元的家庭,消费支出置信度为 95% 的置信区间.

9.3 经济应用实例:时间序列预测问题

在实际生活中,经常遇到时间序列问题,即在回归分析中,非随机变量 x 为时间序列(月份或年份),随机变量 Y 随 x 变化. 此时回归分析可以采用比较简单的方法.

以销售预测为例,随机变量 Y 代表销售量(或销售金额),x 代表时间,并且令 $\sum_{i}^{n} x_i = 0$. 具体做法分两种情况:(1) 若实际观测的次数 n 为奇数,取 $x_1, x_2, \cdots, x_n$ 为公差为 1 的等差数列,且令 $x_{(n+1)/2} = 0$;(2) 若实际观测的次数 n 为偶数,取 $x_1, x_2, \cdots, x_n$ 为公差为 2 的等差数列,且令 $x_{n/2} = -1$ 与 $x_{(n+2)/2} = 1$.

因为 $\sum_{i}^{n} x_i = 0$,所以最小二乘法计算中可以得到以下简化:

$$l_{xx} = \sum_{i=1}^{n} x_i^2, \quad l_{yy} = \sum_{i=1}^{n} y_i^2 - n\bar{y}^2, \quad l_{xy} = \sum_{i=1}^{n} x_i y_i$$

则式(9.6)可改写为

$$\begin{cases} \hat{b} = \dfrac{l_{xy}}{l_{xx}} = \dfrac{\sum_{i=1}^{n} x_i y_i}{\sum_{i=1}^{n} x_i^2} \\ \hat{a} = \bar{y} \end{cases} \tag{9.13}$$

【例9.3】 已知某公司某种产品的销售额(单位:万元),试用回归分析方法预测今年7月份的销售量.

(1) 若已知数据为偶数个月. 将表 9.3 中的数据代入式(9.13) 有

表 9.3

月份	x_i	销售量 y_i	$x_i y_i$	x^2
1	-5	138	-690	25
2	-3	136	-408	9
3	-1	142	-142	1

续表9.3

月份	x_i	销售量 y_i	$x_i y_i$	x^2
4	1	134	134	1
5	3	146	438	9
6	5	144	720	25
$n = 6$	$\sum_{i=1}^{6} x_i = 0$	$\sum_{i=1}^{6} y_i = 840$	$\sum_{i=1}^{6} x_i y_i = 52$	$\sum_{i=1}^{6} x_i^2 = 70$

$$\begin{cases} \hat{b} = \dfrac{\sum_{i=1}^{n} x_i y_i}{\sum_{i=1}^{n} x_i^2} = \dfrac{52}{70} \approx 0.742\,9 \\ \hat{a} = \bar{y} = \dfrac{840}{6} = 140 \end{cases}$$

所以回归直线为

$$\hat{y} = 140 + 0.742\,9x$$

则七月份 x 的取值为 $5 + 2 = 7$,预计销售额为

$$140 + 0.742\,9 \times 7 = 145.200\,3$$

(2) 若已知数据为奇数个月. 将表9.4中数据代入式(9.13)有

表9.4

月份	x_i	销售量 y_i	$x_i y_i$	x^2
2	-2	136	-272	4
3	-1	142	-142	1
4	0	134	0	0
5	1	146	146	1
6	2	144	288	4
$n = 5$	$\sum_{i=1}^{5} x_i = 0$	$\sum_{i=1}^{5} y_i = 702$	$\sum_{i=1}^{5} x_i y_i = 20$	$\sum_{i=1}^{5} x_i^2 = 10$

$$\begin{cases} \hat{b} = \dfrac{\sum_{i=1}^{n} x_i y_i}{\sum_{i=1}^{n} x_i^2} = \dfrac{20}{10} = 2 \\ \hat{a} = \bar{y} = \dfrac{702}{5} = 140.4 \end{cases}$$

所以回归直线为

$$\hat{y} = 140.4 + 2x$$

则七月份 x 的取值为 $2 + 1 = 3$,预计销售额为

$$140.4 + 2 \times 3 = 146.4$$

知识结构思维导图

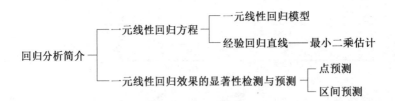

建模直通车:回归分析在农业上的应用

某乡政府为提高当地农民收入,指导农民种植药材,并在种植药材的土地附近种草放牧,发展畜牧业. 牛粪、羊粪等有机肥可以促进药材的生长,发展生态循环农业. 某农户近7年种植药材的年收入 y(单位:千元)与年份代码 x(对应年份为 2016~2022) 的数据见下表.

表9.5

年份代码 x	1	2	3	4	5	6	7
年收入 y	53	61	64	68	73	79	82

并计算得到 $\sum_{i=1}^{7} y_i = 480$,$\sum_{i=1}^{7} x_i y_i = 2\,052$,$\sqrt{\sum_{i=1}^{7}(x_i - \bar{x})^2} = 2\sqrt{7}$,$\sqrt{\sum_{i=1}^{7}(y_i - \bar{y})^2} \approx 25$,$\sum_{i=1}^{7}(x_i - \bar{x})(y_i - \bar{y}) = 132$,$\sum_{i=1}^{7} w_i = 140$,$\sum_{i=1}^{7}(w_i - \bar{w})(y_i - \bar{y}) = 1\,048$,$\sqrt{\sum_{i=1}^{7}(w_i - \bar{w})^2} \approx 43.3$,其中 $w_i = x_i^2$.

(1) 根据表中数据判断,$y = a + bx$ 与 $y = c + dx^2$ 哪一个适宜作为收入 y 关于年份代码 x 的回归方程类型?

(2) 根据(1)的判断结果及数据,建立 y 关于 x 的回归方程,并预测2023年该农户种植药材的收入;

(3) 结合当地环境和气候对种植户的调查统计分析表明:若继续种植现有的药材,农户的收入将接近"瓶颈". 要想继续提高农户的收入,则需要制订新的种植方案. 在原有的土地上继续种植原有药材,质量得不到保障,且影响农户的经济收入. 请先分析原因,并给出建议.

回归分析在农业上的应用详解

第9章总复习题

1. 机动车行经人行横道时,应减速慢行,遇行人正在通过人行横道,应当停车让行,某市一主干道路口监控设备所抓拍的 5 个月内驾驶员不"礼让行人"行为统计数据见下表.

1 题表

月份	1	2	3	4	5
违章驾驶人次	125	105	100	90	80

建立相应的一元线性回归方程,并预测该路口 7 月份不"礼让行人"违规驾驶人次.

2. 2022 年 12 月份以来,全国多个地区纷纷采取不同的形式发放多轮政府消费券,助力消费复苏,记发放的政府消费券额度为 x(单位:百万元),带动的消费为 y(单位:百万元),某省随机抽查的一些城市的数据见下表.

2 题表

x	3	3	4	5	5	6	6	8
y	10	12	13	18	19	21	24	27

建立相应的一元线性回归方程,计算若该省 A 城市在 2023 年 2 月份准备发放一轮额度为 10 百万元的政府消费券,预计可以带动多少消费?

附录 常用统计数值表

附表1 二项分布累计概率值表

$$\sum_{k=0}^{x} C_n^k p^k (1-p)^{n-k}$$

n	x	$p=0.01$	$p=0.02$	$p=0.03$	$p=0.04$	$p=0.05$
5	0	0.951 0	0.903 9	0.858 7	0.815 3	0.773 8
	1	0.998 0	0.996 2	0.994 5	0.985 2	0.977 4
	2		0.999 7	0.999 4	0.998 8	
	3					
10	0	0.904 4	0.817 1	0.737 4	0.664 8	0.598 7
	1	0.995 7	0.983 8	0.965 5	0.941 8	0.913 9
	2	0.999 9	0.999 1	0.997 2	0.993 8	0.988 5
	3			0.999 9	0.999 6	0.999 0
15	0	0.860 1	0.738 6	0.633 3	0.542 1	0.463 3
	1	0.990 4	0.964 7	0.927 0	0.880 9	0.829 0
	2	0.999 6	0.997 0	0.990 6	0.979 7	0.963 8
	3		0.999 8	0.999 2	0.997 6	0.994 5
	4			0.999 9	0.999 8	0.999 4
	5					
20	0	0.817 9	0.667 6	0.543 8	0.442 0	0.358 5
	1	0.983 1	0.940 1	0.880 2	0.810 3	0.735 8
	2	0.999 0	0.992 9	0.979 0	0.956 1	0.924 5
	3		0.999 4	0.997 3	0.992 6	0.984 1
	4			0.999 7	0.999 0	0.997 4
	5				0.999 9	0.999 7
	6					

续附表1

n	x	$p=0.01$	$p=0.02$	$p=0.03$	$p=0.04$	$p=0.05$
30	0	0.739 7	0.545 5	0.404 0	0.293 9	0.214 6
	1	0.963 9	0.879 7	0.773 1	0.661 2	0.553 5
	2	0.996 7	0.978 3	0.939 9	0.883 1	0.812 2
	3	0.999 8	0.997 1	0.988 1	0.969 4	0.939 2
	4	0.999 9	0.999 6	0.998 2	0.993 7	0.984 4
	5			0.999 7	0.998 9	0.996 7
	6				0.999 9	0.999 4
	7					0.999 9
40	0	0.669 0	0.445 7	0.295 7	0.195 4	0.128 5
	1	0.939 3	0.809 5	0.661 5	0.521 0	0.399 1
	2	0.992 5	0.954 3	0.882 2	0.785 5	0.676 7
	3	0.999 3	0.991 8	0.968 6	0.925 2	0.861 9
	4		0.998 8	0.993 3	0.979 0	0.952 0
	5		0.999 9	0.998 8	0.995 1	0.986 1
	6			0.999 8	0.999 0	0.996 6
	7				0.999 8	0.999 3
	8					0.999 9

n	x	$p=0.06$	$p=0.07$	$p=0.08$	$p=0.09$
5	0	0.733 9	0.695 7	0.659 1	0.624 0
	1	0.968 1	0.957 5	0.946 6	0.932 6
	2	0.998 0	0.996 9	0.995 5	0.993 7
	3		0.999 9	0.999 8	0.999 7
10	0	0.538 6	0.484 0	0.434 4	0.389 4
	1	0.882 4	0.848 3	0.812 1	0.774 6
	2	0.981 2	0.971 7	0.959 9	0.946 0
	3	0.998 0	0.996 4	0.994 2	0.991 2

续附表1

n	x	$p=0.06$	$p=0.07$	$p=0.08$	$p=0.09$
15	0	0.395 3	0.336 7	0.286 3	0.243 0
	1	0.773 8	0.716 8	0.659 7	0.603 5
	2	0.942 9	0.917 1	0.887 0	0.853 4
	3	0.989 6	0.982 5	0.972 7	0.960 1
	4	0.998 6	0.997 2	0.995 0	0.991 8
	5	0.999 9	0.999 7	0.999 3	0.998 7
20	0	0.290 1	0.234 2	0.188 7	0.151 6
	1	0.660 5	0.586 9	0.516 9	0.454 6
	2	0.885 0	0.839 0	0.787 9	0.733 4
	3	0.971 0	0.952 9	0.929 4	0.900 7
	4	0.994 4	0.989 3	0.981 7	0.971 0
	5	0.999 1	0.998 1	0.996 2	0.996 2
	6	0.999 9	0.999 7	0.999 4	0.998 7
30	0	0.156 3	0.113 4	0.082 0	0.059 1
	1	0.455 5	0.369 4	0.295 8	0.234 3
	2	0.732 4	0.648 8	0.565 4	0.485 5
	3	0.897 4	0.845 0	0.784 2	0.717 5
	4	0.968 5	0.944 7	0.912 6	0.872 3
	5	0.992 1	0.983 8	0.970 7	0.951 9
	6	0.998 3	0.996 0	0.991 8	0.984 8
	7	0.999 7	0.999 2	0.998 0	0.995 9
40	0	0.084 2	0.054 9	0.035 6	0.023 0
	1	0.299 0	0.220 1	0.159 4	0.114 0
	2	0.566 5	0.462 5	0.369 4	0.289 4
	3	0.782 7	0.383 7	0.600 7	0.509 2
	4	0.910 4	0.854 6	0.786 8	0.710 3
	5	0.969 1	0.941 9	0.903 3	0.853 5
	6	0.990 9	0.980 1	0.962 4	0.936 1
	7	0.997 7	0.994 2	0.987 3	0.975 8
	8	0.999 5	0.998 5	0.996 3	0.992 0

续附表1

n	x	p=0.10	p=0.20	p=0.30	p=0.40
5	0	0.5905	0.3277	0.1681	0.0778
	1	0.9185	0.7373	0.5282	0.3370
	2	0.9914	0.9421	0.8369	0.6826
	3	0.9995	0.9933	0.9692	0.9130
	4		0.9997	0.9976	0.9898
	5		1.0000	1.0000	1.0000
10	0	0.3487	0.1074	0.0282	0.0060
	1	0.7361	0.3758	0.1493	0.0464
	2	0.9298	0.6778	0.3828	0.1673
	3	0.9872	0.8791	0.6496	0.3823
	4	0.9984	0.9672	0.8497	0.6331
	5	0.9999	0.9936	0.9527	0.8338
	6		0.9991	0.9894	0.9452
	7		0.9999	0.9984	0.9877
	8			0.9999	0.9983
15	0	0.2059	0.0352	0.0047	0.0005
	1	0.5490	0.1671	0.0353	0.0052
	2	0.8159	0.3980	0.1268	0.0271
	3	0.9445	0.6482	0.2969	0.0905
	4	0.9873	0.8358	0.5155	0.2173
	5	0.9978	0.9389	0.7216	0.4032
	6	0.9997	0.9819	0.8689	0.6098
	7		0.9958	0.9500	0.7869
	8		0.9992	0.9848	0.9050
	9		0.9999	0.9963	0.9662
	10			0.9993	0.9907

续附表 1

n	x	$p=0.10$	$p=0.20$	$p=0.30$	$p=0.40$
20	0	0.121 6	0.011 5	0.000 8	
	1	0.391 7	0.069 2	0.007 6	0.000 5
	2	0.676 9	0.206 1	0.035 5	0.003 6
	3	0.867 0	0.411 4	0.107 1	0.016 0
	4	0.956 8	0.629 6	0.237 5	0.051 0
	5	0.988 7	0.804 2	0.416 4	0.125 6
	6	0.997 6	0.913 3	0.608 0	0.250 0
	7	0.999 6	0.967 9	0.772 3	0.415 9
	8	0.999 9	0.990 0	0.886 7	0.595 6
	9		0.997 4	0.952 0	0.755 3
	10		0.999 4	0.982 9	0.872 5
	11		0.999 9	0.994 9	0.943 5
	12			0.998 7	0.979 0
	13			0.999 7	0.993 5
30	0	0.042 4	0.001 2	0.000 0	
	1	0.183 7	0.040 5	0.000 3	
	2	0.411 4	0.044 2	0.002 1	0.000 0
	3	0.647 4	0.122 7	0.009 3	0.000 3
	4	0.824 5	0.255 2	0.030 2	0.001 5
	5	0.926 8	0.427 5	0.076 6	0.005 7
	6	0.974 2	0.607 0	0.159 5	0.017 2
	7	0.992 2	0.760 8	0.281 4	0.043 5
	8	0.998 0	0.871 3	0.431 5	0.094 0
	9	0.999 5	0.938 9	0.598 8	0.176 3
	10	0.999 9	0.974 4	0.730 4	0.291 5
	11		0.990 5	0.840 7	0.431 1

续附表 1

n	x	$p=0.10$	$p=0.20$	$p=0.30$	$p=0.40$
30	12		0.996 9	0.915 5	0.578 5
	13		0.999 1	0.959 9	0.714 5
	14		0.999 8	0.983 1	0.824 6
	15			0.993 6	0.902 9
	16			0.997 9	0.951 9
	17			0.999 4	0.979 8
	18			0.999 8	0.991 7
40	0	0.014 8	0.000 1		
	1	0.080 5	0.001 5		
	2	0.222 8	0.007 9	0.000 1	
	3	0.423 1	0.028 5	0.000 6	
	4	0.629 0	0.075 9	0.002 6	
	5	0.793 7	0.161 3	0.008 6	0.000 1
	6	0.900 5	0.285 9	0.023 8	0.000 6
	7	0.958 1	0.437 1	0.055 3	0.002 1
	8	0.984 5	0.593 1	0.110 0	0.006 1
	9	0.994 9	0.731 8	0.195 9	0.156 0
	10	0.998 5	0.839 2	0.308 7	0.035 2
	11	0.999 6	0.912 5	0.440 6	0.070 9
	12	0.999 9	0.956 8	0.577 2	0.128 5
	13		0.980 6	0.703 2	0.211 2
	14		0.992 1	0.807 4	0.317 4
	15		0.997 1	0.884 9	0.440 2
	16		0.999 0	0.936 7	0.568 1
	17		0.999 7	0.968 0	0.688 5
	18		0.999 9	0.985 2	0.791 1
	19			0.993 7	0.870 2
	20			0.997 6	0.925 6
	21			0.999 1	0.960 8
	22			0.999 7	0.981 1
	23			0.999 9	0.991 7

附表2 泊松分布概率值表

$$P\{X=k\} = \frac{\lambda^k}{k!}e^{-\lambda}$$

k	λ								
	0.1	0.2	0.3	0.4	0.5	0.6	0.7	0.8	0.9
0	0.904 837	0.818 731	0.740 818	0.676 320	0.606 531	0.548 812	0.496 585	0.449 329	0.406 570
1	0.090 484	0.163 746	0.222 245	0.268 128	0.303 265	0.329 287	0.347 610	0.359 463	0.365 913
2	0.004 524	0.016 375	0.033 337	0.053 626	0.075 816	0.098 786	0.121 663	0.143 785	0.164 661
3	0.000 151	0.001 092	0.003 334	0.007 150	0.012 636	0.019 757	0.028 388	0.038 343	0.049 398
4	0.000 004	0.000 055	0.000 250	0.000 715	0.001 580	0.002 964	0.004 968	0.007 669	0.011 115
5		0.000 002	0.000 015	0.000 057	0.000 158	0.000 356	0.000 696	0.001 227	0.006 001
6			0.000 001	0.000 004	0.000 013	0.000 036	0.000 081	0.000 164	0.000 300
7					0.000 001	0.000 003	0.000 008	0.000 019	0.000 039
8							0.000 001	0.000 002	0.000 004
9									
10									
11									
12									
13									
14									
15									
16									
17									

续附表2

k	λ							
	1.0	1.5	2.0	2.5	3.0	3.5	4.0	4.5
0	0.367 879	0.223 130	0.135 335	0.082 085	0.049 787	0.030 197	0.018 316	0.011 109
1	0.367 879	0.334 695	0.270 671	0.205 212	0.149 361	0.105 691	0.073 263	0.049 990
2	0.183 940	0.251 021	0.270 671	0.256 516	0.224 042	0.184 959	0.146 525	0.112 479
3	0.061 313	0.125 510	0.180 447	0.213 763	0.224 042	0.215 785	0.195 367	0.168 718
4	0.015 328	0.047 067	0.090 224	0.133 602	0.168 031	0.188 812	0.195 367	0.189 808
5	0.003 066	0.014 120	0.036 089	0.066 801	0.100 819	0.132 169	0.156 293	0.170 827
6	0.000 511	0.003 530	0.012 030	0.027 834	0.050 409	0.077 098	0.104 196	0.128 120
7	0.000 073	0.000 756	0.003 437	0.009 941	0.021 604	0.038 549	0.059 540	0.082 363
8	0.000 009	0.000 142	0.000 859	0.003 106	0.008 102	0.016 865	0.029 770	0.046 329
9	0.000 001	0.000 024	0.000 191	0.000 863	0.002 701	0.006 559	0.013 231	0.023 165
10		0.000 004	0.000 038	0.000 216	0.000 810	0.002 296	0.005 292	0.010 424
11			0.000 007	0.000 049	0.000 221	0.000 730	0.001 925	0.004 264
12			0.000 001	0.000 010	0.000 055	0.000 213	0.000 642	0.001 599
13				0.000 002	0.000 013	0.000 057	0.000 197	0.000 554
14					0.000 002	0.000 014	0.000 056	0.000 178
15					0.000 001	0.000 003	0.000 015	0.000 053
16						0.000 001	0.000 004	0.000 015
17							0.000 001	0.000 004
18								0.000 001

续附表2

k	λ						
	5.0	5.5	6.0	6.5	7.0	7.5	8.0
0	0.006 738	0.004 087	0.002 479	0.001 503	0.000 912	0.000 553	0.000 335
1	0.033 690	0.022 477	0.014 873	0.009 773	0.006 383	0.004 148	0.002 684
2	0.084 224	0.061 812	0.044 618	0.031 760	0.022 341	0.015 556	0.010 735
3	0.140 374	0.113 323	0.089 235	0.068 814	0.052 129	0.038 888	0.028 626
4	0.175 467	0.155 819	0.133 853	0.111 822	0.091 226	0.072 917	0.057 252
5	0.175 467	0.171 001	0.160 623	0.145 369	0.127 717	0.109 374	0.091 604
6	0.146 223	0.157 117	0.160 623	0.157 483	0.149 003	0.136 719	0.122 138
7	0.104 445	0.123 449	0.137 677	0.146 234	0.149 003	0.146 484	0.139 587
8	0.065 278	0.084 872	0.103 258	0.118 815	0.130 377	0.137 328	0.139 587
9	0.036 266	0.051 866	0.068 838	0.085 811	0.101 405	0.114 441	0.124 077
10	0.018 133	0.028 526	0.041 303	0.055 777	0.070 983	0.085 830	0.099 262
11	0.008 242	0.014 263	0.022 529	0.032 959	0.045 171	0.058 521	0.072 190
12	0.003 434	0.006 537	0.011 264	0.017 853	0.026 350	0.036 575	0.048 127
13	0.001 321	0.002 766	0.005 199	0.008 927	0.014 188	0.021 101	0.029 616
14	0.000 472	0.001 086	0.002 228	0.004 144	0.007 094	0.011 305	0.016 924
15	0.000 157	0.000 399	0.000 891	0.001 796	0.003 311	0.005 652	0.009 026
16	0.000 049	0.000 137	0.000 334	0.000 730	0.001 448	0.002 649	0.004 513
17	0.000 014	0.000 044	0.000 118	0.000 279	0.000 596	0.001 169	0.002 124
18	0.000 004	0.000 014	0.000 039	0.000 100	0.000 232	0.000 487	0.000 944
19	0.000 001	0.000 004	0.000 012	0.000 035	0.000 085	0.000 192	0.000 397
20		0.000 001	0.000 004	0.000 011	0.000 030	0.000 072	0.000 159
21			0.000 001	0.000 004	0.000 010	0.000 026	0.000 061
22				0.000 001	0.000 003	0.000 009	0.000 022
23					0.000 001	0.000 003	0.000 008
24						0.000 001	0.000 003
25							0.000 001
26							

续附表 2

k	λ					
	8.5	9.0	9.5	10	20	30
1	0.000 203	0.000 123	0.000 075	0.000 045		
2	0.001 730	0.001 111	0.000 711	0.000 454		
3	0.007 350	0.004 998	0.003 378	0.002 270		
4	0.020 826	0.014 994	0.010 696	0.007 567		
5	0.044 255	0.033 737	0.025 403	0.018 917	0.000 1	
6	0.075 233	0.060 727	0.048 265	0.037 833	0.000 2	
7	0.106 581	0.091 090	0.076 421	0.063 055	0.000 5	
8	0.129 419	0.117 116	0.103 714	0.090 079	0.001 3	
9	0.137 508	0.131 756	0.123 160	0.112 599	0.002 9	
10	0.129 869	0.131 756	0.130 003	0.125 110	0.005 8	
11	0.110 303	0.118 580	0.122 502	0.125 110	0.010 6	
12	0.085 300	0.097 020	0.106 662	0.113 736	0.017 6	0.000 1
13	0.060 421	0.072 765	0.084 440	0.094 780	0.027 1	0.000 2
14	0.039 506	0.050 376	0.061 706	0.072 908	0.038 2	0.000 5
15	0.023 986	0.032 384	0.041 872	0.052 077	0.051 7	0.001 0
16	0.013 592	0.019 431	0.026 519	0.034 718	0.064 6	0.001 9
17	0.007 220	0.010 930	0.015 746	0.021 699	0.076 0	0.003 4
18	0.003 611	0.005 786	0.008 799	0.012 764	0.814 0	0.005 7
19	0.001 705	0.002 893	0.046 440	0.007 091	0.088 8	0.008 9
20	0.000 762	0.001 370	0.002 322	0.003 732	0.088 8	0.013 4
21	0.000 324	0.000 617	0.001 103	0.001 866	0.084 6	0.019 2
22	0.000 132	0.000 264	0.000 433	0.000 889	0.076 7	0.026 1
23	0.000 050	0.000 108	0.000 216	0.000 404	0.066 9	0.034 1
24	0.000 019	0.000 042	0.000 089	0.000 176	0.055 7	0.042 6
25	0.000 007	0.000 016	0.000 025	0.000 073	0.044 6	0.057 1
26	0.000 002	0.000 006	0.000 014	0.000 029	0.034 3	0.059 0
27	0.000 001	0.000 002	0.000 004	0.000 011	0.025 4	0.065 5
28		0.000 001	0.000 002	0.000 004	0.018 2	0.070 2
29			0.000 001	0.000 001	0.012 5	0.072 6
30				0.000 001	0.008 3	0.072 6
31					0.005 4	0.070 3
32					0.003 4	0.065 9
33					0.002 0	0.059 9
34					0.001 2	0.052 9
35					0.000 7	0.045 3
36					0.000 4	0.037 8
37					0.000 2	0.030 6

附表3　正态分布表

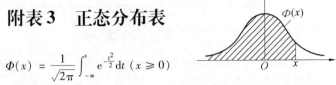

$$\Phi(x) = \frac{1}{\sqrt{2\pi}} \int_{-\infty}^{x} e^{-\frac{t^2}{2}} dt \ (x \geq 0)$$

x	0.00	0.01	0.02	0.03	0.04	0.05	0.06	0.07	0.08	0.09
0.0	0.500 0	0.504 0	0.508 0	0.512 0	0.516 0	0.519 9	0.523 9	0.527 9	0.531 9	0.535 9
0.1	0.539 8	0.543 8	0.547 8	0.551 7	0.555 7	0.559 6	0.563 6	0.567 5	0.571 4	0.575 3
0.2	0.579 3	0.583 2	0.587 1	0.591 0	0.594 8	0.598 7	0.602 6	0.606 4	0.610 3	0.614 1
0.3	0.617 9	0.621 7	0.625 5	0.629 3	0.633 1	0.636 8	0.640 6	0.644 3	0.648 0	0.651 7
0.4	0.655 4	0.659 1	0.662 8	0.666 4	0.670 0	0.673 6	0.677 2	0.680 8	0.684 4	0.687 9
0.5	0.691 5	0.695 0	0.698 5	0.701 9	0.705 4	0.708 8	0.712 3	0.715 7	0.719 0	0.722 4
0.6	0.725 7	0.729 1	0.732 4	0.735 7	0.738 9	0.742 2	0.745 4	0.748 6	0.751 7	0.754 9
0.7	0.758 0	0.761 1	0.764 2	0.767 3	0.770 3	0.773 4	0.776 4	0.779 4	0.782 3	0.785 2
0.8	0.788 1	0.791 0	0.793 9	0.796 7	0.799 5	0.802 3	0.805 1	0.807 8	0.810 6	0.811 3
0.9	0.815 9	0.818 6	0.821 2	0.823 8	0.826 4	0.828 9	0.831 5	0.834 0	0.836 5	0.838 9
1.0	0.841 3	0.843 8	0.846 1	0.848 5	0.850 8	0.853 1	0.855 4	0.857 7	0.859 9	0.862 1
1.1	0.864 3	0.866 5	0.868 6	0.870 8	0.872 9	0.874 9	0.877 0	0.879 0	0.881 0	0.883 0
1.2	0.884 9	0.886 9	0.888 8	0.890 7	0.892 5	0.894 4	0.896 2	0.898 0	0.899 7	0.901 47
1.3	0.903 20	0.904 90	0.906 58	0.908 24	0.909 88	0.911 40	0.913 09	0.914 66	0.916 21	0.91 774
1.4	0.919 24	0.920 73	0.922 20	0.923 64	0.925 07	0.926 47	0.927 85	0.929 22	0.930 56	0.93 189
1.5	0.933 19	0.934 48	0.935 74	0.936 99	0.938 22	0.939 43	0.940 62	0.941 79	0.942 95	0.944 08
1.6	0.945 20	0.946 30	0.947 38	0.948 45	0.949 50	0.950 53	0.951 54	0.952 54	0.953 52	0.954 49
1.7	0.955 43	0.956 37	0.957 28	0.958 18	0.959 07	0.959 94	0.960 80	0.961 64	0.962 46	0.963 27
1.8	0.964 07	0.964 85	0.965 62	0.966 38	0.967 12	0.967 84	0.968 56	0.969 26	0.969 95	0.970 62
1.9	0.971 28	0.971 93	0.972 57	0.973 20	0.973 81	0.974 41	0.975 00	0.975 58	0.976 15	0.976 70
2.0	0.977 25	0.977 78	0.978 31	0.978 82	0.979 32	0.979 82	0.980 30	0.980 77	0.981 24	0.981 69
2.1	0.982 14	0.982 57	0.983 00	0.983 41	0.983 82	0.984 22	0.984 61	0.985 00	0.985 37	0.985 74
2.2	0.986 10	0.986 45	0.986 79	0.987 13	0.987 45	0.987 78	0.988 09	0.988 40	0.988 70	0.988 99
2.3	0.989 28	0.989 56	0.989 83	0.990 10	0.990 36	0.990 61	0.990 86	0.991 11	0.991 34	0.991 58

续附表3

x	0.00	0.01	0.02	0.03	0.04	0.05	0.06	0.07	0.08	0.09
2.4	0.991 80	0.992 02	0.992 24	0.992 45	0.992 66	0.992 86	0.993 05	0.993 24	0.993 43	0.993 61
2.5	0.993 79	0.993 96	0.994 13	0.994 30	0.994 46	0.994 61	0.994 77	0.994 92	0.995 06	0.995 20
2.6	0.995 34	0.995 47	0.995 60	0.995 73	0.995 86	0.995 98	0.996 09	0.996 21	0.996 32	0.996 43
2.7	0.996 53	0.996 64	0.996 74	0.996 83	0.996 93	0.997 02	0.997 11	0.997 20	0.997 28	0.997 37
2.8	0.997 45	0.997 52	0.997 60	0.997 67	0.997 74	0.997 81	0.997 88	0.997 95	0.998 01	0.998 07
2.9	0.998 13	0.998 19	0.998 25	0.998 31	0.998 36	0.998 41	0.998 46	0.998 51	0.998 56	0.998 61
3.0	0.998 65	0.998 69	0.998 74	0.998 78	0.998 82	0.998 86	0.998 89	0.998 93	0.998 97	0.999 00
3.1	0.999 03	0.999 06	0.999 10	0.999 13	0.999 16	0.999 18	0.999 21	0.999 24	0.999 26	0.999 29
3.2	0.999 31	0.999 34	0.999 36	0.999 38	0.999 40	0.999 42	0.999 44	0.999 46	0.999 48	0.999 50
3.3	0.999 52	0.999 53	0.999 55	0.999 57	0.999 58	0.999 60	0.999 61	0.999 62	0.999 64	0.999 65
3.4	0.999 66	0.999 68	0.999 69	0.999 70	0.999 71	0.999 72	0.999 73	0.999 74	0.999 75	0.999 76
3.5	0.999 77	0.999 78	0.999 78	0.999 79	0.999 80	0.999 81	0.999 81	0.999 82	0.999 83	0.999 83
3.6	0.999 84	0.999 85	0.999 85	0.999 86	0.999 86	0.999 87	0.999 87	0.999 88	0.999 88	0.999 89
3.7	0.999 89	0.999 90	0.999 90	0.999 90	0.999 91	0.999 91	0.999 92	0.999 92	0.999 92	0.999 92
3.8	0.999 93	0.999 93	0.999 93	0.999 94	0.999 94	0.999 94	0.999 94	0.999 95	0.999 95	0.999 95
3.9	0.999 95	0.999 95	0.999 96	0.999 96	0.999 96	0.999 96	0.999 96	0.999 96	0.999 97	0.999 97
4.0	0.999 97	0.999 97	0.999 97	0.999 97	0.999 97	0.999 97	0.999 98	0.999 98	0.999 98	0.999 98
4.1	0.999 98	0.999 98	0.999 98	0.999 98	0.999 98	0.999 98	0.999 98	0.999 98	0.999 99	0.999 99
4.2	0.999 99	0.999 99	0.999 99	0.999 99	0.999 99	0.999 99	0.999 99	0.999 99	0.999 99	0.999 99
4.3	0.999 99	0.999 99	0.999 99	0.999 99	0.999 99	0.999 99	0.999 99	0.999 99	0.999 99	0.999 99
4.4	0.999 99	0.999 99	1.000 00	1.000 00	1.000 00	1.000 00	1.000 00	1.000 00	1.000 00	1.000 00

附表4 χ^2 分布表

$P\{\chi^2(n) > \chi^2_\alpha(n)\} = \alpha$

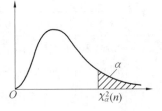

n	α											
	0.995	0.99	0.975	0.95	0.90	0.75	0.25	0.10	0.05	0.025	0.01	0.005
1	—	—	0.001	0.004	0.016	0.102	1.323	2.706	3.841	5.024	6.635	7.879
2	0.010	0.020	0.051	0.103	0.211	0.575	2.773	4.605	5.991	7.378	9.210	10.597
3	0.072	0.115	0.216	0.352	0.584	1.213	4.108	6.251	7.815	9.348	11.345	12.838
4	0.207	0.297	0.484	0.711	1.064	1.923	5.385	7.779	9.488	11.143	13.277	14.860
5	0.412	0.554	0.831	1.145	1.610	2.675	6.626	9.236	11.071	12.833	15.086	16.750
6	0.676	0.872	1.237	1.635	2.204	3.455	7.841	10.645	12.592	14.449	16.812	18.548
7	0.989	1.239	1.690	2.167	2.833	4.255	9.037	12.017	14.067	16.013	18.475	20.278
8	1.344	1.646	2.180	2.733	3.490	5.071	10.219	13.362	15.507	17.535	20.090	21.955
9	1.735	2.088	2.700	3.325	4.168	5.899	11.389	14.684	16.919	19.023	21.666	23.589
10	2.156	2.558	3.247	3.940	4.865	6.737	12.549	15.987	18.307	20.483	23.209	25.188
11	2.603	3.053	3.816	4.575	5.578	7.584	13.701	17.275	19.675	21.920	24.725	26.757
12	3.074	3.571	4.404	5.226	6.304	8.438	14.845	18.594	21.026	23.337	26.217	28.299
13	3.565	4.107	5.009	5.892	7.042	9.299	15.984	19.812	22.362	24.736	27.688	29.819
14	4.075	4.660	5.629	6.571	7.790	10.165	17.117	21.064	23.685	26.119	29.141	31.319
15	4.601	5.229	6.262	7.261	8.547	11.037	18.245	22.307	24.996	27.488	30.578	32.801
16	5.142	5.812	6.908	7.962	9.312	11.912	19.369	23.542	26.296	28.845	32.000	34.267
17	5.697	6.408	7.564	8.672	10.085	12.792	20.489	24.769	27.587	30.191	33.409	35.718
18	6.265	7.015	8.231	9.390	10.865	13.675	21.605	25.989	28.869	31.526	34.805	37.156
19	6.844	7.633	8.907	10.117	11.651	14.562	22.718	27.204	30.144	32.852	36.191	38.582
20	7.434	8.260	9.591	10.851	12.443	15.452	23.828	28.412	31.410	34.170	37.566	39.997
21	8.034	8.897	10.283	11.591	13.240	16.344	24.935	29.615	32.671	35.479	38.932	41.401
22	8.643	9.542	10.982	12.338	14.042	17.240	26.039	30.813	33.924	36.781	40.289	42.796

续附表 4

n	α											
	0.995	0.99	0.975	0.95	0.90	0.75	0.25	0.10	0.05	0.025	0.01	0.005
23	9.260	10.196	11.689	13.091	14.848	18.137	27.141	32.007	35.172	38.076	41.638	44.181
24	9.886	10.856	12.401	13.848	15.659	19.307	28.241	33.196	36.415	39.364	42.980	45.559
25	10.520	11.524	13.120	14.611	16.473	19.939	29.339	34.382	37.652	40.646	44.314	46.928
26	11.160	12.198	13.844	15.379	17.292	20.843	30.435	35.563	38.885	41.923	45.642	48.290
27	11.808	12.879	14.573	16.151	18.114	21.749	31.528	36.741	40.113	43.194	46.963	49.645
28	12.461	13.565	15.308	16.928	18.939	22.657	32.620	37.916	41.337	44.461	48.278	50.993
29	13.121	14.257	16.047	17.708	19.768	23.567	33.711	39.087	42.557	45.722	49.588	52.336
30	13.787	14.954	16.791	18.493	20.599	24.478	34.800	40.256	43.773	46.979	50.892	53.672
31	14.458	15.655	17.539	19.281	21.434	25.390	35.887	41.422	44.985	48.232	52.191	55.003
32	15.134	16.362	18.291	20.072	22.271	26.304	36.973	42.585	46.194	49.480	53.486	56.328
33	15.815	17.074	19.047	20.807	23.110	27.219	38.053	43.475	47.400	50.725	54.776	57.648
34	16.501	17.789	19.806	21.664	23.952	28.136	39.141	44.903	48.602	51.966	56.061	58.964
35	17.192	18.509	20.569	22.465	24.797	29.054	40.223	46.059	49.802	53.203	57.342	60.275
36	17.887	19.233	21.336	23.269	25.613	29.973	41.304	47.212	50.998	54.437	58.619	61.581
37	18.586	19.960	22.106	24.075	26.492	30.893	42.383	48.363	52.192	55.668	59.892	62.883
38	19.289	20.691	22.878	24.884	27.343	31.815	43.642	49.513	53.384	56.896	61.162	64.181
39	19.996	21.426	23.645	25.695	28.169	32.737	44.593	50.660	54.572	58.120	62.428	65.476
40	20.707	22.164	24.433	26.509	29.051	33.660	45.616	51.805	55.758	59.342	63.691	66.766
41	21.421	22.906	25.215	27.326	29.907	34.585	46.692	52.949	53.942	60.561	64.950	68.053
42	22.138	23.650	25.999	28.144	30.765	35.510	47.766	54.090	58.124	61.777	66.206	69.336
43	22.859	24.398	26.785	28.965	31.625	36.430	48.840	55.230	59.304	62.990	67.459	70.606
44	23.584	25.143	27.575	29.787	32.487	37.363	49.913	56.369	60.481	64.201	68.710	71.893
45	24.311	25.901	28.366	30.612	33.350	38.291	50.985	57.505	61.656	65.410	69.957	73.166

附表5　t 分布上分位点表

$$P\{t(n)>t_\alpha(n)\}=\alpha$$

n	α					
	0.25	0.10	0.05	0.025	0.01	0.005
1	1.0000	3.0777	6.3138	12.7062	31.8207	63.6574
2	0.8165	1.8856	2.9200	4.3027	6.9646	9.9248
3	0.7649	1.6377	2.3534	3.1824	4.5407	5.8409
4	0.7407	1.5332	2.1318	2.7764	3.7469	4.6041
5	0.7267	1.4759	2.0150	2.5706	3.3649	4.0322
6	0.7176	1.4398	1.9432	2.4469	3.1427	3.7074
7	0.7111	1.4149	1.8946	2.3646	2.9980	3.4995
8	0.7064	1.3968	1.8595	2.3060	2.8965	3.3554
9	0.7027	1.3830	1.8331	2.2622	2.8214	3.2498
10	0.6998	1.3722	1.8125	2.2281	2.7638	3.2498
11	0.6974	1.3634	1.7959	2.2010	2.7181	3.1058
12	0.6955	1.3562	1.7823	2.1788	2.6810	3.0545
13	0.6938	1.3502	1.7709	2.1604	2.6503	3.0123
14	0.6924	1.3450	1.7613	2.1448	2.6245	2.9768
15	0.6912	1.3406	1.7531	2.1315	2.6025	2.9467
16	0.6901	1.3368	1.7459	2.1199	2.5835	2.9208
17	0.6892	1.3334	1.7396	2.1098	2.5669	2.8982
18	0.6884	1.3304	1.7341	2.1009	2.5524	2.8784
19	0.6876	1.3277	1.7291	2.0930	2.5395	2.8609
20	0.6870	1.3253	1.7247	2.0860	2.5280	2.8453
21	0.6864	1.3232	1.7207	2.0796	2.5177	2.8314
22	0.6858	1.3212	1.7171	2.0739	2.5083	2.8188
23	0.6853	1.3195	1.7139	2.0687	2.4999	2.8073

续附表 5

n	α					
	0.25	0.10	0.05	0.025	0.01	0.005
24	0.684 8	1.317 8	1.710 9	2.063 9	2.192 2	2.796 9
25	0.684 4	1.316 3	1.708 1	2.059 5	2.485 1	2.787 4
26	0.684 0	1.315 0	1.705 8	2.055 5	2.478 6	2.778 7
27	0.683 7	1.313 7	1.703 3	2.051 8	2.472 7	2.770 7
28	0.683 4	1.312 5	1.701 1	2.048 4	2.467 1	2.763 3
29	0.683 0	1.311 4	1.699 1	2.045 2	2.462 0	2.756 4
30	0.682 8	1.310 4	1.697 3	2.042 3	2.457 3	2.750 0
31	0.682 5	1.309 5	1.695 5	2.039 5	2.452 8	2.744 0
32	0.682 2	1.308 6	1.693 9	2.036 9	2.448 7	2.738 5
33	0.682 0	1.307 7	1.692 4	2.034 5	2.444 8	2.733 3
34	0.681 8	1.307 0	1.690 9	2.032 2	2.441 1	2.728 4
35	0.681 6	0.306 2	1.689 6	2.030 1	2.437 7	2.723 8
36	0.681 4	1.305 5	1.688 3	2.028 1	2.434 5	2.719 5
37	0.681 2	1.304 9	1.687 1	2.026 2	2.431 4	2.715 4
38	0.681 0	1.304 2	1.686 0	2.024 4	2.428 6	2.711 6
39	0.680 8	1.303 6	1.684 9	2.022 7	2.425 8	2.707 9
40	0.680 7	1.303 1	1.683 9	2.021 1	2.423 3	2.704 5
41	0.680 5	1.302 5	1.682 9	2.019 5	2.420 8	2.701 2
42	0.680 4	1.302 0	1.682 0	2.018 1	2.418 5	2.698 1
43	0.680 2	1.301 6	1.681 1	2.016 7	2.416 3	2.695 1
44	0.680 1	1.301 1	1.680 2	2.015 4	2.414 1	2.692 3
45	0.680 0	1.300 6	1.679 4	2.014 1	2.412 1	2.680 6

附表6 相关系数临界值表

$$P\{|r|>r_\alpha\}=\alpha$$

$n-2$	α				
	0.10	0.05	0.02	0.01	0.001
1	0.987 69	0.996 92	0.999 507	0.999 877	0.999 998 8
2	0.900 00	0.950 00	0.980 00	0.990 00	0.999 00
3	0.805 4	0.878 3	0.934 33	0.958 73	0.991 16
4	0.729 3	0.811 4	0.882 2	0.917 20	0.974 06
5	0.669 4	0.754 5	0.832 9	0.874 5	0.950 74
6	0.621 5	0.706 7	0.788 7	0.834 3	0.924 93
7	0.582 2	0.666 4	0.749 8	0.797 7	0.898 2
8	0.549 4	0.631 9	0.715 5	0.764 6	0.872 1
9	0.521 4	0.602 1	0.685 1	0.734 8	0.847 1
10	0.497 3	0.576 0	0.658 1	0.707 9	0.823 3
11	0.476 2	0.552 9	0.633 9	0.683 5	0.801 0
12	0.457 5	0.532 4	0.612 0	0.661 4	0.780 0
13	0.440 9	0.513 9	0.592 3	0.641 1	0.760 3
14	0.425 9	0.497 3	0.574 2	0.622 6	0.742 0
15	0.412 4	0.482 1	0.557 7	0.605 5	0.724 6
16	0.400 0	0.468 3	0.542 5	0.589 7	0.708 4
17	0.388 7	0.455 5	0.528 5	0.575 1	0.693 2
18	0.378 3	0.443 8	0.515 5	0.561 4	0.678 7
19	0.368 7	0.432 9	0.503 4	0.548 7	0.665 2
20	0.359 8	0.422 7	0.492 1	0.536 8	0.652 4
25	0.323 3	0.380 9	0.445 1	0.486 9	0.597 4
30	0.296 0	0.349 4	0.409 3	0.448 7	0.554 1
35	0.274 6	0.324 6	0.381 0	0.418 2	0.518 9
40	0.257 3	0.304 4	0.357 8	0.403 2	0.489 6
45	0.242 8	0.287 5	0.338 4	0.372 1	0.464 8
50	0.230 6	0.273 2	0.321 8	0.354 1	0.443 3
60	0.210 8	0.250 0	0.294 8	0.324 8	0.407 8
70	0.195 4	0.231 9	0.273 7	0.301 7	0.379 9
80	0.182 9	0.217 2	0.256 5	0.283 0	0.356 8
90	0.172 6	0.205 0	0.242 2	0.267 3	0.337 5
100	0.163 8	0.194 6	0.233 1	0.254 0	0.321 1

参 考 答 案

第1章

习题1.1

1. (1)$\Omega = \{(0,0,0),(0,0,1),(0,1,0),(1,0,0)(0,1,1),(1,0,1),(1,1,0),(1,1,1)\}$;

(2)$\Omega = \{(x,y,z) | x,y,z = 1,2,3,4,5,6\}$;

(3)$\Omega = \{0,1,2,\cdots\}$;

(4)$\Omega = \{t | t \geq 0\}$;

(5)$\Omega = \left\{\dfrac{0}{n},\dfrac{1}{n},\cdots,\dfrac{n \times 100}{n}\right\}$,$n$ 表示小班人数;

(6)$\Omega = \{10,11,12,\cdots\}$;

(7)$\Omega = \{00,100,0100,0101,1010,0110,1100,0111,1011,1101,1110,1111\}$

2. (1)$A = \{2,4,6,8,10\}, B = \{1,2,3,4\}$;

(2)$A + B = \{1,2,3,4,6,8,10\}, AB = \{2,4\}, A - B = \{6,8,10\}, B\bar{A} = \{1,3\}$

3. (1)$A \supset B$;(2)$A \supset B$

4. (1)$AB\bar{C}$ 或 $A - (AB + AC)$ 或 $A - (B + C)$;

(2)$AB\bar{C}$ 或 $AB - ABC$ 或 $AB - C$;

(3)$A + B + C$;

(4)ABC;

(5)$\bar{A}\bar{B}\bar{C}$ 或 $\overline{A + B + C}$;

(6)$\bar{A}B + \bar{B}C + \bar{A}\bar{C}$;

(7)$\bar{A} + \bar{B} + \bar{C}$ 或 $\overline{ABC}$

5. B

6. D

7. C

8. B

9. A

10. D

习题 1.2

1. 169
2. $\dfrac{3}{5}$
3. C
4. D
5. $\dfrac{1}{15}$
6. $\dfrac{8}{15}$
7. (1) $\dfrac{9}{245}$; (2) $\dfrac{16}{49}$
8. $\dfrac{19}{40}$
9. (1) $\dfrac{9}{28}$; (2) $\dfrac{1}{28}$
10. $\dfrac{3}{8}, \dfrac{9}{16}, \dfrac{1}{16}$
11. 0.212
12. 0.7
13. $\dfrac{5}{8}$
14. 略
15. $p+q-r, r-p$
16. 0.6
17. 0.6

习题 1.3

1. $\dfrac{3}{5}$
2. 0.58
3. $\dfrac{5}{8}$
4. $\dfrac{1}{2}$
5. B
6. $\dfrac{1}{3}$
7. $\dfrac{7}{12}$

8. $\dfrac{9}{1\,078}$

9. $\dfrac{16}{125}$

10. (1) $\dfrac{1}{10}$；(2) $\dfrac{1}{30}$

11. (1) $\dfrac{19}{58}$；(2) $\dfrac{19}{28}$

12. $\dfrac{3}{5}$

13. 0.44

14. 0.905

15. $\dfrac{39}{55}$

16. 0.866 3

17. 0.545

18. (1) 0.96；(2) 0.5

19. (1) 0.988；(2) 0.829

20. $\dfrac{7}{12}$

习题1.4

1. $\dfrac{1}{8}$

2. $\dfrac{8}{9}$

3. C

4. B

5. A

6. C

7. C

8. A

9. $\dfrac{3}{16}$

10. (1) 0.29；(2) 0.44；(3) 0.94

11. 6

12. $\dfrac{2}{3}$

13. 0.999 5

第1章总复习题

一、填空题

1. $A_1 + A_2 + A_3$ 2. $\dfrac{1}{2}$ 3. 0.204 8, 0.942 08 4. $\dfrac{5}{14}$ 5. 0.053 6. $\dfrac{9}{10}$ 7. $\dfrac{14}{15}$

二、选择题

1. C 2. C 3. C 4. B 5. B 6. D 7. C

三、计算题

1. (1) $\dfrac{1}{12}$;(2) $\dfrac{1}{2}$;(3) $\dfrac{5}{12}$

2. (1) 0.86;(2) 这件产品由丙厂生产的可能性最大

3. (1) $\dfrac{11}{60}$;(2) $\dfrac{4}{11}$

4. $\dfrac{2}{3}$

5. 0.532 8

6. 0.75

第2章

习题 2.1

1. (1) 是;(2) 是;(3) 否
2. $a = 1, b = -1, c = 0$
3. $0, \dfrac{1}{6}, \dfrac{1}{4}$

习题 2.2

1. (1) 是;(2) 否;(3) 否
2. 1
3. (1) $F(x) = \begin{cases} 0, & x < -2 \\ \dfrac{1}{5}, & -2 \leq x < -1 \\ \dfrac{11}{30}, & -1 \leq x < 0 \\ \dfrac{7}{10}, & 0 \leq x < 1 \\ 1, & x \geq 1 \end{cases}$;(2) $\dfrac{4}{5}$

参考答案

4.

X	0	1	2
p_k	$\frac{1}{3}$	$\frac{1}{6}$	$\frac{1}{2}$

5.

X	0	1	2
p_k	$\frac{22}{35}$	$\frac{12}{35}$	$\frac{1}{35}$

$$F(x) = \begin{cases} 0, & x < 0 \\ \frac{22}{35}, & 0 \leq x < 1 \\ \frac{34}{35}, & 1 \leq x < 2 \\ 1, & x \geq 2 \end{cases}$$

6. (1) 0.009 0;(2) 0.998 4

7. (1) $\frac{1}{32}$;(2) $\frac{5}{32}$;(3) $\frac{31}{32}$

8. $\frac{19}{27}$

9. (1) 0.104 196;(2) 0.008 132

10. $\frac{1}{e}$

11. 0.168 031

习题 2.3

1. $a = 1, b = \frac{1}{2}$

2. (1) $A = 6$;(2) $F(x) = \begin{cases} 0, & x < 0 \\ x^2(3 - 2x), & 0 \leq x < 1 \\ 1, & x \geq 1 \end{cases}$

3. $F(x) = \begin{cases} 0, & x < 1 \\ 2(x + \frac{1}{x} - 2), & 1 \leq x < 2 \\ 1, & x \geq 2 \end{cases}$

4. (1) $A = 1$;(2) 0.5;(3) $f(x) = \begin{cases} \frac{1}{2\sqrt{x}}, & 0 < x < 1 \\ 0, & 其他 \end{cases}$

223

5. (1) $\dfrac{2}{5}$；(2) $\dfrac{2}{5}$

6. 0.6

7. $e^{-\frac{50}{241}} - e^{-\frac{100}{241}}$

8. (1) 0.998 65；(2) 0；(3) 0.009 39

9. (1) 0.433 19；(2) 0.006 21；(3) 0.682 6

10. (1) 3；(2) 0.42

习题 2.4

1.

Y	−6	−3	0	3
p_k	0.2	0.4	0.3	0.1

Z	0	1	4
p_k	0.3	0.5	0.2

2. (1) $f_Y(y) = \begin{cases} \dfrac{1}{y}, & 1 < y < e \\ 0, & 其他 \end{cases}$；(2) $f_Z(z) = \begin{cases} e^{-z}, & z > 0 \\ 0, & 其他 \end{cases}$

3. $f_Y(y) = \begin{cases} \dfrac{1}{2\sqrt{y}} e^{-\sqrt{y}}, & y > 0 \\ 0, & 其他 \end{cases}$

4. $f_Y(y) = \begin{cases} \dfrac{\ln y}{8y}, & 1 < y < e^4 \\ 0, & 其他 \end{cases}$

第 2 章总复习题

一、填空题

1. $\dfrac{6}{11}$　　2. 3　　3. $\dfrac{1}{3}$　　4. 2　　5. $\dfrac{1}{2}$

二、选择题

1. C　　2. B　　3. C　　4. B　　5. A

三、计算题

1. (1) $A = \dfrac{1}{2}, B = \dfrac{1}{\pi}$；(2) $\dfrac{1}{2}$

2. $a = \dfrac{1}{2}$

3.

X	1	2	3	4
p_k	$\frac{3}{4}$	$\frac{9}{44}$	$\frac{9}{220}$	$\frac{1}{220}$

4.

X	-4	0	2
p_k	0.2	0.5	0.3

5. $\frac{1}{3}$

6. (1) $c = \frac{1}{\pi}$;(2) $\frac{1}{3}$

7. (1) $a = \pi$;(2) $F(x) = \begin{cases} 0, & x < 0 \\ \frac{x^2}{\pi^2}, & 0 \leqslant x < \pi \\ 1, & x \geqslant \pi \end{cases}$

8. (1) 0.021 4;(2) 0.109 3;(3) 0.983 6

9. (1) 0.682 6;(2) 0.054 80

10. $f_Y(y) = \begin{cases} \dfrac{2}{\pi\sqrt{1-y^2}}, & 0 < y < 1 \\ 0, & 其他 \end{cases}$

11.

Y	0	1	4
p_k	$\frac{1}{3}$	$\frac{7}{15}$	$\frac{1}{5}$

12. $f_Y(y) = \begin{cases} \dfrac{1}{2}\left(\dfrac{y-3}{2}\right)^3 e^{-\left(\frac{y-3}{2}\right)^2}, & y > 3 \\ 0, & 其他 \end{cases}$

13. 略

第 3 章

习题 3.1

1. (1) $F(b,c) - F(a,c)$;(2) $F(+\infty,a) - F(+\infty,0)$

2. $F_X(x) = \begin{cases} 0, & x \leqslant 0 \\ x^2, & 0 < x < 1 \\ 1, & x \geqslant 1 \end{cases}$, $F_Y(y) = \begin{cases} 1 - e^{-y}, & y > 0 \\ 0, & y \leqslant 0 \end{cases}$

习题 3.2

1. 0.3

2. $\dfrac{1}{4}$

3. A

4. $P\{X=i\} = \dfrac{2+i}{7}(i=1,2), P\{Y=j\} = \dfrac{3+2j}{21}(j=1,2,3)$

5.

X	Y	
	1	3
0	0	$\dfrac{1}{8}$
1	$\dfrac{3}{8}$	0
2	$\dfrac{3}{8}$	0
3	0	$\dfrac{1}{8}$

6. 设目标被击中时甲射击了 X 次,乙射击了 Y 次,随机变量 (X,Y) 的概率分布为
$P\{X=k, Y=k-1\} = 0.2^{k-1} \times 0.6, P\{X=k, Y=k\} = 0.2^k, k=1,2,\cdots$

7.

X	Y				$p_{i\cdot}$
	0	1	2	3	
0	0	0	$\dfrac{7}{40}$	$\dfrac{7}{24}$	$\dfrac{7}{15}$
1	0	$\dfrac{7}{60}$	$\dfrac{7}{20}$	0	$\dfrac{7}{15}$
2	$\dfrac{1}{120}$	$\dfrac{7}{120}$	0	0	$\dfrac{1}{15}$
$p_{\cdot j}$	$\dfrac{1}{120}$	$\dfrac{7}{40}$	$\dfrac{21}{40}$	$\dfrac{7}{24}$	1

习题 3.3

1. $f(x,y) = \begin{cases} 3^{-x-y}(\ln 3)^2, & x>0, y>0 \\ 0, & 其他 \end{cases}$

2. D

3. $\dfrac{1}{2}, 0$

4. (1) $\dfrac{1}{\pi R^2}$;

(2) $f_X(x) = \begin{cases} \dfrac{2}{\pi R^2}\sqrt{R^2 - x^2}, & -R < x < R \\ 0, & \text{其他} \end{cases}$, $f_Y(y) = \begin{cases} \dfrac{2}{\pi R^2}\sqrt{R^2 - y^2}, & -R < y < R \\ 0, & \text{其他} \end{cases}$;

(3) $\dfrac{a^2}{R^2}$

5. $f(x,y) = \begin{cases} 2x e^{-y}, & 0 < x < 1, y > 0 \\ 0, & \text{其他} \end{cases}$

6. $f_X(x) = \begin{cases} 2.4 x^2 (2 - x), & 0 < x < 1 \\ 0, & \text{其他} \end{cases}$, $f_Y(y) = \begin{cases} 2.4 y (3 - 4y + y^2), & 0 < y < 1 \\ 0, & \text{其他} \end{cases}$

习题 3.4

1. $\dfrac{1}{24}$; $\dfrac{1}{12}$; $\dfrac{3}{8}$; $\dfrac{1}{4}$; $\dfrac{1}{4}$; $\dfrac{3}{4}$; $\dfrac{1}{2}$; $\dfrac{1}{3}$

2. C

3. A

4. (1)

X	1	2
p_k	$\dfrac{1}{3}$	$\dfrac{2}{3}$

Y	1	2	3
p_k	$\dfrac{1}{2}$	$\dfrac{1}{9} + \alpha$	$\dfrac{1}{18} + \beta$

(2) $\alpha = \dfrac{2}{9}$, $\beta = \dfrac{1}{9}$

5. (1)

X	Y		$p_{i\cdot}$
	0	1	
-1	$\dfrac{1}{4}$	0	$\dfrac{1}{4}$
0	0	$\dfrac{1}{2}$	$\dfrac{1}{2}$
1	$\dfrac{1}{4}$	0	$\dfrac{1}{4}$
$p_{\cdot j}$	$\dfrac{1}{2}$	$\dfrac{1}{2}$	1

(2) X 与 Y 不相互独立

6. X 与 Y 不相互独立

7. (1) $A = 2$; (2) $1 - 2e^{-1} + e^{-2}$; (3) X 与 Y 相互独立

8. $f_X(x) = \begin{cases} \dfrac{2}{3}x, & 1 < x < 2 \\ 0, & 其他 \end{cases}$, $f_Y(y) = \begin{cases} \dfrac{2}{3}, & 0 < y < 1 \\ \dfrac{2}{3}(2-y), & 1 \leq y < 2 \\ 0, & 其他 \end{cases}$

9. 0.96

10. $\dfrac{2}{3}$

习题 3.5

1. (1) $P\{X = -1\} = P\{X = 0\} = 0.5$;

(2)

$X + Y$	-2	-1	0	1
p_k	0.10	0.35	0.40	0.15

2. $\dfrac{1}{3}$

3.

Z	0	1	2	3	4
p_k	$\dfrac{1}{36}$	$\dfrac{1}{9}$	$\dfrac{5}{18}$	$\dfrac{1}{3}$	$\dfrac{1}{4}$

4. $f_Z(z) = \begin{cases} e^{-\frac{z}{2}}(-1 + e^{\frac{z}{6}}), & z > 0 \\ 0, & 其他 \end{cases}$

第 3 章总复习题

一、填空题

1. $\dfrac{1}{3}$ 2. 0   3. $\dfrac{3}{4}$ 4. $\dfrac{\pi}{4}$ 5. $\dfrac{1}{4}$

二、选择题

1. C   2. C   3. A   4. A   5. C

三、计算题

1. (1) $A = \dfrac{1}{\pi^2}, B = \dfrac{\pi}{2}, C = \dfrac{\pi}{2}$

(2) $F_X(x) = \dfrac{1}{\pi}\left(\dfrac{\pi}{2} + \arctan\dfrac{x}{2}\right)(-\infty < x < +\infty)$,

$$F_Y(y) = \frac{1}{\pi}\left(\frac{\pi}{2} + \arctan\frac{y}{2}\right) \quad (-\infty < y < +\infty)$$

2.

X	Y		$p_i.$
	0	1	
0	0.78	0.02	0.8
1	0.12	0.08	0.2
$p._j$	0.9	0.1	1

3. $\dfrac{1}{2}$

4. $f(x,y) = \begin{cases} 15\mathrm{e}^{-3x-5y}, & x>0, y>0 \\ 0, & 其他 \end{cases}$

5. $f_X(x) = \begin{cases} 2x, & 0<x<1 \\ 0, & 其他 \end{cases}, f_Y(y) = \begin{cases} 1-\dfrac{y}{2}, & 0<y<2 \\ 0, & 其他 \end{cases}$

6. $f_X(x) = \begin{cases} 1, & 0<x<1 \\ 0, & 其他 \end{cases}, f_Y(y) = \begin{cases} 1, & 0<y<1 \\ 0, & 其他 \end{cases},$

$f(x,y) = \begin{cases} 1, & 0<x<1, 0<y<1 \\ 0, & 其他 \end{cases}$

7. (1) $A = 6$; (2) 略

8.

Z	2	3	4
p_k	0.16	0.48	0.36

9.

Z	0	1	2	4	5
p_k	0.2	0.15	0.4	0	0.25

10. $f_Z(z) = \begin{cases} z(2-z), & 0<z<1 \\ (2-z)^2, & 1 \leqslant z<2 \\ 0, & 其他 \end{cases}$

第4章

习题 4.1

1. $-\dfrac{3}{2}$

2. −1

3. D

4. A

5. 0.5

6. $\dfrac{1}{3}, \dfrac{2}{3}, \dfrac{35}{24}$

7. 0.5, 0.3, −0.1, 0.3

8. 5.3

9. $\dfrac{2}{3}$

10. 1

11. $\dfrac{4}{3}, 3$

12. 4

13. $\dfrac{3}{4}$

14. $\dfrac{4}{9}$

15. $\dfrac{7}{12}, \dfrac{7}{12}, \dfrac{1}{3}$

16. 4

17. $k=3, \alpha=2$

18. 10

19. 11.67

20. $a < b < \dfrac{a}{1-p}$

习题 4.2

1. 5

2. 41.4

3. 1

4. $\dfrac{1}{2}, 5$

5. C

6. B

7. 27, 2.7

8. 0.3, 0.319, 0.4, 1.409

9. $\dfrac{1}{6}$

10. $\dfrac{4}{3}$

11. 68

12. $6, \dfrac{4}{3}, \dfrac{28}{3}$

13. (1) $a=2, b=0$; (2) $\dfrac{2}{9}$

14. (1) 1,1; (2) 1,4; (3) $1-e^{-6}$

15. 0,1

16. $\dfrac{5}{252}, \dfrac{17}{448}$

17. (1) 2; (2) $\dfrac{1}{4}, \dfrac{7}{144}$

18. 0.6, 0.46

19. 甲机床加工质量较好

习题 4.3

1. 0, -0.02

2. $-\dfrac{\sqrt{3}}{3}$

3. 28.8

4. -1

5. $\dfrac{2}{\pi}$

6. $\dfrac{2}{3}, 0, 0$

7. 85, 37

8. (1) $\dfrac{1}{8}$; (2) $\dfrac{7}{6}, \dfrac{7}{6}$; (3) $\dfrac{11}{36}, \dfrac{11}{36}$; (4) $-\dfrac{1}{36}$; (5) $-\dfrac{1}{11}$

第4章总复习题

一、填空题

1. 2   2. 1   3. 18.4   4. $\dfrac{e^{-1}}{2}$ 5. 4   6. $\dfrac{9}{2}$ 7. 8.186

二、选择题

1. C   2. B   3. D   4. D   5. C   6. D   7. A

三、计算题

1. (1) 0.35, 0.95; (2) 0.35, 1.65; (3) 1.1

2. $-\dfrac{2}{3}$

3. $6, \dfrac{1}{2}$

4. $12, -12, 3$

5. $\dfrac{15}{8}$

四、应用题

1. 4.5

2. (1)

X	0	20	100
p_k	0.2	0.32	0.48

(2) 小明应先回答 B 类问题

3. 0.3, 0.319, 0.565

4. $-\dfrac{1}{2}$

第 5 章

习题 5.1

1. $\dfrac{7}{2}$

2. 概率大于 0.4

3. 18 750

4. 概率大于 0.96

习题 5.2

1. 略

2. μ

习题 5.3

1. 0.822 8

2. 0.997 3

3. 119

4. 147

5. 0.066 81

6. 250, 68

第5章总复习题

一、填空题

1. $\dfrac{1}{12}$

2. $\dfrac{8}{9}$

3. 0.9

4. 频率,概率

5. $\dfrac{1}{6}$

二、选择题

1. C   2. C   3. B   4. B   5. B

三、计算题

1. 0.374 5
2. (1)0;(2)0.5
3. 0.211 9
4. (1)0.768 5;(2) 0.962 48
5. 62

第6章

习题6.1

1. (1)、(3)、(4)、(6),(2)、(5)
2. B
3. C
4. $\bar{x}=0.6, s^2=0.3$
5. $\bar{x}=2.18, s^2=2.149\ 1, b_2=2.127\ 6$

习题6.2

1. $\chi^2(n)$
2. $N(\mu, \dfrac{\sigma^2}{n})$
3. $\chi^2(n)$
4. $\chi^2(n-1)$
5. D
6. C
7. (1) $\bar{X} \sim N\left(52, \dfrac{6.3^2}{36}\right)$;(2)0.829 3

8. $E(\overline{X}) = n, D(\overline{X}) = 2$

9. 0.728 6

10. 0.1

11. 0.682 6

12. $\lambda, \dfrac{\lambda}{n}, \lambda$

13. $a = \dfrac{1}{20}, b = \dfrac{1}{100}, 2$

14. (1) 31.410; (2) 10.851; (3) 2.763 8

15. $c = 11.16$

16. $a = \dfrac{1}{18}$

17. $T \sim t(4), t_0 = 4.604\ 1$

第 6 章总复习题

一、填空题

1. $\dfrac{\sum_{i=1}^{n} X_i - \mu}{\sqrt{\sigma}}$ 2. 1.57, 0.254 2, 0.064 6 3. $\chi^2(4)$ 4. $\chi^2(1)$ 5. $t(2)$ 6. $t(n)$

二、选择题

1. A 2. C 3. D 4. A 5. B 6. C 7. D 8. B

三、计算题

1. $\overline{x} = 535, s^2 \approx 4\ 472.222, s \approx 66.875$

2. $n = 16$

第 7 章

习题 7.1

1. D

2. C

3. A

4. 6.35, 5.5×10^{-4}

5. 2.68

6. $\dfrac{2}{25}, \dfrac{2}{25}$

7. $3\overline{X}$

8. $\dfrac{\overline{X}}{1 - \overline{X}}$

9. (1) $\dfrac{ab}{c}$; (2) $\dfrac{ab}{c} - a - b + c$

10. 317.94

11. 178 320

12. $\hat{\theta} = \overline{X} - 1$, $\hat{\theta} = \min\{X_1, X_2, \cdots, X_n\}$

13. (1) $\hat{\lambda} = \overline{X}$; (2) 7.2

14. (1) $\hat{p} = \dfrac{1}{\overline{x}}$; (2) $\hat{p} = \dfrac{5}{26}$.

15. $\hat{\mu} = \overline{x}$

16. (1) $\hat{\theta} = \dfrac{\overline{x}}{2}$; (2) $\hat{\theta} = \dfrac{\overline{x}}{3}$; (3) $\hat{p} = \dfrac{\overline{x}}{m}$

习题 7.2

1. A

2. A

3. D

4. A

5. 略

6. $c = \dfrac{1}{2(n-1)}$

7. (1) 略

(2) $a = \dfrac{n_1}{n_1 + n_2}$, $b = \dfrac{n_2}{n_1 + n_2}$

8. $\hat{\theta} = 2\overline{X} - 1$, 是

9. $k = \dfrac{5}{12}$

10. $2\overline{X}$

习题 7.3

1. D

2. (32.125, 32.475)

3. (6 562.6, 6 877.4)

4. (4.413 4, 4.554 6)

5. (2.225 9, 2.234 1), (2.223, 2.237)

6. (500.445, 507.055)

7. (33.761 0, 271.559 6)

8. (9.346, 34.473)

235

9. 1 064.9

10. 153

第7章总复习题

一、填空题

1. 由样本对总体中的未知参数进行估计,点估计,区间估计

2. 5.2,5.06

3. $\dfrac{5}{6},\dfrac{5}{6}$

4. (2.684,2.716)

二、选择题

1. A 2. D 3. A 4. B 5. D

三、计算题

1. $\hat{b} = 1.69$

2. $\hat{\theta} = 3\bar{X}$

3. $\hat{\theta} = \dfrac{1-\bar{X}}{5}$

4. $\hat{\theta} = -1 - \dfrac{n}{\sum_{i=1}^{n} \ln X_i}$

5. $\hat{\lambda} = \dfrac{1}{\bar{X}}, \hat{\lambda} = \dfrac{1}{\bar{X}}$

6. (1) $\hat{\theta} = \dfrac{3}{2} - \bar{X}$; (2) $\hat{\theta} = \dfrac{N}{n}$

7. 0.499

8. $\hat{\theta} = m\sqrt{\dfrac{1}{n}\sum_{i=1}^{n} t_i^m}$

9. (1) $A = \sqrt{\dfrac{2}{\pi}}$; (2) $\hat{\sigma}^2 = \dfrac{1}{n}\sum_{i=1}^{n}(X_i - \mu)^2$

10. (1) 572.2, 23.83; (2) (3.358, 8.913)

四、证明题

1. 略

第8章

习题8.1

1. 略

2. 略

3. 略

4. (1) 第一类错误;(2) 第二类错误

习题 8.2

1. 可以认为这次考试全体考生的平均成绩为 70 分
2. 不可以接受厂家声称的其折断平均受力为 15 kg
3. 可以认为这天洗衣粉包装机工作不正常
4. 可以认为平均含碳量仍为 4.55
5. 认为这批元件不合格
6. 有显著性差异
7. 可以认为装配时间的均值明显大于 10
8. 不可以认为新工艺对此元件的(平均)电阻有显著影响
9. 不可以认为过去该市轻工产品月产值占工业产品总月产值百分比的平均数为 32.50%
10. 不正确

习题 8.3

1. 可认为总体方差 $\sigma^2 = 0.03$
2. 可以认为总体标准差 $\sigma \geq 6$
3. 不能得出总体方差小于 15 的结论
4. 接受 $\sigma \geq 0.04\%$

第 8 章总复习题

一、选择题

1. B　　2. B　　3. D　　4. A　　5. A

二、计算题

1. 可认为自动售货机售出的清凉饮料平均含量为 222 mL
2. 可以认为这批产品的指标的期望值 μ 不低于 1 600
3. 可以认为该天每辆汽车的平均停放时间比其他天显著偏长
4. 不能认为该班英语成绩与全年级学生的英语成绩没有本质的区别
5. 尼古丁的含量有所增加
6. 可以认为抗拉强度提高了
7. (1) 拒绝 H_0,不认为 $\mu = 3$;(2) 接受 H_0,可以认为 $\sigma^2 = 2.5$
8. 可以认为这批导线的标准差显著地偏大
9. 这一天纤度整体方差有显著变化
10. 不能认为各袋质量的标准差为 5 g

第9章

习题9.1

1. $\hat{y} = 50.32 + 16.00x, \hat{y} = 51.1792 + 8.7298x$

2. (1) $r = -0.91$,线性相关关系显著;(2) $\hat{y} = 77.3636 - 1.8181x$;(3) 1.82 元

习题9.2

1. B

2. (1) $\hat{y} = -17.92 + 0.0955x$;(2) 29.83

3. (1) $\hat{y} = 244.5455 + 0.5091x$;(2) 消费支出在 931.84~1 186.37 元之间的概率为 95%

第9章总复习题

1. $\hat{y} = -10.5x + 131.5, 58$

2. $\hat{y} = 3.45x + 0.75, 35.25$ 百万元

参 考 文 献

[1] 侯嫚丹,刘辉,凌春英.经济数学基础(三):概率统计[M].哈尔滨:哈尔滨工业大学出版社,2018.

[2] 杨筱菡,王勇智.概率论与数理统计习题全解与学习指导[M].北京:人民邮电出版社,2018.

[3] 张天德,叶宏.概率论与数理统计习题精选精解[M].济南:山东科学技术出版社,2011.

[4] 费锡仙.概率论与数理统计同步练习与测试[M].北京:中国水利水电出版社,2021.

[5] 张天德,叶宏.概率论与数理统计(慕课版)[M].北京:人民邮电出版社,2020.

[6] 张天德,孙钦福.概率论与数理统计精选精解500题[M].北京:高等教育出版社,2022.

[7] 费锡仙.概率论与数理统计同步练习与测试[M].北京:中国水利水电出版社,2021.

[8] 张宇.张宇考研数学基础30讲——概率论与数理统计分册[M].北京:北京理工大学出版社,2022.

[9] 张宇.张宇概率论与数理统计9讲[M].北京:北京理工大学出版社,2022.

[10] 王建平,王万雄.概率论与数理统计[M].北京:高等教育出版社,2015.

[11] 沈恒范.概率论与数理统计教程[M].6版.北京:高等教育出版社,2017.

[12] 盛骤,谢式千,潘承毅.概率论与数理统计[M].4版.北京:高等教育出版社,2008.

[13] 茆诗松,程依明,濮晓龙.概率论与数理统计教程[M].2版.北京:高等教育出版社,2011.

[14] 张国华.概率论与数理统计教程[M].西安:西安交通大学出版社,2014.

[15] 朱浩楠.面向建模的数学[M].北京:清华大学出版社,2020.

[16] 同济大学数学系.概率论与数理统计[M].北京:人民邮电出版社,2017.

[17] 申小征,吴仍康.t分布及其应用探讨[J].统计学与应用,2015,4(4):319-334.

[18] 张丽,闫善文,刘亚东.全概率公式与贝叶斯公式的应用及推广[J].牡丹江师范学院学报(自然科学版),2005(1):15-17.